Rhwng Gwyn a Du

Y MEDDWL A'R DYCHYMYG CYMREIG

Golygydd Cyffredinol
John Rowlands

Mae teitl y gyfres hon o astudiaethau beirniadol ar lenyddiaeth yn fwriadol eang ac annelwig, oherwydd gobeithir cynnwys ynddi ymdriniaethau amrywiol iawn â lluosogedd o bynciau a themâu. Bu tuedd hyd yn hyn i ysgolheigion a beirniaid ysgrifennu hanes llenyddiaeth, ac fe fydd sefydliadau megis y Ganolfan Uwchefrydiau Cymreig a Cheltaidd a'r Academi Gymreig yn sicrhau bod y gweithgareddau sylfaenol hynny yn parhau. Ond daeth yn bryd hefyd inni drafod a dehongli'r themâu sy'n ymwau trwy'n llenyddiaeth, ac edrych yn fanylach ar y meddwl a'r dychymyg Cymreig ar waith. Wrth gwrs fe wnaed rhywfaint o hynny'n barod gan feirniaid mor wahanol â Saunders Lewis, Bobi Jones a Hywel Teifi Edwards, ond mae yna agweddau lu ar ein dychymyg llenyddol sydd naill ai heb eu cyffwrdd neu'n aeddfed i gael eu trafod o'r newydd.

Y gyfrol hon yw'r ddegfed yn y gyfres, yn dilyn *DiFfinio Dwy Lenyddiaeth Cymru* (gol. M. Wynn Thomas, 1995), *Tir Neb* (Gerwyn Wiliams, 1996) enillydd gwobr Llyfr y Flwyddyn Cyngor Celfyddydau Cymru a *Cerddi Alltudiaeth* (Paul Birt, 1997), *Yr Arwrgerdd Gymraeg* (E. G. Millward, 1998), *Pur fel y Dur* (Jane Aaron, 1998) a enillodd wobr goffa Ellis Griffith, *Sefyll yn y Bwlch* (Grahame Davies, 1999), *Y Sêr yn eu Graddau* (gol. John Rowlands, 2000), *Soffestri'r Saeson* (Jerry Hunter, 2000) a oedd ar restr fer Llyfr y Flwyddyn Cyngor Celfyddydau Cymru a *Gweld Sêr: Cymru a Chanrif America*, (gol. M. Wynn Thomas, 2001). Yn y gyfrol bresennol y mae Angharad Price yn archwilio rhai o dechnegau llenyddol awduron rhyddiaith y 1990au. Teifl gryn oleuni ar berthynas yr awdur a'r darllenydd, gan osod y cyfan yng nghyd-destun ehangach y diwylliant Cymraeg yn gyffredinol.

Bydd cyfrolau pellach yn y gyfres yn ymdrin â phynciau megis merched yn llenyddiaeth yr Oesoedd Canol, y ddelwedd o Gymru yn y nofel Gymraeg ddiweddar, agweddau ar feirniadaeth a theori lenyddol yng Nghymru'r ugeinfed ganrif, a'r dychymyg hoyw mewn llenyddiaeth Gymraeg.

Y MEDDWL A'R DYCHYMYG CYMREIG

Rhwng Gwyn a Du

Agweddau ar Ryddiaith Gymraeg y 1990au

Angharad Price

GWASG PRIFYSGOL CYMRU
CAERDYDD
2002

ISBN 0-7083-1744-8

Mae cofnod catalogio'r gyfrol hon ar gael gan y Llyfrgell Brydeinig.

Cyhoeddir gyda chymorth ariannol Cyngor Celfyddydau Cymru

Llun y clawr gan Andy Dark.

Cysodwyd yng Ngwasg Prifysgol Cymru, Caerdydd
Argraffwyd yng Nghymru gan Wasg Dinefwr, Llandybïe

Yn y darn rhwng gwyn a du
mae egin pob dychmygu.

Mererid Hopwood, *Dadeni*

I'm teulu,
i Emyr, Mair, Irfon a Iolo.
Diolch am bopeth.

Cynnwys

Diolchiadau

Am eu cefnogaeth gyffredinol yn ystod cyfnod ymchwilio ac ysgrifennu'r gyfrol hon hoffwn ddiolch yn fawr i holl staff adrannau Cymraeg colegau Prifysgol Cymru Abertawe a Chaerdydd. Diolch hefyd i Jane Aaron, Thomas Charles-Edwards, Dafydd Johnston, Katrin Kohl, Robin Llywelyn, Patrick McGuinness a M. Wynn Thomas am eu cymorth gyda'r gwaith ymchwil. Diolch i Jerry Hunter am ei awgrymiadau gwerthfawr ar ôl darllen y drafft cyntaf, ac i Nia Thomas am ddarllen drwy'r deipysgrif derfynol. Diolch hefyd i Wasg Prifysgol Cymru, ac i Llion Pryderi Roberts yn arbennig am ei waith golygu trylwyr. Diolch i Gyngor Celfyddydau Cymru am gymorth ariannol tuag at gyhoeddi'r gyfrol.

Mae fy niolch yn bennaf, fodd bynnag, i John Rowlands am ei holl anogaeth a'i gyfarwyddyd ar hyd y blynyddoedd.

ANGHARAD PRICE

Rhagymadrodd

Ffenomen unigryw yw'r feirniadaeth eisteddfodol, fwyaf oll ym mhrif gystadlaethau llenyddol yr Eisteddfod Genedlaethol: cystadlaethau'r goron, y gadair a'r fedal ryddiaith. Yng nghanol rhwysg yr orsedd, a gerbron cynulleidfa fawr frwd, camerâu, goleuadau a meicroffonau'r cyfryngau, a phawb yn ymwybodol o bwys diwylliannol y farn a fynegir, dyrchefir traethydd y feirniadaeth yn ddim llai na phroffwyd.

Llenyddiaeth, heb os, yw cyfrwng mwyaf gwreiddiedig y diwylliant Cymraeg, a'r Eisteddfod Genedlaethol yw prif sefydliad y diwylliant hwnnw: yn wir, yr Eisteddfod oedd unig senedd y Gymru fodern tan yn ddiweddar. Boed hynny'n gam neu'n gymwys, nid rhyfedd yr ystyrir llewyrch y cystadlaethau hyn yn fesur o lewyrch mwy; ac yn yr un modd, bydd eu pylni yn achos galar diwylliannol. Y feirniadaeth eisteddfodol yw cludydd blynyddol y newyddion da – neu'r newyddion drwg – ynghylch hoen y Gymru Gymraeg. Ei thraethydd dyrchafedig – un o'r tri beirniad – yw angel Gabriel diwylliant y Gymru Gymraeg fodern. Yn wir, gellid mynd mor bell â haeru mai ychydig iawn sydd a wnelo'r hwyl pan fydd teilyngdod yn y tair cystadleuaeth a'r siom pan na fydd â llenyddiaeth *per se*, a hefyd haeru mai llestr yw'r gwaith buddugol ar gyfer rhyddhad torf sy'n falch ei bod yn dal i fodoli. Dealladwy, dan yr amgylchiadau, yw'r duedd weithiau i organmol camp y gwaith arobryn.

Eithriad, er hynny, oedd y fath ganmoliaeth ag a gafwyd ym meirniadaeth cystadleuaeth y fedal ryddiaith yn Eisteddfod Genedlaethol Aberystwyth, 1992. Y tri beirniad oedd Alun Jones, Robert Rhys a'r diweddar Dafydd Rowlands. Yr olaf o'r rhain – a ddaeth, yn wir, yn archdderwydd yn y blynyddoedd dilynol – a gamodd i flaen y llwyfan i draethu'r feirniadaeth gerbron miloedd o eisteddfodwyr. Mewn llais atseiniol tynnodd sylw pawb o'r dorf at gamp ddigyffelyb yr enillydd y flwyddyn honno. A'i ddiléit yn fwy nag amlwg, roedd canmoliaeth Dafydd Rowlands o'r nofel fuddugol yn fythgofiadwy. Ni ddarllenasai 'ddim byd tebyg yn y Gymraeg ers tro byd, os erioed'; dyma 'nofel anghyffredin ei chynnwys, gogoneddus ei mynegiant a phosibiliadau ei hystyr yn ddihysbydd', ac roedd ei hawdur yn un 'digamsyniol ei ddawn a rhyfeddol ei gamp'; yn wir, ni phetrusodd y beirniad rhag datgan ei farn absoliwt 'na roddwyd y Fedal Ryddiaith erioed i awdur mwy gwefreiddiol ei ddawn'.[1]

Teitl y nofel fuddugol oedd *Seren Wen ar Gefndir Gwyn*.[2] Enw'r awdur oedd Robin Llywelyn. Ac fel y soniodd Menna Baines yn ddiweddarach, cynyddu a wnaeth y cyffro pan sylweddolwyd mai 'newydd-ddyfodiad' oedd enillydd y fedal,[3] a phan welwyd ym meirniadaethau Alun Jones a Robert Rhys eu bod hwythau hefyd yr un mor frwd. Soniodd Alun Jones am ei 'bleser digymysg' wrth ddarllen y nofel; defnyddiodd ansoddeiriau megis 'hudolus' a 'hyfryd' wrth ei thrafod; a phwysleisiodd fod yma '[r]yddieithwr ysgubol' a oedd yn 'llawer mwy na theilwng o'r wobr'.[4] Ym marn Robert Rhys, fel ei ddau gyd-feirniad, codai'r gwaith hwn 'ar aden athrylith', gan fynd y tu hwnt i safonau arferol y gystadleuaeth, a 'hawlio'r dosbarth buddugol . . . iddo'i hun'; canfu yn y nofel 'gyfuniad ysblennydd o adnoddau ieithyddol a deallusol'; ac yn fwyaf arwyddocaol, efallai, o ystyried yr hyn a ddaeth yn sgil cyhoeddi *Seren Wen ar Gefndir Gwyn*, proffwydodd y byddai'r nofel 'yn gwyrdroi holl ddisgwyliadau darllenwyr Cymraeg ac yn agor pennod newydd arwyddocaol yn hanes ein rhyddiaith ffuglennol'.[5]

Gyda'r fath gyflwyniad gorawenus, effeithiwyd o'r dechrau ar y modd y byddai darllenwyr Cymraeg yn derbyn *Seren Wen ar Gefndir Gwyn*. Yn sicr, cytunai llawer o ddarllenwyr â barn y tri beirniad ynghylch teilyngdod *Seren Wen ar Gefndir Gwyn*; a does dim dwywaith, fel y proffwydodd Robert Rhys, nad agorodd y nofel ffantasi hon, yn gartwnaidd ei hosgo ac yn briddlyd ei phriod-ddull, 'bennod newydd' yn hanes rhyddiaith Gymraeg. Yn wir, aeth rhagddi i ennill dwy wobr bellach gan sefydliadau llenyddol Cymru, sef Gwobr Goffa G. J. Williams am nofel gyntaf, a gwobr 'Llyfr y Flwyddyn' Cyngor Celfyddydau Cymru yn 1992. Fodd bynnag, fel yr eglurodd Bethan Mair Hughes, roedd adwaith i frwdfrydedd y beirniaid yn anochel:

Cafodd nofel fuddugol y Fedal Ryddiaith eleni ei hunan mewn sefyllfa anodd iawn, gan mai ei chlodfori uwchlaw pob nofel arall erioed i arllwys o feiro nofelydd Cymraeg oedd y cyflwyniad cyntaf a gafodd unrhyw un ohonom iddi. Anhawster hyn yn yr oes o feirniadu sinicaidd sydd ohoni yw bod pobl . . . yn teimlo rhyw orfodaeth i'w lambastio ar unrhyw agwedd er mwyn cadw'r cyfan mewn rhyw fath o bersbectif cul.[6]

Buan y daeth yr adwaith, a hwnnw mor begynol negyddol ag oedd beirniadaethau'r Eisteddfod wedi bod yn gadarnhaol. Y maen tramgwydd mwyaf i'r difrïwyr, fe welir, oedd newydd-deb arloesol y nofel a ganmolwyd gymaint gan ei chefnogwyr. Yn fras, i'r naill garfan, roedd y nofel yn elitaidd, gan ei bod yn rhy anodd i ddarllenwyr cyffredin a oedd wedi arfer â rhyddiaith realaidd wedi ei hysgrifennu, yn amlach na heb, mewn Cymraeg 'safonol'. I'r garfan arall, roedd newydd-deb y nofel yn cynnig cyfeiriad newydd, angenrheidiol i ryddiaith Gymraeg a oedd fel petai wedi blino ar y traddodiad realaidd naturiolaidd. Yn fuan, fel yr eglurodd Menna Baines, hon oedd 'the most talked-about Welsh novel published in recent years, drawing an interesting mix of fierce criticism . . . and equally fierce praise'.[7] Daeth *Seren Wen ar Gefndir Gwyn* yn ganolbwynt dadleuon ffyrnig ynghylch perthynas llenyddiaeth Gymraeg â'i chynulleidfa yn negawd olaf yr ugeinfed ganrif. A phrin y gostegodd y dadlau gyda chyhoeddi dwy gyfrol arall gan Robin Llywelyn, *O'r Harbwr Gwag i'r Cefnfor Gwyn*, sef y nofel a enillodd iddo'r fedal ryddiaith am yr eildro yn 1994,[8] a'r gyfrol o storïau byrion, *Y Dŵr Mawr Llwyd*, a gyhoeddwyd yn 1995.[9]

Nid bwriad y gyfrol hon yw mynegi barn derfynol ar ryddiaith Robin Llywelyn. Yn hytrach, archwilio a wneir yma arwyddocâd llenyddol diamheuol y tair cyfrol a gyhoeddwyd ganddo rhwng 1992 a 1995, gan eu gosod yn eu cyd-destunau diwylliannol a chymdeithasol. Archwilir hefyd dderbyniad y gweithiau hyn gan y gynulleidfa gyfoes, a'r dadleuon amryfal a brociwyd ganddynt.

Astudiaeth o'r berthynas rhwng awdur a darllenydd yng nghyd-destun rhyddiaith Gymraeg y 1990au a geir yma. Dyma ddegawd a welodd ddadeni honedig mewn rhyddiaith Gymraeg. Am resymau llenyddol, ieithyddol, diwylliannol, cymdeithasol, gwleidyddol a thechnolegol – rhesymau a archwilir yn y gyfrol hon – dyma ddegawd a welodd yr ymwneud dwysaf, mwyaf argyfyngus rhwng rhyddiaith Gymraeg a'i chynulleidfa ers tro byd, gyda phob math o densiynau, dadleuon a deuoliaethau hen a newydd yn dod i'r wyneb. Ar y tryblith hwn – y cynfas 'gwyn a du' – yr arysgrifir llwybrau rhyddiaith yr unfed ganrif ar hugain.

Gan gymryd rhyddiaith Robin Llywelyn yn faen prawf cwbl ffrwythlon ar gyfer trafod perthynas gymhleth awdur, darllenydd a chymdeithas yn y degawd dan sylw, archwilir sut y cyflwynwyd ac yr hyrwyddwyd rhyddiaith Gymraeg y 1990au gerbron ei chynulleidfa, a sut yr effeithiodd hynny ar ei derbyniad. Gwelir bod pwysau mawr wedi bod ar awduron rhyddiaith Gymraeg y 1990au i apelio at ddarllenwyr er lles yr iaith Gymraeg a'i llenyddiaeth. Ar yr un pryd, ddechrau'r 1990au cafwyd galw cynyddol am adnewyddu rhyddiaith Gymraeg a'i thynnu o rigol gorgyfarwydd realaeth.

Wyneb yn wyneb â'r posibiliadau creadigol a oedd ar gael i awdur ffuglen Gymraeg ddiwedd yr ugeinfed ganrif, trafodir sut yr aeth un awdur arbennig ati i geisio pontio'r ddeuoliaeth hon yn ei ryddiaith, drwy ymgorffori ynddi y cyfarwydd a'r anghyfarwydd, realiti a ffantasi, yr arbrofol a'r traddodiadol, y llafar a'r printiedig. Gosodir yr ymdrech hon mewn perthynas â gwaith awduron rhyddiaith eraill yng Nghymru Gymraeg y 1990au, ac â gwaith awduron modernaidd ac ôl-fodernaidd yn rhyngwladol.

Edrych y bennod gyntaf ar dderbyniad gwaith Robin Llywelyn – a'i nofel gyntaf, *Seren Wen ar Gefndir Gwyn* – gan y gynulleidfa gyfoes. Ynghlwm wrth hyn ceir dadansoddiad o'r deuoliaethau hirhoedlog – a chyfeiliornus, yn aml – sy'n dod i'r fei drwodd a thro mewn trafodaethau ar lenyddiaeth Gymraeg: rhai megis deuoliaeth yr anodd yn erbyn y poblogaidd, neu ddeuoliaeth y darllenydd cyffredin yn erbyn y darllenydd academaidd. Edrychir hefyd ar ddadl arall a brociwyd gan waith Robin Llywelyn – yn ogystal â gwaith awduron eraill y 1990au – sef y ddadl ynghylch rhan llenyddiaeth ôl-fodernaidd yng nghyddestun ('lleiafrifol') y Gymraeg. Enynnodd y ddadl hon fomentwm anghymesur a llurguniol oddi wrth y deuoliaethau y cyfeiriwyd atynt eisoes. Ac yn olaf, gwelir sut yr adlewyrchir cynhysgaeth rhyddiaith Robin Llywelyn – sef perthynas glòs a dadleuol y cyfarwydd a'r anghyfarwydd yn ei waith – yn y trosiadau arbennig a ddefnyddir gan ddarllenwyr wrth gyfleu eu profiad o'i ddarllen.

Yn yr ail bennod archwilir yn fwy manwl y cyhuddiadau o anhawster a gafwyd yn erbyn rhyddiaith Robin Llywelyn. Trafodir yr hyn a olygir gan 'anhawster' mewn celfyddyd, ac yn arbennig syniad Ffurfiolwyr Rwsia o ddieithriad. Defnyddir y syniad hwn i nodi a dadansoddi tair techneg 'ddieithriol' unigryw yn naratifau Robin Llywelyn, technegau adnewyddol sy'n peri bod darllen – ar dro – yn gofyn ymdrech fwy ymwybodol.

Argyhoeddiad creiddiol y drydedd bennod yw bod rhaid i storïwr yn ei hanfod gyfarwyddo'i gynulleidfa â'i ddychymyg ei hun; hynny yw, rhaid i awdur wneud ei ddychymyg yn ystyrlon i eraill. Wrth adrodd stori, felly, mae *enwi* yn gyfystyr â *dod i fodoli*. Ond yn fwy na hynny, gwelir sut y defnyddia storïwyr dechnegau cyfarwyddo arbennig er mwyn tynnu cynulleidfa benodol i mewn i fyd naratif. Dadansoddir tair techneg gyfarwyddo o'r math hwn yng ngwaith Robin Llywelyn: technegau sy'n peri bod y bydoedd dychmyglon a grëir ganddo yn lled gyfarwydd i'r gynulleidfa gyfoes; technegau sydd hefyd – i raddau – yn gwrthbwyso'r anhawster a ddaw yn sgil ei ddefnydd o'r technegau dieithriol.

Trafodir y berthynas rhwng bydoedd ffuglennol a'r byd go-iawn yn y bedwaredd bennod, ac yn enwedig y tensiwn rhwng llenyddiaeth ffantasïol (gan gynnwys naratifau breuddwyd) ac ymrwymiad gwleidyddol. Gosodir gwaith Robin Llywelyn yng nghyd-destun symudiad ehangach gan nifer o awduron rhyddiaith y 1990au oddi wrth realaeth a thuag at ffantasi fel modd i 'gywiro' y sefyllfaoedd gwleidyddol a diwylliannol sydd ohoni.

Yn y bumed bennod, sef pennod olaf y gyfrol, bwrir golwg ar berthynas llafaredd a phrint. Nodir sut y gwelwyd defnydd cynyddol o'r priod-ddull llafar yn llenyddiaeth degawdau olaf yr ugeinfed ganrif. Canolbwyntir yn benodol ar oblygiadau llafaredd radical *Seren Wen ar Gefndir Gwyn*, a pherthynas hynny â'r bydolwg iwtopaidd a fynegir yn y nofel.

Does dim dwywaith nad yw mwyafrif y materion a drafodir yn y gyfrol hon yn rhan hollbwysig o weithgaredd llenyddol mewn unrhyw ddiwylliant. Yr hyn a astudir yma, fodd bynnag, yw eu rôl arbennig yng nghyd-destun y Gymraeg ddiwedd yr ugeinfed ganrif. Yma, mae i berthynas awdur, darllenydd a thestun oblygiadau tyngedfennol. Pan yw'r gynulleidfa yn fach ar y gorau, peth mentrus yw gelyniaethu gormod ar ddarllenwyr mewn ymdrech i arloesi a datblygu'r priod-ddull llenyddol. Gall hyn arwain at sefyllfa lle mae nifer y darllenwyr yn frawychus o isel. Bu'r ystyriaethau hyn yn rhan o'r drafodaeth lenyddol Gymraeg erioed, ond yn hydreiddio'r drafodaeth hon mae'r argyhoeddiad i fenter lenyddol Robin Llywelyn – o ran arddull, epistemeg a gweledigaeth – droi'r ystyriaethau hyn yn ddadleuon ffyrnig yn ystod y 1990au.

Er y ceir trafod brwd ac adolygu parod ar ryddiaith Gymraeg gyfoes, prin yw'r ymdriniaethau sylweddol â hi, yn groes i'r hyn a geir gyda rhyddiaith gyfoes gwledydd eraill. Gobeithir y bydd y gyfrol hon yn gam tuag at newid hynny. Fel y gwelir, gwnaethpwyd defnydd helaeth o erthyglau ac adolygiadau byrion, yn ogystal ag erthyglau mwy cyffredinol ar lenyddiaeth gyfoes mewn llu o wahanol gylchgronau. Hynod o werthfawr wrth fynd ati i fapio cyd-destunau rhyddiaith Gymraeg yr ugeinfed ganrif oedd y trafodaethau a geir yng nghyfrolau John Rowlands, sef *Sglefrio ar Eiriau* (gol.),[10] *Ysgrifau ar y Nofel*[11] ac *Y Sêr yn eu Graddau* (gol.),[12] yn y gyfrol *A Guide to Welsh Literature c.1900–1996*, dan olygyddiaeth Dafydd Johnston,[13] yn nwy gyfrol M. Wynn Thomas, sef *Internal Difference*[14] a *DiFfinio Dwy Lenyddiaeth Cymru* (gol.),[15] yn y gyfrol *Rhyddid y Nofel* dan olygyddiaeth Gerwyn Wiliams,[16] ac yn nhraethawd Ph.D. Gwenllïan Dafydd.[17]

Ceir yn y gyfrol hon gyfuniad – dadlennol, gobeithio – o drafodaethau damcaniaethol cyfoes a thrafodaethau beirniadol hanesyddol ar gynhysgaeth llenyddiaeth Gymraeg y 1990au. A thrwy gymharu gwaith Robin Llywelyn â gwaith awduron eraill – yng Nghymru ac yn rhyngwladol, yn y gorffennol a'r presennol – y bwriad yw olrhain athrylith un awdur ffuglen Cymraeg yng nghyd-destun y posibiliadau creadigol a oedd ar gael iddo ar ddiwedd yr ugeinfed ganrif. Â hyn â'r drafodaeth at galon traddodiad rhyddiaith hynafol y Gymraeg (a'r rhyddiaith honno'n newydd o hyd), ac at galon rhai o'r dadleuon mwyaf bywiol yn niwylliant Cymru – y Gymru a oedd yn y 1990au ar drothwy mesur o ymreolaeth wleidyddol am y tro cyntaf ers canrifoedd.

Nodiadau

[1] W. J. Jones (gol.), *Cyfansoddiadau a Beirniadaethau Eisteddfod Genedlaethol Ceredigion, Aberystwyth, 1992* (Llandybïe, 1992), 138–9.

[2] Robin Llywelyn, *Seren Wen ar Gefndir Gwyn* (Llandysul, 1992).

[3] Menna Baines, 'New novels seek to break the mould', *New Welsh Review*, 21 (Summer 1993), 90.

[4] *Cyfansoddiadau a Beirniadaethau Eisteddfod Genedlaethol Ceredigion, Aberystwyth, 1992*, 128–9.

[5] Ibid., 134.

[6] Bethan Mair Hughes, 'Nid gêm Nintendo yw hyn, ond bywyd!', *Tu Chwith*, 1 (Ebrill/Mai 1993), 43.

[7] Menna Baines, 'New novels seek to break the mould', 90.

[8] Robin Llywelyn, *O'r Harbwr Gwag i'r Cefnfor Gwyn* (Llandysul, 1994).

[9] Robin Llywelyn, *Y Dŵr Mawr Llwyd* (Llandysul, 1995).

[10] John Rowlands (gol.), *Sglefrio ar Eiriau* (Llandysul, 1992).

[11] John Rowlands, *Ysgrifau ar y Nofel* (Caerdydd, 1992).

[12] John Rowlands (gol.), *Y Sêr yn eu Graddau: Golwg ar Ffurfafen y Nofel Gymraeg Ddiweddar* (Caerdydd, 2000).

[13] Dafydd Johnston (gol.), *A Guide to Welsh Literature c.1900–1996* (Caerdydd, 1998).

[14] M. Wynn Thomas, *Internal Difference: Literature in 20th-century Wales* (Caerdydd, 1992).

[15] M. Wynn Thomas (gol.), *DiFfinio Dwy Lenyddiaeth Cymru* (Caerdydd, 1995).
[16] Gerwyn Wiliams (gol.), *Rhyddid y Nofel* (Caerdydd, 1999).
[17] Gwenllïan Dafydd, 'Ffuglen Gymraeg ôl-fodern' (Traethawd Ph.D. Prifysgol Cymru, Aberystwyth, 1999).

1

Du a Gwyn: Derbyniad

Anodd yw mesur adwaith cyhoeddus i waith llenyddol. Gweithred empiraidd gymhleth (ac anfuddiol, efallai), fyddai gosod holiadur soffistigedig gerbron trawstoriad cynrychioliadol o'r gynulleidfa. Yn y dadansoddiad hwn o'r derbyniad a roddwyd i waith Robin Llywelyn dibynnir yn helaeth ar yr ymatebion a gafwyd ar glawr. Prin y gellid honni bod y rheiny'n wyddonol gynrychioliadol; cyfran fechan o ddarllenwyr, a'r rheiny yn aml o gefndir llenyddol, a wahoddir i draethu mewn print ar gyhoeddiadau llenyddol. Daw'n eglur, fodd bynnag, y tuedda'r ymatebion i *Seren Wen ar Gefndir Gwyn* – a chyhoeddiadau diweddarach Robin Llywelyn – i ymrannu'n ddwy garfan bendant. Ar y naill law ceir cefnogwyr diwyro; ar y llaw arall difrïwyr diwyro. Mae'r adweithiau a glywid ar lafar ar y pryd yn atgyfnerthu'r tueddiad hwn.

Yn sicr, ategwyd gwerthfawrogiad y tri beirniad eisteddfodol o *Seren Wen ar Gefndir Gwyn* gan nifer o ddarllenwyr ac adolygwyr, rhai megis Dafydd Morgan Lewis,[1] Islwyn Ffowc Elis,[2] M. Wynn Thomas,[3] Martin Davis[4] a John Rowlands.[5] Enwyd y nofel ymhlith eu ffefrynnau gan chwarter y sawl a wahoddwyd gan olygyddion *Taliesin* i ddewis eu hoff lyfr (mewn unrhyw iaith) yn 1992.[6] Yn wir, fel y soniwyd eisoes, enillodd y nofel ddwy wobr bellach y flwyddyn honno.

Ond mewn adolygiad cynnar ar y nofel yn dwyn y teitl, 'I'r beirniaid yn unig?', gwelwyd Ioan Williams yn awgrymu – am y tro cyntaf mewn print – i feirniaid cystadleuaeth y fedal ryddiaith ryfygu wrth roi'r fath glod iddi.[7] Dechreuodd yr adolygiad drwy herio cywirdeb y beirniaid yn uniongyrchol, gan dynnu ar ddeuoliaeth gyfarwydd, sef deuoliaeth y darllenydd cyffredin yn erbyn y darllenydd academaidd: 'Ni chredaf y bydd rhan fwya' o ddarllenwyr cyffredin Cymru yn mwynhau'r nofel ffantasi hon cymaint â'r beirniaid a roddodd y fedal ryddiaith iddi.'[8]

Am y tro cyntaf, hefyd, cyhuddodd y nofel, nid yn unig o fod yn anodd neu'n ddryslyd, ond o fod yn fwriadol felly; a'r awgrym oedd bod yr awdur i'w feio am hynny: 'Weithiau rydym yn ansicr iawn ynglŷn â'r hyn sy'n digwydd ac mae'n ymddangos mai dyna fwriad yr awdur.'[9] Mewn erthygl arall yn *Golwg* rai misoedd yn ddiweddarach, ategodd ei bryder eto ynghylch perthynas awdur *Seren Wen ar Gefndir Gwyn* â'i gynulleidfa dybiedig, gan ddweud am y nofel: '[M]ae llawer o chwarae ynddi . . . Y broblem yw bod angen chwaraewyr eraill er mwyn mwynhau gêm: at bwy mae'r llyfr wedi'i anelu?'[10]

Daeth dwy brif gŵyn Ioan Williams am y nofel – dryswch neu anhawster yn deillio o ddiffyg eglurder, a'i hapêl at gynulleidfa honedig gyfyngedig – yn batrwm ar gyfer cwynion darllenwyr eraill na werthfawrogasant y nofel. Dyna a welir yn ymateb Jane Edwards, er enghraifft. Ategodd y cyhuddiad fod y nofel yn elitaidd, a phwyslaisodd na chanfu'r nofel yn ddigon gafaelgar i'w darllen hyd y diwedd: 'Mae lle i'r math yma o lenyddiaeth ond at griw bach y mae o'n mynd i apelio. Dydw i ddim wedi ei darllen hi – ddaru hi ddim cydio.'[11] Adleisio'r un ddeuoliaeth a wnaeth Gwilym Owen, sef yn gyntaf, awgrymu mai anwylbeth beirniaid elitaidd oedd *Seren Wen* (a chynllwyn yn erbyn trwch darllenwyr 'y genedl'), ac yn ail, mynegi ei ddryswch llwyr wrth geisio'i darllen:

> Yr hyn sy'n fy mhoeni i yw bod beirniaid y Fedal Ryddiaith yn yr Eisteddfod y llynedd wedi camarwain y genedl. Rhyw fath o *con trick* llenyddol ar ran y panel beirniadol ydi o, dwi'n credu . . . Fel popeth sy'n cael ei ddweud gan grŵp arbennig o bobol y dyddiau hyn, mae disgwyl i bobol ei dderbyn o. Mae pawb yn ofni dweud un dim beirniadol am y nofel yma. Y cyfan ddyweda' i – a dydw i ddim yn feirniad llenyddol o unrhyw fath – ydi, ar ôl saith neu wyth ymdrech, alla' i ddim gwneud pen na chynffon o'r llyfr yma.[12]

Does dim dwywaith nad ysgogwyd y fath ymatebion chwyrn yn rhannol gan yr ormodiaith a ddefnyddiwyd gan dri beirniad yr Eisteddfod wrth gyflwyno'r nofel i ddarllenwyr Cymraeg am y tro cyntaf. Cyfeiriodd M. Wynn Thomas, er enghraifft, at yr ormodiaith hon drwy gyfeirio at 'duedd i or-ganmol'.[13] Ym marn Marion Eames hithau roedd 'y feirniadaeth wedi mynd dros y top'.[14] Dewisodd Owen Thomas, mewn ysgrif ddychanol ar dueddiad adolygwyr Cymraeg i ormodieithu, agor ei ysgrif drwy ddyfynnu geiriau agoriadol beirniadaeth Dafydd Rowlands yn Eisteddfod Genedlaethol 1992.[15] A chanmolwyd adolygiad Ioan Williams gan Martin Davis, yn ei adolygiad yntau ar y nofel yn *Taliesin*, am 'sigo llawer iawn o *hype* y beirniaid gwreiddiol', er i Martin Davis bwysleisio na ddylid gwneud hynny 'ar draul rhinweddau digamsyniol y llyfr ei hun'.[16]

Mae'n sicr o fod yn wir i *Seren Wen ar Gefndir Gwyn* beri peth anhawster i nifer o ddarllenwyr cyfoes: roedd radicaliaeth ei phriod-ddull tafodieithol, dieithrwch rhai o'r enwau priod, yn ogystal â'i naws 'hyper-realaidd' i raddau helaeth yn newydd mewn rhyddiaith Gymraeg. Fel yr ysgrifennodd Katie Gramich dair blynedd wedi cyhoeddi'r nofel am y tro cyntaf:

> Some readers were nonplussed by Robin's first novel, its mixture of science fiction, myth and dialect proving too intoxicating a brew for palates accustomed to the weak tea of an attenuated realist tradition.[17]

Rhagwelwyd hyn eisoes gan Robert Rhys yn ei feirniadaeth eisteddfodol ar y nofel, pan ddywedodd y byddai'n 'rhaid i'r darllenydd o Gymro fod yn barod i addasu ei arferion a'i ddisgwyl-iadau darllen' ac y byddai 'stumogau a fagwyd ar naturiolaeth gynnil a realaeth gymdeithasol yn teimlo hwyrach fod gormod o bwdin yma'.[18] Yn wir, roedd ei ddau gyd-feirniad, Alun Jones a Dafydd Rowlands, wedi cyfeirio at eu pensyfrdandod hwy o ddarllen y nofel am y tro cyntaf. Soniodd y naill sut y gorfu iddo roi'r 'nofel i lawr ar ganol ei darllen i godi at y ffenest i gael fy ngwynt ataf, a hynny dro ar ôl tro';[19] a chyffesodd y llall fel a ganlyn: 'Wrth ei darllen am y tro cynta, roedd 'y mhen i'n troi cyn cyrraedd tudalen deg . . . Rhoi'r gorau iddi ddiwrnod neu ddau, ac yna ailddechrau.'[20]

Does dim ond rhaid bwrw golwg ar y trosiadau a'r cymariaethau a ddefnyddiwyd gan ddarllenwyr wrth fynegi ar ddu a gwyn eu profiad hwy o'r dryswch lled-bleserus a brofasant wrth ddechrau darllen y nofel. Darllenwyr – ac adolygwyr – yw'r rhain, wrth gwrs, a'i teimlodd yn werth dal ati i ddarllen y nofel hyd y diwedd; darllenwyr, hefyd, a aeth ymlaen i ddarllen gweithiau eraill Robin Llywelyn. Sylwer bod yn y delweddau a ddefnyddir ganddynt elfen baradocsaidd bron bob tro, a honno fel petai'n mynegi pleser a phoen ar yr un pryd. Dyna'n sicr a geir gan Dafydd Rowlands, wrth iddo fynegi'r modd y cawsai ei 'sgubo ar y llifeiriant' geiriol wrth ddarllen *Seren Wen ar Gefndir Gwyn*, a'r profiad fel petai yn un direolaeth.[21] Yr un ymdeimlad a awgrymir gan y ddelwedd o 'feddwi' hefyd: cyfeiriodd John Rowlands, er enghraifft, at y 'disgrifiadau meddwol o olygfeydd afreal' yn y nofel,[22] ac mewn lle arall disgrifiodd arddull ryddieithol Robin Llywelyn fel un 'feddw fawr'.[23] Aeth Bethan Mair Hughes gam ymhellach drwy fynegi ei theimlad hi mai 'ffrwyth myfyrdod narcotig' oedd *Seren Wen*.[24] Mynegodd nifer o ddarllenwyr hefyd y syniad o brofi poen gorfforol wrth ddarllen rhyddiaith Robin Llywelyn: cyfeiriodd Katie Gramich, er enghraifft, ati fel '[c]yllell sy'n treiddio i galon y darllenydd . . . Cyllell hardd a disglair . . .',[25] soniodd Angharad Tomos y gallai'r darllenydd gael ei 'hitio gan glamp o frawddeg',[26] ac i John Rowlands gellir teimlo 'defnydd [yr iaith] ar y croen . . . Mae geiriau yma i brocio'r dychymyg ac i yrru ias i lawr asgwrn y cefn'[27]. Ond hwyrach mai'r ddelwedd a ddefnyddir fwyaf oll gan ddarllenwyr wrth geisio mynegi'r cyfuniad o bleser a phoen a ddaw yn sgil ymwneud â'r rhyddiaith hon yw'r ddelwedd o hud, cyfaredd, swyn neu ledrith: ceir defnydd o wahanol ffurfiau ar y pedwar gair hwn wrth ddisgrifio'r profiad o ddarllen gwaith Robin Llywelyn gan Islwyn Ffowc Elis,[28] M. Wynn Thomas,[29] John Rowlands,[30] Angharad Tomos,[31] Martin Davis,[32] Harri Pritchard Jones,[33] a Katie Gramich.[34] A datblygodd Twm Morys y syniad o Robin Llywelyn fel crëwr rhyw hud mewn ffordd gwbl ddiriaethol pan ddywedodd:

> Dwi'n cofio mynd i dŷ'r teulu pan o'n i'n blentyn ac oedd 'na bobol yn dweud straeon yna a chonsurwr yn dangos triciau i Robin. Ac roedd Robin yn deall yn union be' oedd o yn ei wneud. Erbyn heddiw, mae o'n gallu consurio – mae'n gallu twyllo dy llgadau di yn ogystal â chwarae efo geiriau.[35]

Yn sicr, teimlai nifer o ddarllenwyr lled-ddrysedig y llyfr angen am saib cyn mynd ati o'r newydd i'w ddarllen. Soniodd Marion Eames, er enghraifft, na allod 'wneud rhych na be ohono ar y darlleniad cyntaf, ond wrth ei ailddarllen (darllen darnau'n uchel i mi fy hun) cael blas ar y bwrlwm afieithus Mabinogaidd'.[36] A chafwyd gan y llyfrwerthwr, Gwyn Sion Ifan, mai tebyg fu adwaith nifer fawr o ddarllenwyr: 'Yr ymateb efo *Seren Wen ar Gefndir Gwyn* yw bod pobol yn cael anhawster mynd trwyddi, yn rhoi'r gorau i'w darllen ac yna'n mynd yn ôl ati.'[37]

I'r graddau hynny, felly, roedd cwyn Ioan Williams ynghylch diffyg eglurder uniongyrchol y nofel yn gyfiawn o safbwynt ymatebion cyntaf cyfran o'r gynulleidfa iddi. Er hynny, ac er gwaethaf yr awydd deall-adwy i liniaru'r heip eisteddfodol a amgylchynai'r nofel, llawdrwm braidd oedd yr honiadau a wnaed gan Ioan Williams ac eraill mai at elît o feirniaid academaidd/eisteddfodol yr apeliai'r nofel hon, ac ym-hellach, na fuasai mwyafrif 'darllenwyr cyffredin Cymru' (sef endid arall y ddeuoliaeth niwlog) yn ei gwerthfawrogi. Roedd yr ymateb gormodieithol hwn hefyd yn rhwym o brocio dadlau pellach. A dyna a gafwyd: agorodd John Rowlands ei adolygiad ef ar *Seren Wen ar Gefndir Gwyn* drwy fynegi ei 'anghytun[deb] llwyr â barn Ioan Williams . . . mai nofel breifat yw hi, wedi'i sgwennu er boddhad yr awdur – ynghyd â rhyw ddyrnaid o feirniaid yn unig'.[38]

Buan y daeth *Seren Wen ar Gefndir Gwyn* yn fan cychwyn ar gyfer deuoliaethau rhyfygus o bob math. Er enghraifft, gwelir hyn yn eglur ym mhwyslais Eirug Wyn, o'i holi yn *Golwg*, mai nofel 'boblogaidd' Marcel Williams, *Cansen y Cymry*, a ddylai ennill gwobr 'Llyfr y Flwyddyn' yn 1992 oherwydd mai drwy 'sothach da – pethau mae pobol yn mwynhau eu darllen' y llwyddir i 'dorri drwodd at drwch y boblogaeth'; gwneir y dewis hwn ganddo mewn gwrthgyferbyniad agored i *Seren Wen ar Gefndir Gwyn*.[39] Ymhyfrydu yn y dadlau a wnaeth Emyr Lewis, gan ddewis *Seren Wen* yn hoff lyfr ganddo yn 1992 yn rhannol ar sail y ffraeo a achoswyd:

> Mae 'na lot o bobl wedi bod yn grac am fod y gyfrol yn 'elitaidd', chwedl hwythau. Serch hynny, mae hi wedi bod yn destun sgyrsiau difyrrach nag a gafwyd ers tro am nofel Gymraeg.[40]

Eithriad, fodd bynnag, oedd agwedd gyfannol fel hon tuag at y dadlau. Yn wir, cryfhau yn amlwg a wnaeth y tueddiad i ddeuoliaethu yn ffyrnig wedi i nofel 'arloesol' arall, *Dirgel Ddyn* gan Mihangel Morgan, ennill y fedal ryddiaith yn 1993, ac i Robin Llywelyn ennill am yr eildro gyda'i ail nofel, *O'r Harbwr Gwag i'r Cefnfor Gwyn*, y flwyddyn ganlynol yn 1994. 'Mae wedi creu mwy o ymateb na'r un awdur ers blynyddoedd. Mae pobol yn gwirioni, neu'n gwylltio,' datganodd *Golwg* ar achlysur cyhoeddi cyfrol Robin Llywelyn o storïau byrion, *Y Dŵr Mawr Llwyd*, yn 1995.[41] Ac yn yr un erthygl cafwyd sylw tebyg gan Wyn Thomas, llyfrwerthwr yng Nghaerfyrddin, a gadarnhâi i bob golwg yr ymagweddu pegynol gan ddarllenwyr: 'Fyddwn i'n cytuno bod pobol un ai'n canmol llyfrau Robin Llywelyn i'r cymylau neu'n cael anhawster i'w darllen.'[42]

Y gwir amdani oedd bod y deuoliaethau cynyrfiadol o'r dechrau wedi bod yn gyfle ardderchog i'r wasg Gymraeg allu bywiogi ei thrafodaeth ar lenyddiaeth gyfoes, a bod hyn ynddo'i hun wedi megino fflamau'r ddadl. Gwelir hyn yn eglur mewn erthygl gyffredinol ar gyflwr llenyddiaeth gyfoes Cymru yn y cylchgrawn *Golwg*, ddechrau 1993. Ar ddechrau'r erthygl defnyddir dwy ddeuoliaeth sydd wedi hen sefydlu yn y drafodaeth ddiwylliannol Gymraeg: 'Y werin neu'r elît?

Parchusrwydd neu her?'[43] Awgryma'r gystrawen adleisiol fod cysyllt-iad rhwng elfennau cyfatebol y naill a'r llall (hynny yw, bod llên y werin yn barchus, a bod llên yr elît yn heriol). Cyfeiliornus yw cyfateb-iaethau o'r fath; fel y pwysleisia Menna Baines: 'Gall y poblogaidd a'r arbrofol fel ei gilydd fod yn wych neu'n rwtsh, wrth gwrs.'[44]

Dilynwyd hyn gan ddeuoliaethau rhyfygus pellach. Teitl erthygl ddiweddarach yn *Golwg* ar awduron cyfoes Cymraeg oedd teitl a gynhwysai ddeuoliaeth begynol: 'Plesio'r sglyfs a'r siwds.' Gwahodd-wyd Eirug Wyn a Robin Llywelyn i fynegi barn ynghylch llenyddiaeth gyfoes, y naill o wersyll ('poblogaidd') 'yr hogia', a'r llall o wersyll ('elitaidd') y 'darlithwyr'.[45] Yn ei ymateb ef mynegodd Eirug Wyn ei bryder y gallai prif ffrwd rhyddiaith Gymraeg gyfoes gael 'ei heijacio gan ddeallusion academaidd' ac y gwelid '[m]wy a mwy o lenorion ifanc yn troi at gynhyrchu sgrwtsh deallusol fydd ddim yn cael ei ddarllen yn gyffredin, dim ond mewn uwch-gylchoedd academaidd'.[46] Mynegodd ei ddymuniad am weld prif gystadlaethau rhyddiaith yr Eisteddfod Genedlaethol yn cael 'seibiant rhag y beirniaid academaidd', ac aeth rhagddo i bwysleisio o'r newydd ddeuoliaeth y darllenydd academaidd yn erbyn y darllenydd cyffredin. (Roedd hyn rai blynyddoedd cyn i Eirug Wyn ei hun ennill y fedal ryddiaith ddwy-waith, sef yn 1998 a 2000!):

Mi fyddwn i'n fodlon awgrymu y dylai'r academwyr sy'n rheoli'r Eisteddfod Genedlaethol WAHARDD yr eunychiaid llenyddol hyn rhag beirniadu o gwbl ac ymddiried y gwaith i ddarllenwyr cyffredin a all brofi eu bod yn darllen Cymraeg yn rheolaidd![47]

Yn achos *Seren Wen ar Gefndir Gwyn*, sef y wreichionen a gyneuodd y ddadl ddechrau'r 1990au, teg fyddai nodi – yn wyneb cyhuddiadau Eirug Wyn – mai dim ond un o blith y tri beirniad a roddodd y fedal ryddiaith iddi, sef Robert Rhys, sydd yn academydd o ran galwed-igaeth; a diau, pe pwysid arnynt i wneud dewis, yr ystyriai Alun Jones a Dafydd Rowlands eu hunain yn amddiffynwyr y 'darllenydd cyffredin'. (Teg nodi hefyd – ar yr ochr arall – mai academydd yw Ioan Williams.) Nid yn ddidramgwydd ychwaith y gellir beio tueddiadau penodol ar ran yr Eisteddfod Genedlaethol: dewisir beirniaid gwahanol o flwyddyn i flwyddyn; a chonsensws – anniddig, yn aml – rhwng tri unigolyn yw mater teilyngdod y cystadlaethau. O brocio rhywfaint ar sylfeini deuoliaethau o'r fath, buan y'u tanseilir.

A'i nofel gyntaf i raddau wedi ei 'heijacio'(a defnyddio gair Eirug

Wyn), er dibenion trafodaethau llenyddol, gan fynd ymhell y tu hwnt i broffwydoliaeth Robert Rhys y byddai 'dwli, dehongli a hen drafod' arni,[48] pwysleisiodd Robin Llywelyn drwodd a thro mai ysgrifennu er ei fwynhad ei hun a wnâi ac mai eilradd i hynny oedd mwynhad y darllenydd:

> Mi dwi'n teimlo'n braf wrth sgwennu'n Gymraeg ac yn teimlo'n rhydd ac yn ei wneud o am fy mod i'n ei fwynhau o. Os oes yna ddarllenwyr sy'n cael pleser o ddarllen y stwff dwi'n sgwennu, wel dyna finnau'n cael chwarae efo'r afal a'i fyta fo hefyd.[49]

Atega hyn mewn darlith a roddodd yng Ngŵyl Lenyddiaeth Flynyddol Caerdydd 1995, gan ddyfynnu geiriau Kate Roberts mai 'busnes cyntaf awdur . . . ydyw meddwl am y bobl a grea, ac nid am y bobl sy'n mynd i ddarllen yr hyn a greodd'.[50] Ymddengys iddo adleisio yr un agwedd ddihitio unwaith eto mewn cyfweliad â John Rowlands, a hynny yn dilyn ei ail fuddugoliaeth yng nghystadleuaeth y fedal ryddiaith yn 1994. Gan ymateb i sylw John Rowlands iddo yntau glywed 'cynifer yn cyfaddef (a phobol ddeallus a llengar yn eu plith) i *Seren Wen ar Gefndir Gwyn* fod yn drech na nhw',[51] fe ddywedodd Robin Llywelyn: 'tydach chi ddim yn disgwyl i bawb wirioni'r un fath, nacdach, ac mae'r ymateb negyddol yr un mor bwysig â'r ymateb cadarnhaol'.[52]

Efallai mai yn sgil sylwadau fel hyn y teimlai rhai beirniaid – megis Ioan Williams – na thalai Robin Llywelyn ddigon o sylw i ofynion y darllenydd (ac o fynd â hynny gam ymhellach, fod ei waith o'r herwydd yn anodd i gyfran o'r gynulleidfa). Ond o barhau i ddarllen ei ymateb i sylw John Rowlands yn y cyfweliad dan sylw, gwelir iddo fynd ati'n unswydd i wneud ei ail nofel, *O'r Harbwr Gwag i'r Cefnfor Gwyn*, 'yn haws ei dirnad i'r rhai gafodd drafferth hefo'r nofel gyntaf'.[53] Mae'n amlwg i'r cwynion gan gyfran o'r darllenwyr ynghylch 'anhawster' *Seren Wen* effeithio yn uniongyrchol ar y modd yr aeth ati i lunio ei ail nofel, wrth iddo '[d]rio bod yn weddol gonfensiynol'.[54] Cyfeirio at yr effaith a gafodd y drafodaeth feirniadol lenyddol ar greadigrwydd Robin Llywelyn a wnaeth Islwyn Ffowc Elis wrth draethu ar 'lenyddiaeth Gymraeg gyfoes' yn *Taliesin*. Sôn yn benodol am drafodaethau damcaniaethol ar *Seren Wen* a wnâi yma, ond cyd-destun ei sylwadau, yn ddiamau, oedd y pegynu barn a welwyd yn y derbyniad a gafodd y nofel gan feirniaid a darllenwyr yn gyffredinol. Mynegodd ef ei farn fod ail nofel Robin Llywelyn beth ar ei cholled oherwydd y ffrwyn a roddwyd ar ddychymyg yr awdur gan drafodaethau beirniadol:

> Mi fwynheais i *O'r Harbwr Gwag i'r Cefnfor Gwyn* hefyd, ond ddim hanner cymaint â *Seren Wen*. Mi glywais i Robin yn dweud iddo gymryd mwy o drafferth efo'i ail nofel, yn enwedig â'i chynllun hi. Ond doeddwn i ddim yn cael yr un afiaith ynddi ag yn ei nofel gyntaf, fel petai'r awdur yn ymdrechu'n rhy galed yn erbyn rhyw lyffethair dirgel. Tybed a oedd Robin rŵan wedi dod yn ymwybodol, yn rhy ymwybodol, o feirniadaeth lenyddol?[55]

Hwyrach mai'r demtasiwn mewn sawl diwylliant – o dybio i adwaith achwynol lyffetheirio dawn awdur – fyddai condemnio'r achwynwyr am eu ceidwadaeth o safbwynt cynhysgaeth newydd y rhyddiaith, ac am eu pedantiaeth o safbwynt cynulleidfa ragdybiedig y gwaith. Temtasiwn – fwy annheg, efallai – fyddai condemnio'r awdur ei hun hefyd am adael i'r achwyn effeithio ar gywirdeb ei gelfyddyd. Fodd bynnag, mae i'r ddadl gyfan gyd-destun pendant yn achos llenyddiaeth Gymraeg. I bawb sydd yn ysgrifennu mewn iaith 'leiafrifol' fel y Gymraeg, mae perthynas awdur â'i gynulleidfa, a pherthynas testun llenyddol â darllenydd, yn fwy cymhleth, yn fwy tyngedfennol ei gwedd nag ydyw mewn cyd-destunau eraill.

Cyfyngedig yw'r gynulleidfa Gymraeg ar y gorau. Yn ôl cyfrifiad 1991 roedd yng Nghymru 508,098 o siaradwyr Cymraeg (dylid cofio, fodd bynnag, na chyfrifir faint sydd yn siarad Cymraeg y tu allan i Gymru).[56] Ceir cryn amrywiaeth yn rhuglder y siaradwyr hyn. Ac er y derbynnir yn gyffredin fod cyfran uwch na'r cyffredin o siaradwyr Cymraeg yn prynu ac yn darllen llyfrau Cymraeg ar sail ymroddiad diwylliannol (fel y mynegir gan Dyfed Elis-Gruffydd o Wasg Gomer yn y cylchgrawn *Planet*[57]), nifer cymharol fach ymhlith yr hanner miliwn siaradwyr hyn a fydd yn gwneud hynny.

Llyfr mwyaf poblogaidd 1997, er enghraifft, oedd hunangofiant y darlledwr, Dai Jones: gwerthwyd tua 9,000 copi o'r gyfrol hon. Y gwaith ffuglennol a ddaeth agosaf at y nifer hwn oedd nofel Angharad Tomos, *Wele'n Gwawrio*: gwerthwyd bron i 5,000 o gopïau ohoni, nifer eithriadol ar gyfer unrhyw nofel Gymraeg.[58] Yn wir, mae llwyddiant masnachol *Wele'n Gwawrio* yn cadarnhau'r farn a fynegwyd dro ar ôl tro fod ennill y fedal ryddiaith yn ffordd ddihafal i hysbysebu, ac felly gwerthu, cyfrol o ryddiaith ffuglennol Gymraeg (enillodd *Wele'n Gwawrio* y fedal yn Eisteddfod Genedlaethol Meirion a'r Cyffiniau, 1997).[59] Fel y dywed Robin Llywelyn ei hun am gystadlaethau'r fedal ryddiaith a Gwobr

Goffa Daniel Owen: 'Gwych o beth ynglŷn â'r ddwy gystadleuaeth ryddiaith ydi bod y ddwy gyfrol fuddugol ar gael yn syth bin ar faes y Steddfod. Mae honno'n ffordd dda i ennyn diddordeb darpar ddarllenwyr.'[60]

Mae'n arwyddocaol, fodd bynnag, i'w gyfrolau mwy 'anodd' yntau – er iddynt hwythau ennill y fedal ryddiaith – werthu cryn dipyn yn llai o gopïau na nofel arobryn Angharad Tomos, dyweder. Erbyn diwedd 1996, er enghraifft, bedair blynedd a hanner wedi ei chyhoeddi gyntaf, gwerthwyd cyfanswm o 2,300 copi o *Seren Wen ar Gefndir Gwyn*; erbyn yr un adeg, sef dwy flynedd a hanner wedi ei chyhoeddi gyntaf, nifer y copïau a werthwyd o ail nofel (lai 'anodd'?) Robin Llywelyn, *O'r Harbwr Gwag i'r Cefnfor Gwyn*, oedd 3,500; o fewn blwyddyn a hanner i gyhoeddi'r gyfrol o storïau byrion ganddo, *Y Dŵr Mawr Llwyd*, gwerthwyd 900 copi.[61]

Rhydd y ffigurau hyn fras amcan o'r niferoedd sydd yn prynu a darllen gweithiau ffuglennol yn y Gymraeg (gan gofio, wrth reswm, y bydd nifer y darllenwyr yn debygol o fod yn fwy na nifer y prynwyr). Gan mai ag ychydig filoedd o ddarllenwyr y mae a wnelo lledaeniad llenyddiaeth Gymraeg gyfoes, ni all unrhyw un sydd yn ysgrifennu yn yr iaith Gymraeg anwybyddu'r ffaith nad ar chwarae bach y mae mentro gelyniaethu'r gynulleidfa hon. Waeth beth fo gofynion arbrofi ac arloesi mewn celfyddyd, mewn ymgais i'w datblygu a chynnal ei pherthnasedd i'r dyfodol, gall colli sylw swmp y gynulleidfa olygu cael gwaddol mor fach nes bod rhaid holi a oes gwerth mewn cyhoeddi'r gwaith o gwbl. Soniodd Wiliam Owen Roberts am y sefyllfa mewn modd cofiadwy ganol y 1990au: 'Writing in Welsh is very much a classic twentieth-century experience, you are writing at the edge of catastrophe'.[62]

Hyn sy'n rhoi cyd-destun pendant i bryder rhai fel Ioan Williams ynghylch lles darllenwyr *Seren Wen*; hyn hefyd yw cyd-destun ymgais Robin Llywelyn – yn wyneb y cyhuddiadau o anhawster (bwriadol neu beidio) yn ei nofel gyntaf – i wneud ei ail nofel yn un 'haws ei dirnad'.

Atgyfnerthir cymhlethdod y sefyllfa gan y syniad am y berthynas agos sydd wedi bod erioed rhwng parhad yr iaith Gymraeg a'i llen-yddiaeth: hydreiddir y diwylliant Cymraeg gan yr argyhoeddiad fod ffyniant yr iaith i raddau helaeth yn ddibynnol ar ffyniant ei llen-yddiaeth (ac, yn sgil hynny, ffyniant y farchnad lyfrau). 'Craidd a chalon y diwylliant Cymraeg yw ei lenyddiaeth,' cadarnhaodd R. Gerallt Jones a Bedwyr Lewis Jones, golygyddion *Taliesin*, yn y 1980au.[63] Yr un argyhoeddiad sydd dan sylw gan M. Wynn Thomas yn y dyfyniad canlynol:

The crucial point to remember is that the fight for the Welsh language has been primarily conducted in terms of the survival of the literary culture. Literature is part of the very *raison d'être* of the struggle: the language, the philosophy, the controlling images, in short the whole outlook of those engaged in it has been, and continues to be, fashioned by literature.[64]

Gwelir yr un argyhoeddiad yn yr adroddiad cyntaf erioed i'w gomisiynu gan lywodraeth Prydain ar gyflwr cyhoeddi yn y Gymraeg, dan gadeiryddiaeth A. W. Ready. Tanlinellir ar ddechrau'r adroddiad hwn fod cysylltiad rhwng llyfrau (a'r fasnach lyfrau) a lles yr iaith pan ddywedir: 'if the published language goes, the language itself as a cultural medium will soon follow.'[65] Gwelir pwyslais digamsyniol ar ehangu cynulleidfa llyfrau Cymraeg mewn adroddiad ar y fasnach lyfrau yng Nghymru a gomisiynwyd gan Gyngor Celfyddydau Cymru, Cyngor Llyfrau Cymru a Chyd-Bwyllgor Addysg Cymru, ac a gyhoeddwyd yn 1988;[66] ac fe'i gwelir hefyd ym mhapur gwyrdd Cyngor Celfyddydau Cymru ar gyfer llenyddiaeth yn y 1990au a gyhoeddwyd yn 1992.[67] Ymhellach, y bwriad sylfaenol wrth sefydlu Cyngor Llyfrau Cymru gan Alun R. Edwards yn 1961 oedd hybu darllen a chyhoeddi yn yr iaith Gymraeg, gyda'r argyhoeddiad dwfn y tu cefn iddo mai hyn a sicrhai les y Gymraeg i'r dyfodol.

Gwelir yr un argyhoeddiad – ar lefel fwy cyffredinol – yn natganiad y beirniad Ffrengig, Jean-Jacques Lecercle, mewn cyfweliad yn *Tu Chwith*, fod 'gan lenorion orchwyl gwleidyddol pwysig, sef cadw'r iaith yn fyw a'i datblygu'.[68] Yn wir, dewisodd Robin Llywelyn ei hun, mewn erthygl a ysgrifennodd ar y nofel yn y cylchgrawn *Llais Llyfrau*, ddyfynnu geiriau tebyg o eiddo Saunders Lewis: 'Tasg llenorion yw peri bod llenyddiaeth yr iaith yn ddigon ysblennydd i gyfiawnhau pob aberth a phob ymdrech a wneir i gadw'r iaith.'[69] Yn y drafodaeth lenyddol Gymraeg drwyddi draw gwelir argyhoeddiad diysgog fod cysylltiad tyngedfennol rhwng ffyniant iaith a ffyniant ei llenyddiaeth. Ac fel y gellid disgwyl, daeth y pwyslais ar y cysylltiad hwn yn fwyfwy taer wrth i'r iaith Gymraeg ddod fwyfwy dan fygythiad yn ail hanner yr ugeinfed ganrif. Yn fras, gwelwyd lleihad o dros 10 y cant yn nifer cenedlaethol siaradwyr y Gymraeg yn ystod y cyfnod hwn, o 28.9 y cant yn 1951 i 18.6 y cant yn 1991.[70]

Ceir anghytuno, fodd bynnag, ynghylch y modd gorau i fynd ati i sicrhau ffyniant llenyddiaeth Gymraeg. Cyfeirio yn anad dim at syniad o *ansawdd* llenyddiaeth a wna Jean-Jacques Lecercle, Robin Llywelyn (a Saunders Lewis) uchod, a'r awgrym yw y bydd llenyddiaeth o ansawdd da yn siŵr o ennyn a chadw llewyrch yr iaith yr ysgrifennir hi ynddi. Dyma un ymateb – tymor-hir – i gwestiwn sy'n procio myrdd o ymatebion ffyrnig. Afraid dweud y gwelir yr un tueddiad i ddeuoliaethu yn hydreiddio'r drafodaeth hon hefyd.

Yn ôl un ochr i'r ddeuoliaeth, rhaid rhoi blaenoriaeth yn y cyd-destun Cymraeg i ddadleuon y tymor byr. Yn sgil y farn hon y cyfyd yr argyhoeddiad mai drwy boblogeiddio y gellir sicrhau ffyniant llen-yddiaeth Gymraeg. Dyma'r farn sydd yn haeru y dylai gofynion darllenwyr fod yn flaenllaw ym meddwl awduron wrth iddynt fynd ati i ysgrifennu. Hynny yw, gan sylweddoli eu dyletswydd ddiwylliannol fel awduron *Cymraeg*, dylent anelu at apelio at y gynulleidfa fwyaf posib. Yn wir, yn unol â'r farn hon gwelwyd awduron megis Islwyn Ffowc Elis ac Eirug Wyn yn mynd ati'n unswydd ac ymwybodol i boblogeiddio llenyddiaeth Gymraeg gyda'u nofelau hwy. Islwyn Ffowc Elis, er enghraifft, oedd cadeirydd tîm o saith awdur a benodwyd yn y 1970au i ddarllen a dadansoddi cyhoeddiadau poblogaidd yn Saesneg gyda'r bwriad o gyhoeddi llyfrau tebyg yng nghyfres 'Llyfrau Poced Gomer'. Gwneud 'darllen difyr, sydyn a rhad oedd y bwriad,' meddir mewn cyfweliad gydag Islwyn Ffowc Elis yn *Golwg* yn 1988.[71] Yn y 1990au, cafwyd rhifyn arbennig o gylchgrawn Cyngor Llyfrau Cymru, *Llais Llyfrau*, dan olygyddiaeth R. Gerallt Jones, yn trafod sut i boblog-eiddio llenyddiaeth. Ar gyfer y rhifyn hwn gwahoddwyd nifer o gyn-rychiolwyr y fasnach lyfrau yng Nghymru i awgrymu'r ffyrdd gorau i fynd ati, a chafwyd catalog o awgrymiadau gan y rhain, megis dyn-wared '[m]ini lyfrau' chwe deg ceiniog *Penguin* yn Saesneg.[72] Ymhlith yr holl awgrymiadau a'r ymatebion a gafwyd gan y sawl a holwyd, poblogaidd iawn ynddo'i hun oedd yr awgrym y dylid cynhyrchu math arbennig o lenyddiaeth boblogaidd safonol, a elwid yn gyffredin yn 'sothach da'.[73]

I'r farn sydd ar y pegwn croes i hyn, fodd bynnag, gwrthun, yn wir, yw'r syniad y dylid – ac y gellid – cyfaddawdu yn y fath fodd gyda llenyddiaeth. Yn ôl y farn hon, felly, dylai awduron gofio mai *awduron* Cymraeg ydynt, gan sylweddoli mai drwy fod yn ffyddlon i ddifrifwch eu celfyddyd y mae sicrhau parhad llenyddiaeth yn yr iaith. Mewn erthygl olygyddol yn *Barddas*, er enghraifft, gwelir Alan Llwyd yn gwrthwynebu'n chwyrn y syniad o 'sothach' fel modd i hybu a phoblogeiddio llenyddiaeth. Iddo ef, dyma 'symudiad i gyfeiriad tranc',[74] sydd yn cyfleu agwedd nawddoglyd tuag at y 'bobl' ac agwedd ddinistriol tuag at yr awdur.

Hwyrach mai Bobi Jones sydd wedi mynd â'r ymwrthod hwn â'r

syniad o boblogeiddio i'w eithaf radical. Gan ddatgan ei ddiffyg ffydd yng nghywirdeb y sefydliadau diwylliannol – megis Cyngor Celfyddydau Cymru – a rydd bwys ar ymgyrraedd at gynulleidfa ehangach, mae Bobi Jones wedi cyfeirio at y syniad o boblogeiddio llenyddiaeth fel un sy'n 'wenwynllyd ac yn ddrwg i bob celfyddyd'.[75] Mewn arolwg o lenyddiaeth gyfoes Gymraeg a thrafodaeth ar ei dyfodol a gyhoeddwyd ddiwedd y 1990au, cyfeiriodd yn chwyrn at orthrwm y poblogeiddwyr ar y llenyddiaeth honno, ac fe'i disgrifia fel 'journalistic attempts at directing literature in Wales towards immediate public acclaim'.[76] Yn wir, yn ei waith creadigol ei hun mae Bobi Jones wedi bod yn ddigyfaddawd o safbwynt poblogeiddio. Fel y dywed Robert Rhys am ei farddoniaeth: '[It] shirks away from anything that could be called remotely popular.'[77] Ac yn ei ryddiaith, megis yn y nofel *Epistol Serch a Selsig*, gwelir ei fod yn mynd ati'n unswydd i ddefnyddio geirfa sydd yn newydd, yn anghyfarwydd (ac felly yn wrth-boblogaidd) yng nghyd-destun y Gymraeg, megis '[c]readigaeth amryliw y protozoa a'r sarcodina, y ciliata a'r flagellata',[78] a chyfosodiadau semantaidd anodd megis yn ei ddefnydd o ansoddeiriau anghymarus neu 'anghydnaws', er enghraifft, 'hyd y rheilffordd sinigaidd ymlaen tua'r gorwel anhysbys'.[79]

Ymhellach, mae'r cyfeiriad at Bobi Jones yn un cymwys am mai gyda'i farddoniaeth ef (ynghyd â barddoniaeth Euros Bowen), y gwelwyd y ddadl rhwng y poblogaidd a'r elitaidd ar ei ffyrnicaf yn y gorffennol (cyn iddi ddod i'r fei o'r newydd gyda chyhoeddi *Seren Wen ar Gefndir Gwyn* yn 1992). Gan gyfeirio at farddoniaeth y ddau fardd hyn a'i galw yn dorfol yn '[b]osfyd y Bobieurosiaid',[80] noda Alan Llwyd mai 'y ddadl fwyaf ym myd barddoniaeth yn y chwedegau oedd y ddadl ynghylch barddoniaeth dywyll'.[81]

Yn ôl Bethan Mair Hughes, dechreuasai'r ddadl ddegawd ynghynt gyda chyhoeddi cyfrol gyntaf Bobi Jones, *Y Gân Gyntaf*, yn 1957, pan welsai Iorwerth Peate yng ngherddi delweddol anghyson y gyfrol hon anhawster a oedd yn wrthun. Seiliodd Iorwerth Peate ei feirniadaeth ar gerddi cynnar Bobi Jones ar hen ddeuoliaeth y werin yn erbyn yr academyddion, gan gwyno am y modd yr oedd y bardd ifanc wedi 'ildio tir i fympwy ysgolheigaidd a throi cefn ar draddodiad y gwerinwr Cymraeg'.[82]

Yn y 1970au, ddau ddegawd yn ddiweddarach, enwyd Bobi Jones unwaith yn rhagor, ynghyd ag Euros Bowen, Islwyn a Waldo Williams, gan Gwilym R. Jones fel 'y beirdd Cymraeg y clywir y mwyaf o gwyno ynghylch tywyllwch eu cerddi'.[83] Yn wyneb y cwyno, ceisio esgusodi'r tywyllwch bondigrybwyll a wna Gwilym R. Jones gerbron darllenwyr *Barddas*, yn hytrach na'i ystyried yn ganlyniad rhesymol i dechneg gelfyddydol fwriadol. Gan adleisio'r ddeuoliaeth sydd yn sail i *critique* Iorwerth Peate, cyfeiria Gwilym R. Jones at gefndir addysgol Bobi Jones, gan gyplysu hynny â'i gefndir dinesig, sy'n cyferbynnu â chefndir traddodiadol barddoniaeth Gymraeg, cefn gwlad. Cais esgusodi'r anhawster ym marddoniaeth Bobi Jones, felly, drwy bwysleisio mai 'ffrwyth addysg mewn ail iaith mewn ysgol uwchradd yng Nghaerdydd' ydyw, ac nad yw ei gerddi 'gorau', felly – mwy na cherddi gorau Waldo Williams – yn '[dd]im byd llai na gwyrthiau'.[84]

Hydreiddir holl ymdriniaeth Gwilym R. Jones â'r anhawster ym marddoniaeth Bobi Jones ac Euros Bowen gan argyhoeddiad dwfn mai gwendid – neu amherthnasedd – y dylid ei esgusodi a'i anwybyddu ydyw. (Mae'n agwedd sy'n dal yn gyffredin mewn ymdriniaethau â llenyddiaeth Gymraeg ac iddi elfennau anhydraidd.) Wrth drafod barddoniaeth rydd Euros Bowen, er enghraifft, honna ei fod yn 'rhy heglog a dyrys ac nid yw'n talu am y llafur o'i ddatrys';[85] hyn er gwaetha'r ffaith i Euros Bowen ei hun ddatgan yn gyson nad ei amcan wrth farddoni oedd bod yn semantaidd dryloyw, gan wahaniaethu rhwng 'cerddi cyfathrach' beirdd confensiynol a'i 'gerddi cyflwyniad' ef ei hun. Gan fod ei gerddi cyflwyniad ef yn defnyddio priod-ddull y trosiad pur, mynnai Euros Bowen mai ofer oedd chwilio ynddynt am ystyr yn y dull confensiynol ac mai amherthnasol oedd sôn yn gyffredinol am anhawster.[86] Mae'n amheus, fodd bynnag, a lwyddodd Euros Bowen i sigo peth ar ragfarn ddofn y drafodaeth lenyddol ddiweddar yng Nghymru o blaid uniongyrchedd a thryloywedd mynegiant. Hynod ddiddorol yn y cyd-destun hwn yw darllen erthygl Gwyn Thomas – bardd y mae eglurder a phoblogrwydd wedi rhoi deinameg unigryw a grymus i'w waith – ar farddoniaeth Euros Bowen, a chanfod ynddo'r feirniadaeth a ganlyn:

> [Ni]d oes gan Euros Bowen fawr i'w ddweud wrth y dulliau arferol sydd gennym ni yng Nghymru o lunio barddoniaeth . . . Y mae'n amlwg yn credu fod barddoniaeth wedi ymburo ac wedi mynd y tu draw i'r dulliau hyn.[87]

Gan gyfeirio at y bardd Ffrangeg hynod hermetig, Mallarmé, haera Gwyn Thomas fod Euros Bowen 'yn nes ato ef nag at neb arall',[88] ac â rhagddo i awgrymu y gellid profi dilysrwydd 'wafflo' delweddol y cerddi cyflwyno drwy weld pa mor gyfieithadwy ydynt.[89]

Hwyrach mai at ymatebion fel hyn i lenyddiaeth anodd y cyfeiriai Gareth Alban Davies pan gwynai fod 'adwaith yn erbyn yr astrus' yn bodoli yn y drafodaeth ar lenyddiaeth Gymraeg.[90] Cafwyd cwyn debyg gan Iwan Llwyd hefyd, wrth iddo gyfeirio at y tueddiad yng Nghymru 'i ystyried unrhyw gerdd nad yw'r ystyr yn gymharol amlwg ar y darlleniad cyntaf yn "dywyll"'.[91] A thybed nad yr un bragmatiaeth, a'r pwyslais cryf ar eglurder, a welir ym meirniadaeth Ioan Williams ar awdur *Seren Wen ar Gefndir Gwyn*, am iddo beidio ag adrodd y stori 'yn fanwl iawn', a bod y dafodiaith a siaredir gan Gwern, arwr-adroddwr y nofel, yn rhwystro'r darllenydd rhag 'ffurfio syniad clir o'r hyn sy'n digwydd'.[92]

Fel y trafodwyd eisoes, mae cyd-destun digamsyniol i'r pwysau a roddir ar i awduron Cymraeg fod yn eglur a dealladwy i drwch y gynulleidfa. Fodd bynnag, hawdd y gellid teimlo weithiau fod hyn yn dod yn esgus i rai beirniaid hybu eu syniad personol hwy am hanfod llenyddiaeth: hynny yw, rhoi eu rhagfarnau llenyddol eu hunain dan fantell dymuniadau honedig y 'bobl', a hynny mewn modd a all fod yn ormesol. (Hwyrach fod awgrym o ragfarn ddi-hid i'w ganfod yng nghyfaddefiad Ioan Williams, er enghraifft, na theimlai 'fod rheswm neilltuol dros drafferthu i orffen *Seren Wen ar Gefndir Gwyn*', er ei fod yn adolygydd ar y nofel.[93]) Fel yr eglurodd Raymond Williams, mae'r holl syniad o boblogeiddio yn un sydd yn hawlio fel ei wrthrych fodolaeth 'pobl' unedig, ac iddi chwaeth lenyddol, cyneddfau darllen a gwerthoedd diwylliannol unffurf. Yn wir, mae ei eiriau wrth drafod datblygiad yr ansoddair 'poblogaidd' yn dra pherthnasol yn y cyd-destun hwn:

> The transition to the predominant meaning of 'widely-favoured' or 'well-liked' is interesting in that it contains a strong element of setting out to gain favour, with a sense of calculation . . . Popular culture was not identified by *the people* but by others.[94]

Canlyniad pellach y diffyg amynedd yn y cyd-destun Cymraeg gydag aneglurder neu anhawster llenyddol yw'r effaith a gaiff ar barodrwydd awduron i chwilio am dechnegau ysgrifennu – a bydolygon – newydd. Awgrymwyd eisoes i hyn ddigwydd yn achos Robin Llywelyn, wrth i'r adwaith anghymesur i'r anhawster honedig yn ei nofel gyntaf ef fennu, o bosib, ar ei greadigrwydd gyda'i ail nofel. Yn yr ymatebion i farddoniaeth Bobi Jones ac Euros Bowen, uchod, fel yn ymateb Ioan Williams i nofel Robin Llywelyn, mae amharodrwydd amlwg i gydnabod bod gwerth a dilysrwydd mewn chwilio am briod-ddull llenyddol newydd. Dyrchefir tryloywedd yn ddogma a all – yn eironig iawn – arwain at ddallineb (o safbwynt rhinweddau'r testun 'anodd'), ac a all hefyd arwain at lesteirio creadigrwydd. Yn wir, ym mhapur gwyrdd Cyngor Celfyddydau Cymru ar gyfer llenyddiaeth y 1990au gwelwyd pwyslais ar herio ystrydebau fel 'poblogaidd' ac 'elitaidd' er lles creadigrwydd llenyddol.[95] Mae'n drueni mai'r gwrthwyneb i hyn a gafwyd yn ystod y 1990au, fel y gwelwyd yn y derbyniad pegynol a gafodd *Seren Wen ar Gefndir Gwyn*, ac yn y deuoliaethu pegynol a ddaeth yn sgil ei hymddangosiad.

* * * *

Nid dyna ddiwedd y stori, fodd bynnag. Yn cydymdreiddio â'r dadlau a ddaeth yn sgil yr ymatebion brwd a gafwyd i *Seren Wen ar Gefndir Gwyn*, daeth dadl arall, a honno hefyd yn tanio gwreichion yn y drafodaeth lenyddol Gymraeg drwy gydol gweddill y 1990au. Y ddadl honno oedd y ddadl ynghylch ôl-foderniaeth.

Honna Gerwyn Wiliams mai ganol y 1980au y dechreuodd y drafodaeth ynghylch ôl-foderniaeth, a hynny yng nghystadleuaeth Gwobr Goffa Daniel Owen yn 1984. Yn y gystadleuaeth hon roedd John Rowlands o blaid gwobrwyo nofel ôl-fodernaidd Wiliam Owen Roberts, *Bingo!*, tra mynnai ei ddau gyd-feirniad, Hywel Teifi Edwards a Harri Pritchard Jones, roi'r wobr i nofel hanes realaidd R. Cyril Hughes, *Castell Cyfaddawd*.[96] Cododd dadlau tebyg unwaith yn rhagor ddiwedd y 1980au, a hynny yn sgil fforwm drafod o'r enw 'Deialog '88' a gynhaliwyd yn Aberystwyth i wyntyllu rhai o'r damcaniaethau llenyddol a fu'n cyniwair ar gyfandir Ewrop ac yn America ers dau ddegawd a mwy. Ysgogwyd y fforwm yn rhannol gan anfodlonrwydd llawer o feirdd a beirniaid â'r meini prawf a ddefnyddiwyd gan olygyddion *Blodeugerdd o Farddoniaeth Gymraeg yr Ugeinfed Ganrif* wrth ddethol y cerddi i'w cynnwys yn y gwaith canonaidd hwn. (Ymwrthodwyd yn agored â cherddi gwleidyddol, er enghraifft, a nifer bychan iawn o feirdd benywaidd a gynrychiolwyd.)

Yn dilyn 'Deialog '88', daeth yn amlwg yn gyntaf oll fod atgasedd trawiadol o ddwfn ymhlith cyfran o lengarwyr Cymraeg tuag at y derminoleg a ddefnyddiai hyrwyddwyr y damcaniaethau llenyddol newydd. Mynegodd Alan Llwyd ei ddiffyg amynedd â'r fforwm drwy ei disgrifio fel 'cyfarfod a oedd yn llawn o derminoleg crach-academaidd a ffug-feirniadaethol'.[97] Yn ei adroddiad yntau ar y fforwm yn

Barn, mynegodd Gerwyn Wiliams ei bryder ynghylch y derminoleg drwy ddweud: 'erbyn canfod gair Cymraeg am *deconstruction* mi fydd rhyw -*ism* bach arall wedi dod yn ei le.'[98]

Mae'r ddrwgdybiaeth tuag at derminoleg ddamcaniaethol yn gwbl gysylltiedig â'r hyn a drafodwyd eisoes. Mae'r cymhellion dros ymwrthod â hi yn debyg iawn – er nad yn cyfateb yn union – i'r cymhellion dros ymwrthod ag anhawster llenyddol, sef y syniad ei bod yn ddieithr os nad yn wir yn elyniaethus i ofynion y 'darllenydd cyffredin'. Ystyrir – yn gyfiawn, i raddau helaeth – mai perthyn i drafodaeth beirniaid academaidd a wna'r derminoleg feirniadol, a'i bod felly yn elitaidd, yn esgymuno'r rhelyw o ddarllenwyr. Y pryder hwn a fynegir gan Angharad Tomos, er enghraifft, pan ddywed:

> Yr unig sylw fasa gen i ydi fod terminoleg yn dueddol o gau pobol allan o'r ddadl, ac yn ei chadw hi ar lefel academaidd. Y ffordd i ddemocrateiddio'r drafodaeth ydi defnyddio geiriau sy'n ddealladwy i bawb.[99]

Llai cymodlon yw Robat Gruffudd a haera mai dyfeisio'r termau hyn a wna academyddion 'er mwyn sicrhau eu bodolaeth eu hunain'.[100] A mynd gam ymhellach a wnaeth David John Prichard wrth gyfeirio yn chwareus at '[dd]olur rhydd ysgolheictod yn bathu termau sy'n hwy nag ambell gerdd'.[101]

Gellid honni, wrth reswm, fel y gwnaeth Robin Llywelyn ei hun mewn erthygl ar y nofel, fod 'angen termau arbenigol rhwng arbenigwyr at drafod unrhyw faes',[102] ac na ddylai hynny fennu mewn unrhyw ffordd ar fwynhad darllenwyr eraill o'r llenyddiaeth dan sylw. Bychander y diwylliant Cymraeg sydd yn peri bod y sefyllfa'n fwy cymhleth unwaith yn rhagor, lle mae perthynas glòs (lesol ac anfanteisiol) rhwng beirniaid academaidd a 'darllenwyr cyffredin' wrth drin a thrafod gweithiau llenyddol. Mae natur y cyfrwng hefyd yn rhannol gyfrifol am yr atgasedd tuag at derminoleg academaidd. Deunydd crai llenyddiaeth yw'r iaith a siaredir gan y 'bobl' yn ddyddiol; mae llenyddiaeth, felly, yn ffurf ddiwylliannol hanfodol 'boblogaidd', ac mae hyn yn arbennig o wir yng nghyd-destun diwylliannau megis y diwylliant Cymraeg sydd â llenyddiaeth yn 'graidd a chalon' iddo. Yn wahanol i feysydd 'arbenigol' eraill – ffiseg gwantwm, dyweder – mae gan bob unigolyn y cyneddfau sylfaenol i allu ffurfio barn ynghylch gweithiau llenyddol; ac mewn sefyllfa ddemocrataidd dylai fod gan bob unigolyn y cyfle i fynegi'r farn honno hefyd. Tanseilio hyn, yn aml, a wna'r defnydd o dermau technegol neu arbenigol. A'r defnydd o'r fath dermau ar gynnydd o ddiwedd y 1980au ymlaen, nid rhyfedd i'r adwaith iddynt ar y sîn lenyddol Gymraeg fod yn ffyrnig.

Atgyfnerthwyd deuoliaethau a fodolai eisoes wrth i lengarwyr ochri o blaid ac yn erbyn y feirniadaeth ddamcaniaethol newydd. Yn eu tro rhoddodd yr hen ddeuoliaethau hwythau fomentwm i'r ddadl ynghylch y feirniadaeth honno. Mynegodd John Rowlands yn gofiadwy natur yr atgasedd dwfn at derminoleg mewn erthygl olygyddol yn *Taliesin*:

> Pan ddaw tinc cras fel 'strwythuraeth' i sgriffinio'r llechen las . . ., mi fydd gwaed rhai pobl yn ffrwtian. Rhowch 'ôl' o flaen y geiriau hynny, ac mi fydd eu gwaed yn codi i'r berw. Mae clywed termau fel 'ôl-foderniaeth' ac 'ôl-strwythuraeth' fel cadach coch i darw i nifer o lengarwyr Cymraeg ac yn peri i eraill ddylyfu gên yn hyglyw . . . Awgrymodd eraill fod y termau newydd yn ymhongar ('siwdaidd' yw'r disgrifiad llofruddiol), ac yn wir yn ddianghenraid os nad yn ddiystyr.[103]

Ffactor bellach yn y ddadl ynghylch y damcaniaethau llenyddol newydd yn ystod y 1990au oedd cyhoeddi rhifyn cyntaf y cylchgrawn *Tu Chwith* gan Simon Brooks ac Elin Llwyd Morgan yn 1993. Bwriad y cylchgrawn oedd gwyntyllu syniadaeth ôl-fodernaidd a beirniadaeth lenyddol ôl-strwythurol yn y cyd-destun Cymraeg: neu a dyfynnu arwyddair y cylchgrawn a godwyd o gerdd gan Iwan Llwyd, creu 'trais a therfysg tu chwith allan'. *Tu Chwith*, yn anad un cyfrwng arall, meddai John Rowlands, a fu'n 'gyfrifol am hybu syniadaeth [ôl-fodernaidd] yn y cyd-destun Cymraeg'.[104] Cadarnheir hyn yng nghyfweliad John Rowlands gydag un o'r golygyddion, Simon Brooks, a bwysleisiodd mai 'plaid wleidyddol' oedd y cylchgrawn a fodolai er mwyn 'rhoi cydlynedd ac identiti i ysgol newydd o lenorion a meddylwyr' a dybiai fod 'rhyddid meddwl yn yr arfaeth'.[105] Defnyddiodd Simon Brooks ddelwedd y 'sbwng' sydd yn 'amsugno ac yn gwaedu deunydd yn ôl mympwy',[106] er mwyn tanlinellu'r ffaith fod agwedd *Tu Chwith* at y diwylliant Cymraeg yn un ddelw-ddrylliol, anrhagweladwy a holl-gynhwysol. Mae'n sicr i dôn fwriadol apocalyptaidd a phryfociol Simon Brooks (mewn datganiadau fel hyn ac yn ei erthyglau golygyddol), ynghyd â'i ddefnydd helaeth o derminoleg yr ysgolion damcaniaethol Ffrengig, fod yn fwy o halen nag o siwgwr i nifer fawr o ddarllenwyr Cymraeg i'w lyncu gyda ffisig ôl-fodernaidd *Tu Chwith*. Ac yn nodweddiadol o hunan-barodïol, cafwyd yn ail rifyn *Tu Chwith* gerdd ddychanol am y derminoleg ôl-fodernaidd ac ôl-strwythurol gan Ifor ap Glyn: cerdd yn dwyn y teitl 'Pen-Ôl foderniaeth'.[107]

Yn ôl Gwenllïan Dafydd, yn absenoldeb unrhyw draddodiad

modernaidd cryf mewn llenyddiaeth Gymraeg, nid oedd y gynulleidfa Gymraeg 'wedi ei pharatoi i dderbyn llenyddiaeth ôl-fodern'.[108] Ond diau y treiddiai'r ddrwgdybiaeth yn ddyfnach na hynny. Y gwir amdani oedd bod elfennau delw-ddrylliol y meddylfryd ôl-fodernaidd yn ei wneud, ym marn llawer, yn anghydnaws â chynseiliau'r diwylliant Cymraeg, os nad yn wir yn gwbl elyniaethus iddo. Fel yr eglurodd John Rowlands mewn erthygl yn *Y Traethodydd* a gyflwynai brif gynseiliau ôl-foderniaeth, craidd y meddylfryd ôl-fodernaidd a goleddid gan athronwyr 'gwrth-athronyddol' fel Jean-François Lyotard, oedd ymwrthod â'r syniad goleuedig 'fod iaith yn gallu cael gafael ar y Gwir trwy reswm, ac yn wir amau'r holl gysyniad o Wirionedd trosgynnol'.[109] Ymwrthodent hefyd â'r syniad fod iaith yn 'dalp o wirionedd absoliwt' gan bwysleisio yn hytrach fod yn 'rhaid i iaith fod yn chwareus trwy'r amser'.[110] Soniodd John Rowlands ymhellach fod syniadaeth ôl-fodernaidd – fel ag y'i mynegir yng ngwaith athronydd fel Jean Baudrillard – yn haeru ein bod yn 'byw mewn byd ôl-fodernaidd' sydd yn 'ffrwyth cyfalafiaeth hwyr', hynny yw 'byd artiffisial, yn llawn o ddelweddau a dynwarediadau, byd o *simulacra* neu rithiau'.[111] Yn sgil syniadau fel yr eiddo Baudrillard, daeth bri ar *naratifau* – gemau iaith Wittgensteinaidd – ar draul *metanaratifau*, sef syniadau di-syfl ac absoliwtaidd ynghylch 'gwirionedd' a ddyrchafwyd yn ddogma yn y byd gorllewinol ers dyddiau'r oleuedigaeth.

Yr hyn a wna llenyddiaeth ôl-fodernaidd, felly, yw 'torri drych realaeth', sef 'y drych yr oedd nofelwyr wedi bod yn twyllo'u darllenwyr ag ef am ryw ddwy ganrif'.[112] Gall y nofel ôl-fodernaidd, er enghraifft, wneud hynny (yng ngeiriau David Lodge a ddyfynnir gan John Rowlands), drwy '[g]lyfeirio at ei phrosesau nofelyddol hi ei hun' neu '[dd]inoethi'r elfen ffuglennol'.[113] A deillia'r feirniadaeth lenyddol sydd ynghlwm wrth syniadaeth ôl-fodernaidd – sef, yn fras, y feirniadaeth a elwir yn ôl-strwythrol – o'r syniadau hyn am 'iaith yn llithrigfa ddi-ben-draw nad yw byth yn datgelu ystyr bendant a diamwys'.[114] Sefydlwyd prosesau dadadeiladol y feirniadaeth hon gan athronwyr-feirniaid Ffrengig yn bennaf, rhai megis Roland Barthes, Michel Foucault ac – yn bennaf oll – Jacques Derrida. Dyma athronwyr-feirniaid a gafodd, chwedl John Rowlands, 'fodd i fyw wrth droi gweithiau llenyddol â'u pennau i waered neu eu tynnu nhw tu chwith allan, gan anwybyddu bwriad awdur neu berthynas testunau â'r byd tu allan'.[115]

Cymwys, felly, oedd enw'r *enfant terrible* o gylchgrawn a fedyddiwyd yn *Tu Chwith*. Ymhlith yr erthyglau yn y rhifyn cyntaf cafwyd ymdriniaeth ddadadeiladol gan Johan Schimanski (wedi'i chyfieithu gan Simon Brooks) â nofel Robin Llywelyn, *Seren Wen ar Gefndir Gwyn*. Roedd yn yr ymdriniaeth hon ddefnydd helaeth o derminoleg a phriodddull ôl-strwythurol, ac roedd hyn yn ddiamau yn ddatblygiad radical yn y cyd-destun Cymraeg. (Hyd yn oed ddechrau'r 1990au glynai rhan helaeth beirniadaeth lenyddol Gymraeg o hyd wrth draddodiad 'beirniadaeth newydd' y traddodiad Eingl-Americanaidd, gyda'r pwyslais ar ystyr trosgynnol a ddeilliai o wirionedd y geiriau ar bapur.) Diau mai sioc i nifer fawr o ddarllenwyr oedd darllen ymdriniaeth fel a ganlyn â nofel Gymraeg:

> Mae modd ystyried anachroniaeth byd dychmygus y nofel fel ymdrech i wella ar y genedl-wladwriaeth syncronig sydd yn tarddu o'r gwrthdaro rhwng moderniaeth hollgwmpasog a thraddodiadau neilltuol. Mae'r awgrym yn fath o *critique* ar y gyfundrefn Ewropeaidd sefydledig o genhedloedd mawr annibynnol.[116]

Ymateb deallus a phellgyrhaeddol i *Seren Wen ar Gefndir Gwyn* oedd eiddo Johan Schimanski, wrth iddo drafod syniadau ynghylch perthynas y nofel ffantasi hon â sefyllfa wleidyddol Cymru ddiwedd yr ugeinfed ganrif. Gan bwysleisio natur arloesol y nofel, ystyriai Johan Schimanski ei chwareustra lled-eironig yn fodd newydd, *ehangol* (o ran rhyddiaith Gymraeg) i bontio'r tensiwn rhwng y real a'r ffantasïol, rhwng chwedl ac alegori, ac – a hyn sydd fwyaf perthnasol, o bosib, i'r drafodaeth hon – rhwng y traddodiadol, y poblogaidd a'r arbrofol. Fodd bynnag, mae'n sicr i'r derminoleg 'astrus' (newydd) a ddefnyddiwyd ganddo – ac yn wir fframwaith ei ymdriniaeth drwyddi draw – lesteirio gwerthfawrogiad cyfran o'r darllenwyr o'r ymdriniaeth honno. Diau mai canlyniad mwy grymus – a mwy anffodus – yr ymdriniaeth ddadadeiladol ddisglair hon oedd pwysleisio dieithrwch ymddangosiadol nofel Robin Llywelyn. Bwydai'r naill ar y llall: anhawster honedig y nofel ac anhawster honedig yr ymateb beirniadol hwn iddi.

Cynyddu wnaeth y dieithrwch, o bosib, wrth i feirniaid eraill ddisgrifio'r nofel – yn rhannol gyfiawn – fel testun ôl-fodernaidd,[117] ac felly bwysleisio'r cysylltiad amgylchiadol rhyngddi a rhaglen ddeallusol gythryblus *Tu Chwith*. Cyfeirio a wnâi'r sawl a'i galwai yn nofel ôl-fodernaidd, ymhlith pethau eraill, at amrywiaeth y cyweiriau ieithyddol ynddi, a'i pharodi *pastiche* o rai o wledydd Ewrop. Ôl-fodernaidd hefyd yw'r ffaith hunangyfeiriadol a chwareus fod 'prif' ddarllenydd stori Gwern Esgus, sef y clerc Zählappell, yn cysgu'n ddiarwybod wrth i'r stori gael ei hadrodd. Ymhellach, wedi ym-ddangosiad ail nofel Robin Llywelyn yn 1994, a honno hefyd yn lled-ôl-fodernaidd o ran techneg naratif, ynghyd â'i gyfrol o storïau byrion yn 1995, dechreuwyd defnyddio'r term 'ôl-fodernaidd' ar gyfer ei waith yn gyffredinol.[118]

Yn sicr, nid *Seren Wen ar Gefndir Gwyn* oedd y nofel Gymraeg gyntaf i arddangos nodweddion ôl-fodernaidd. Mae John Rowlands, er enghraifft, wedi cyfeirio at nofel Caradog Prichard, *Un Nos Ola Leuad*, fel un nofel y gellid ei disgrifio fel nofel 'broto-ôl-fodernaidd'. Cyfeiriodd yn yr un modd at rai o nofelau'r 1980au, megis *Trefaelog* Gareth Miles (1989), a dwy nofel Twm Miall, *Cyw Haul* (1988) a *Cyw Dôl* (1990). Yn ôl Simon Brooks, dwy nofel Wiliam Owen Roberts o'r 1980au, *Bingo!* (1985) ac *Y Pla* (1987) oedd y ddwy nofel Gymraeg ôl-fodernaidd gyntaf. Yn sicr, fe brociodd technegau naratif gweithiau ôl-fodernaidd cynnar Wiliam Owen Roberts ymatebion tebyg yn eu ffyrnigrwydd i'r ym-atebion a gafwyd i weithiau Robin Llywelyn yn y 1990au: fel y noda Gerwyn Wiliams, er enghraifft, pan gafodd *Bingo!* ei chyhoeddi gyntaf, ni welai adolygydd megis Alun Jones ynddi ddim mwy na 'chlyfrwch geiriol sy'n ymhongar o'i ddechrau i'w ddiwedd'.[119]

Erbyn canol y 1990au gwelwyd Mihangel Morgan yn ennill y fedal ryddiaith yn 1993 gyda'r nofel *Dirgel Ddyn*, ac Angharad Tomos yn ennill y fedal wedyn yn 1997 gyda'r nofel *Wele'n Gwawrio*: dyma ddwy nofel bellach y gellid eu hystyried yn weithiau nodweddiadol ôl-fodernaidd. Esgorwyd ar ddeuoliaeth arall ar y sîn lenyddol Gymraeg yn sgil yr amheuaeth bod rhyddiaith Gymraeg realaidd, draddodiadol wedi mynd ar ddifancoll; ei bod wedi ei 'heijacio', yn hytrach, gan yr 'ôl-fodernwyr'. Yn wir, hwyrach y dengys y defnydd o'r gair 'heijacio' yn glir y modd y cyfnerthai'r ddeuoliaeth hon y deuoliaethau a fodolai eisoes rhwng y darllenydd academaidd (*protégé* honedig yr Eisteddfod Genedlaethol), a'r darllenydd cyffredin. Fel y soniwyd eisoes, cyfeirio at effaith y feirniadaeth lenyddol newydd a wnâi Islwyn Ffowc Elis pan gwynodd ynghylch ei heffaith lyffetheiriol ar ail nofel Robin Llywelyn.

Yn sicr, mae'n arwyddocaol yn hyn o beth y gwelid nifer o'r awduron a glustnodwyd yn rhai ôl-fodernaidd yn ceisio ymbellhau oddi wrth y fath labelau. Dealladwy yw'r fath ochelgarwch, gan fod labelau o'r fath yn tueddu i fod yn gyfyngol, fel petai gweithiau'r awduron yn ddim ond arddangosiadau o un syniadaeth feirniadol neu'i gilydd. Wrth ateb ymholiad y cylchgrawn *Golwg* ynglŷn â phwy yn union oedd yr awduron ôl-fodernaidd Cymraeg, nid ar sail gwyleidd-dra yn unig y gochelodd Angharad Tomos, Wiliam Owen Roberts a Robin Llywelyn rhag cyfeirio atynt eu hunain, ond hefyd oherwydd y dylanwad llurguniol sydd i'r label yng nghyd-destun y Gymraeg. Yn wir, fel petaent mewn gêm o chwarae dal, gwelwyd Angharad Tomos yn enwi Mihangel Morgan (a'i nofel *Dirgel Ddyn*), gwelwyd Wiliam Owen Roberts yn enwi Robin Llywelyn, Mihangel Morgan ac Ed Thomas, a gwelwyd Robin Llywelyn yn enwi Mihangel Morgan, Wiliam Owen Roberts a Twm Morys; pwysleisiodd Robin Llywelyn ar yr un pryd na chlywsai ef erioed am y term 'ôl-fodernaidd' 'nes dechreuodd pobol ei ddefnyddio fo i gategoreiddio fy ngwaith i'.[120] Yn ôl John Rowlands, roedd Robin Llywelyn yn 'rhy styfnig o unigolyddol i wisgo bathodyn yr ôl-fodernydd yn llabed ei gôt',[121] ac yn sicr, fe gadarnheid hyn gan ei agwedd amddiffynnol at derminoleg feirniadol mewn sawl man.

Ymhellach, yn y cylchgrawn *Barn* cafwyd sgwrs ddychanol rhwng Robin Llywelyn a Twm Morys yn dwyn y teitl, 'Y Ddamcaniaeth am rai pethau'. Sgit oedd yma ar briod-ddull ac epistemeg y feirniadaeth ôl-strwythurol newydd. Gan gyfeirio'n benodol at ymdriniaeth Johan Schimanski â *Seren Wen ar Gefndir Gwyn*, crëwyd y dychan drwy ddefnydd coeglyd a charicaturaidd o'r derminoleg ddadadeiladol, megis mewn ymadroddion fel 'sylfaenol orfewnfodol' ac 'y ddarpar-ddiwedd-ôl-fodern'.[122] Ac yn ei nodiadau (anghyhoeddedig) ar gyfer darlith i Gymdeithas Owain Cyfeiliog, Llangollen ar *Seren Wen ar Gefndir Gwyn*, dyfynnodd Robin Llywelyn unwaith eto ran o erthygl Johan Schimanski yn *Tu Chwith*, gan ychwanegu ei sylw ei hun: 'Hoffwn yn fawr wybod be mae o'n feddwl, mae o'n swnio'n od o grand.'[123]

Wrth adolygu cyfrol Twm Morys o gerddi, *Ofn fy Het*, cyfeiriodd Dafydd Johnston yn benodol at gyflwyniad ffug-ddamcaniaethol-lenyddol y bardd i'r gyfrol (dan lasenw 'Neil Sagam'). Yn y cyd-destun hwn, soniodd Dafydd Johnston am briodoldeb sylw Jane Aaron y gwrthwynebai ysgrifenwyr Cymraeg yn ffyrnig gael eu galw'n 'ôl-fodernaidd', er eu bod yn ddigon parod i ddefnyddio technegau ôl-fodernaidd yn eu celfyddyd.[124] Sonia Jerry Hunter, hefyd (gan gyfeirio at sylw a wnaethpwyd gan Dafydd Johnston mewn lle arall), am modd y cyfansoddodd y bardd Emyr Lewis gywydd dychan ynghylch ôl-foderniaeth, tra defnyddiai ar yr un pryd un o brif gysyniadau ôl-foderniaeth ar ei ddiwedd, sef diflaniad yr awdur.[125]

Diau bod cyfran helaeth o'r anfodlonrwydd â'r term 'ôl-fodernaidd' yn deillio o'r ffaith ei fod yn label rhy lac – yn 'ambarél ry fawr' yng ngeiriau Dafydd Johnston[126] – a ddefnyddir i labelu gweithiau a all fod yn dra gwahanol i'w gilydd. Yn ychwanegol at yr anhoffter o'r derminoleg 'astrus', a'r tueddiad i begynu a deuoliaethu yn y drafodaeth Gymraeg, roedd elfen bellach yng nghynhysgaeth y meddylfryd ôl-fodernaidd a'i gwnâi yn broblematig o safbwynt y diwylliant Cymraeg. Deilliai ymatebion drwgdybus nifer o lengarwyr Cymraeg i ôl-foderniaeth o'i syniadaeth ddelw-ddrylliol. Amheus i lawer oedd ei diffyg ffydd mewn na delfryd nac ymroddiad. Ymddangosai bydolwg ddi-foes ôl-foderniaeth, heb sôn am chwareustra beirniadaeth lenyddol ôl-strwythurol, yn afrywiol ac anghyfrifol o ystyried sefyllfa fregus y diwylliant Cymraeg yn ei gyflwr presennol. Fel yr eglurodd Katie Gramich: 'A more contentious difference in the Welsh context is that Postmodernist texts tend to project a lack of faith in Absolutes or Ideals of any kind.'[127] Mae'n bryder a welir yn glir gan Harri Pritchard Jones yn ei adolygiad ef ar *Dirgel Ddyn*, Mihangel Morgan:

> Cwestiwn bach sy'n fy mhoeni i, ynghylch yr holl awduron hyn [Mihangel Morgan, Robin Llywelyn a Wiliam Owen Roberts], ydy a fydd lle yn ein llên bellach i rinweddau cymdeithasol, neu gymunedol, fel trugaredd a dicter cyfiawn, ynteu a ydy Thatcheriaeth o ryw fath wedi dŵad i deyrnasu ym myd llenyddiaeth hefyd, a dim ond ideoleg ac unigolyddiaeth fydd piau hi ym myd cyfathrach pobl â'i gilydd.[128]

Yn ôl John Rowlands, mynegodd Robert Rhys, ac yntau'n Gristion ymrwymedig, ei wrthwynebiad i feirniadaeth lenyddol ôl-strwythurol oherwydd ei bod yn gwadu bodolaeth ystyr terfynol.[129] Yn wir, cafwyd gan Robert Rhys yn *Barn* adroddiad ar ddarlith goffa J. R. Jones a draddodwyd gan Roger Scruton yn Abertawe, a chrynodeb manwl o ddadleuon yr athronydd Saesneg yn erbyn dadadeiladaeth Derrida a'i griw.[130] Mewn erthygl yn *Golwg*, mynegodd Angharad Tomos a Bobi Jones ddrwgdybiaeth debyg yn wyneb diffyg ymrwymiad y meddylfryd ôl-fodernaidd i gysyniadau trosgynnol,[131] tra pwysleisiodd Greg Hill mewn erthygl yn dwyn y teitl 'Drowned Voices' yn *Planet* fod angen i lenorion a beirniaid Cymraeg ystyried yn ddwys cyn mynd ati i goleddu delw-ddrylliaeth ôl-fodernaidd, a hynny oherwydd natur 'fregus' y diwylliant Cymraeg:

> For a minority culture to sustain its identity under such conditions, a prerequisite would be an intellectual tradition capable of mediating change while sustaining a necessary sense of continuity in the community.[132]

Mynegodd Damian Walford Davies ei amheuon yntau ynglŷn â gwerth deallusol y meddylfryd ôl-fodernaidd a goleddid gan *Tu Chwith* mewn erthygl yn *Barn* rai wythnosau wedi cyhoeddi rhifyn cyntaf *Tu Chwith*.[133] A chafwyd erthygl swmpus gan Richard Wyn Jones a Jerry Hunter yn ymateb i raglen syniadol ôl-fodernaidd *Tu Chwith* a holai (ac adleisio teitl yr erthygl), '[b]a mor feirniadol yw beirniadaeth ôl-fodern?'.[134] (Yn wir, dyma'r unig ymgais o ddifrif i dafoli yn drwyadl werth syniadau ôl-fodernaidd yng nghyd-destun y diwylliant Cymraeg.)

Crynhowyd y sefyllfa yn glir gan John Rowlands pan soniodd yn ei erthygl gyflwyniadol ar ôl-foderniaeth yn *Y Traethodydd* fod:

> gan lawer o Gymry amheuon dwys ynglŷn ag ôl-foderniaeth, am eu bod yn tybio rywsut fod yr holl syniadaeth yn tanseilio unrhyw feddylfryd rhyddfrydig ac ymarferol wleidyddol, heb sôn am ddistrywio'r syniad traddodiadol o ddiwylliant.[135]

Felly, mewn cyfweliad yn *Taliesin*, gofynnodd John Rowlands i Simon Brooks ymateb i'r haeriad mai 'ffwlbri noeth yw chwarae'r gêm ôl-strwythurol ar glogwyn tymp'.[136] Pwysleisio'r rhyddfreiniad a allai ddod yn sgil ôl-foderniaeth a wnaeth Simon Brooks wrth 'ymateb i'r cyhuddiad fod *Tu Chwith* yn goddef anymyrraeth'; mynnai fod ôl-strwythuraeth yn 'enw mursennaidd braidd ar yr egwyddor bod rhaid wrth wahaniaethau bach a dibwys fel y Gymraeg'.[137] Pwysleisiwyd goddefgarwch a chatholigiaeth y bydolwg ôl-fodernaidd ganddo yn ddiweddarach yn *Golwg*, pan fynnodd mai craidd y bydolwg hwnnw yw 'parchu gwahaniaeth a dewis' a bod hyn 'yn welliant ar y dyb fod yn rhaid i bawb fod yn debyg i'w gilydd'; mynnodd hefyd y gallai ôl-foderniaeth felly fod yn 'sail i genedlaetholdeb Cymraeg'.[138]

Daufiniog yw'r ddadl hon, fodd bynnag, fel y gwelir yn nhrafodaeth M. Wynn Thomas ar nofel Mihangel Morgan, *Dirgel Ddyn*. Yn ei farn ef, amwys yn wir yw'r agwedd sylfaenol heriol sy'n nodweddu llen-yddiaeth ôl-fodernaidd: mae'n creu cyfyng-gyngor i'r sawl sydd ar un llaw am danseilio hen fetanaratifau, ond sydd ar y llaw arall yn sylweddoli'r dinistr a all ddod yn sgil yr herio. Ac fe all yr herio ar ei waethaf fod yn wrth-gynhyrchiol, gan baratoi'r ffordd ar gyfer naratifau gormesol newydd. Sôn y mae M. Wynn Thomas am nofel swmpus Don DeLillo, *White Noise*, pan noda fel a ganlyn:

> [M]ae llawer o'r nofelwyr ôl-fodernaidd gorau yn petruso llawer ynghylch goblygiadau'r union ragdybiaethau heriol sy'n cael eu defnyddio

ganddyn nhw. Er enghraifft, os gall y pwyslais ar berthnasedd – *relativity* – danseilio cyfundrefnau meddwl haearnaidd, yna fe allai hefyd, yn anfwriadol, balmantu'r ffordd at dotalitariaeth newydd.[139]

Waeth beth fo sgil-effeithiau byd-eang syniadaeth ôl-fodernaidd, ac waeth pa mor ddi-foes ac anymroddedig yr ymddengys yn ei hanfod syniadol, ni ellir gwadu na welwyd ymhlith awduron 'ôl-fodernaidd' beth o'r rhyddiaith Gymraeg fwyaf cyffrous a gafwyd drwy gydol yr ugeinfed ganrif. Fel y sylwodd John Rowlands: 'Beth bynnag sydd o'i le arni [ôl-foderniaeth] fel athroniaeth, go brin fod llawer o'i le ar ei chynnyrch llenyddol dyfeisgar.'[140] Adleisiwyd yr un gred gan Gerwyn Wiliams pan fynegodd yntau ei farn nad oedd 'dim dwywaith na fu hi'n dda wrth y sgrifennu dychmygus diweddar hwn sy wedi agor llygaid llenorion yn gyffredinol i'w rhyddid'.[141]

Hwyrach mai cymwys yn y man hwn fyddai gwahaniaethu rhwng y defnydd o dechnegau llenyddol ôl-fodernaidd sy'n galluogi awduron i ymwneud yn greadigol, weithiau'n ymosodol, ac fel arfer yn ad-newyddol, â thraddodiad, a'r perthynoldeb anymroddedig a gysylltir yn aml â'r bydolwg ôl-fodernaidd. Cyfeiliornus fyddai honni nad oes ymroddiad gwleidyddol yng ngweithiau awduron Cymraeg y 1990au. Prin y byddai modd i unrhyw awdur a ysgrifennai yn Gymraeg ar ddiwedd yr ugeinfed ganrif fod yn anwleidyddol, a dyfodol yr iaith Gymraeg – eu defnydd crai – yn gwbl ansicr wrth i gadarnleoedd yr iaith ddod fwyfwy dan fygythiad iaith a diwylliant Eingl-Americanaidd. Nododd Harold Carter, er enghraifft, i 79,000 o bobl fewnfudo i Gymru yn ystod 1986–7, a naw mil o'r rheiny i Wynedd, y sir fwyaf Cymraeg ei hiaith (o ran canran y boblogaeth) yng Nghymru. Mae'n tynnu sylw at y ffaith i leihad sylweddol ddigwydd yn nifer y siaradwyr Cymraeg yn 'y fro Gymraeg' draddodiadol rhwng 1971 a 1981. Dengys ardal Dolbenmaen, er enghraifft, sef ardal enedigol Wiliam Owen Roberts ac ardal sydd heb fod nepell o fro enedigol Robin Llywelyn, Twm Morys ac Angharad Tomos, leihad o bron i 10 y cant.[142] Fel y mynegodd Emyr Humphreys: 'A perception of crisis is what animates most present-day literature.'[143]

Â rhai mor bell â haeru bod y weithred o ysgrifennu yn Gymraeg ynddi'i hun yn weithred wleidyddol. Ac yn sicr, mae gwaith pob un o'r awduron a enwyd eisoes yn rhai ôl-fodernaidd yn amlwg ac yn agored wleidyddol. Yn wir, gellid mynd mor bell â honni eu bod gan mwyaf yn fwy gwleidyddol na rhelyw yr awduron 'realaidd' a'u rhagflaenodd. Hwyrach fod y modd y mynegant yr ymwybyddiaeth wleidyddol yn llai uniongyrchol, yn llai sloganaidd nag a geir mewn maniffesto plaid wleidyddol neu mewn llenyddiaeth realaidd bropagandaidd, ond wedi'r cyfan, gwaith llenyddol sydd dan sylw yma ac nid maniffesto na phregeth. Yn wir, dim ond bwrw golwg bras ar yr awduron dan sylw a nodweddion sylfaenol eu gwaith sydd ei angen. Mae Angharad Tomos yn adnabyddus fel un sydd wedi ymrwymo i weithredu'n wleidyddol o blaid statws yr iaith Gymraeg, ac wedi ei charcharu am ei gweithredoedd. Ac yn wir mae gwleidyddiaeth iaith yn hydreiddio'i rhyddiaith hi: o eironi amwys teitl ei nofel gyntaf, *Yma o Hyd* (1985), i gydymdreiddiad bywyd ac iaith ysgrifenedig yn *Titrwm* (1994), i hud 'atgyfodiad' naratifol Ennyd Fach yn y nofel, *Wele'n Gwawrio* (1997). Mae Wiliam Owen Roberts yn Farcsydd argyhoeddedig ac ysgrifennodd ddwy o'i nofelau *Y Pla* (1987) a *Paradwys* (2001), yn unol â'r argyhoeddiad hwnnw: ar ddiwedd *Y Pla*, er enghraifft, ceir ymddangosiad anghydnaws, anachronistaidd gan y CIA – cyfalafiaeth Eingl-Americanaidd ar ei mwyaf garw – ym myd ffiwdal trigolion Dolbenmaen yr Oesoedd Canol. Ac nid anwleidyddol o bell ffordd yw i Mihangel Morgan ddewis portreadu cymeriadau sydd yn aml yn byw ar ymylon difreintiedig cymdeithas, fel yn y nofel *Dirgel Ddyn* ac mewn nifer helaeth o'i storïau byrion; yn yr un modd, cyfeirir ganddo drwodd a thro at wrthdaro ieithyddol a diwylliannol rhwng y Gymraeg a'r Saesneg mewn ardaloedd cefn gwlad yng Nghymru, yn fwyaf trawiadol yn y nofel *Dan Gadarn Goncrit* (1999).

Wrth drafod y cyfyng-gyngor a gyfyd wrth drafod perthynas ôlfoderniaeth â llenyddiaeth ymrwymedig wleidyddol, dewisodd Katie Gramich, er mwyn profi ei hargyhoeddiad hi 'that post-modernist experimentation is *not* incompatible with political commitment', enwi gwaith Robin Llywelyn, 'which exhilaratingly exhibits both'.[144] Ac yn wir, ceir cyfeiriadau mynych yn ei waith – hyd yn oed yn ei storïau byrion mwyaf ffantasïol – at sefyllfa fregus yr iaith Gymraeg a'i diwylliant. Mae nifer o feirniaid wedi ystyried y stori fer, 'Y Dŵr Mawr Llwyd', er enghraifft, yn ymateb uniongyrchol i'r syniad o foddi'r Gymru Gymraeg gan y byd Eingl-Americanaidd, yn eu plith Jane Aaron, Angharad Tomos a Menna Baines; yn wir cyfeiriodd Angharad Tomos a Menna Baines ill dwy at y stori fel alegori o foddi Cwm Tryweryn gan gwmni dŵr o Lannau Merswy yn y 1960au.[145] Atgyfnerthir darlleniad o'r fath gan ddefnydd Robin Llywelyn mewn mannau eraill o ddelwedd y 'dŵr' wrth drafod y bygythiad i'r diwylliant Cymraeg pan gyfeiria at 'ferddwr Seisnig' ddwywaith mewn gwahanol ysgrifau.[146] Ceir darlleniad tebyg gan Menna Baines o stori arall ganddo: dehongla hi'r stori *'Reptiles Welcome'* fel portread o'r modd yr ecsbloetir y diwylliant Cymraeg (a bersonolir gan yr armadilo) gan ddiwydiant twristiaeth ymosodol sydd yn wasaidd gerbron anghenion hamdden Eingl-Americaniaeth (a bersonolir gan berchennog y gwesty).[147]

Yn ail nofel Robin Llywelyn, *O'r Harbwr Gwag i'r Cefnfor Gwyn*, gwelir yr un pryder ynghylch y bygythiad i ddiwylliant bychan hynafol (y Gwynfyd) gan ddiwylliant ymerodrol mwy grymus: portread beirniadol iawn a geir o'r datblygwyr dieithr sydd yn trefedigaethu'r Gogledd Dir ar ddiwedd y nofel ac yn ailbarselu ei ddiwylliant ar gyfer twristiaid. Roedd y darlleniad alegorïaidd hwn yn amlwg i'r beirniaid yn Eisteddfod Genedlaethol Nedd a'r Cyffiniau, 1994, a ddyfarnodd y fedal ryddiaith i'r nofel: 'Trwy gyfrwng daearyddiaeth wleidyddol y nofel darlunnir y Gymru Gymraeg draddodiadol (a phob cymdeithas draddodiadol debyg, gellir tybio) dan warchae.'[148] Yn yr un modd, i Harri Pritchard Jones dyma 'hanes y gymdeithas Gymraeg yn y Fro sydd dan warchae y Saeson dŵad'.[149] A phwysleisir gan John Rowlands na thanseilir cic wleidyddol y nofel mewn unrhyw fodd gan y technegau ôl-fodernaidd a ddefnyddir i'w chreu:

> Er iddo ddefnyddio technegau sy'n anniddigo'r darllenydd traddodiadol, a manteisio ar ddyfeisgarwch dychmygus y nofelydd ôl-fodern, mae wedi rhoi gwahoddiad amlwg i bobl ddarllen ei nofelau fel rhyw fath o alegorïau cenedlaethol.[150]

Yn wir, gellid mynd mor bell â honni bod cyfosod y realaidd a'r chwedlonol mewn modd *pastiche* fel a geir yn y nofel yn gwneud gweledigaeth yr awdur yn fwy radical byth: awgrymir perthynas gref rhwng byd y nofel a sefyllfaoedd 'go-iawn', ond ar yr un pryd datblygir y berthynas honno mewn modd iwtopaidd.

Mae nodweddion amlwg ôl-fodernaidd i'w gweld yn *Seren Wen ar Gefndir Gwyn*. Fel y nododd Gwenllïan Dafydd, mae'r teitl hunan-gyfeiriadol yr ystyriodd Robin Llywelyn ei ddefnyddio ar gyfer y nofel yn wreiddiol – *40,000 o Eiriau* – yn awgrymu ymwybyddiaeth y nofel(ydd) o natur ffuglennol, eiriol y gwaith: nodwedd gyfan gwbl ôl-fodernaidd.[151] Drwodd a thro gwelir darllenwyr yn mynnu bod y nofel yn agored i ddarlleniadau gwleidyddol amlwg, a mynegir yr argyhoeddiad hwnnw yn aml fel un sy'n bodoli *er gwaethaf* ei nodweddion ôl-fodernaidd. Pwysleisiwyd Cymreictod y nofel sawl gwaith gan Robert Rhys, er enghraifft, wrth iddo gyflwyno'r nofel ffantasi hon i'r gynulleidfa Gymraeg am y tro cyntaf a cheisio argyhoeddi darllenwyr Cymru o'i harwyddocâd llenyddol. Soniodd fod 'amryw o'r tirluniau yn gyfarwydd Gymreig', fod yma 'wledd o Gymraeg', a phwysleisiodd nad oedd priod-ddull yr awdur 'byth yn anghyson â theithi naturiol y Gymraeg'.[152] Adleisir yr un taerineb hefyd gan Bethan Mair Hughes yn y darn canlynol sy'n trafod *Seren Wen ar Gefndir Gwyn*:

> rhaid cofio bod hanfod hollol Gymreig i'r nofel, ac mai nofel am Gymro ac am Gymru ydyw rhywsut . . . Mae'r ffactor Gymreig yn ei gosod ar wahân i unrhyw nofel ôl-fodernaidd arall a ddarllenais.[153]

Bodloni ar ddangos cyfuniad hapus y ffantasïol, yr ôl-fodernaidd a'r gwleidyddol a wnaeth beirniaid eraill: fe'i disgrifiwyd gan Dafydd Johnston, er enghraifft, fel 'lively fantasy' ac iddi 'political significance close to the surface',[154] ac fel y gwelwyd uchod, ym marn Johan Schimanski, roedd cic wleidyddol y nofel ynghlwm yn sylfaenol wrth ei *genre* (a'i chynhysgaeth ffantasïol, ôl-fodernaidd). Dyma'r modd yr eglurodd M. Wynn Thomas sut y defnyddir chwareustra'r nofel gan yr awdur i ennyn ymateb gwleidyddol cyfoes yn y darllenydd:

> Ar y naill law, mae'n llawn cellwair am chwedlau; ar y llaw arall mae'n ein hannog i gymryd y chwedlau o ddifrif ac i'w cyfaddasu ar gyfer ein hoes ni . . . Yn bennaf oll, mae'r nofel yn procio'r dychymyg i weithio, gan ein gwahodd i chwarae â chwedlau er mwyn darganfod eu perthnasol-rwydd.[155]

Awgrymwyd eisoes mai ambarél go lydan yw'r term 'ôl-fodernaidd' y gall mathau gwahanol iawn o gelfyddyd ymochel oddi tani. Hwyrach mai mwy defnyddiol fuasai ystyried *Seren Wen ar Gefndir Gwyn* o safbwynt math arbennig o lenyddiaeth ôl-fodernaidd y dewisodd Christine Brooke-Rose ei galw yn 'palimpsest history'.[156] Dyma fath o ffuglen a ymddangosodd yn ystod tri degawd olaf yr ugeinfed ganrif ac a lwyddodd, ym marn Christine Brooke-Rose, i adnewyddu'n llwyr 'the dying art of the novel'.[157] Palimpsest, wrth gwrs, yw arwyneb lle dilëir yr ysgrifen wreiddiol gan ysgrifen newydd (dro ar ôl tro), a'r hyn a geir mewn 'hanes palimpsestaidd' yw ysgrifennu naratifau hanes cenedlaethol drwy gyfrwng ffuglen. Yr hyn a wna awduron hanes palimpsestaidd – enwir Salman Rushdie, Thomas Pynchon, Carlos Fuentes a Gabriel García Márquez (ymhlith eraill) ganddi – yw creu naratif hanes sydd yn ffantasïol, ac arosod y naratif hwnnw wedyn ar hanes cyfarwydd. Canlyniad hyn yw y gellir ail-greu sefyllfa ddiwyll-iannol neu genedlaethol sydd wedi'i hangori yn y gorffennol ac yn y dyfodol yr un pryd.

Dyma yn union a geir yn *Seren Wen ar Gefndir Gwyn* Robin Llywelyn.[158] Yn wir daw'r 'seren wen ar gefndir gwyn' sydd yn y teitl – arwyddlun baner genedlaethol Tir Bach – yn symbol addas o'r 'palimpsest' y sonia Christine Brooke-Rose amdano. Fel hyn, wedi'r cwbl, y'n cyflwynir ni gyntaf i'r seren wen gan arwr-adroddwr y nofel, Gwern Esgus:

> Neuadd oedd hi erbyn dallt, a dim tyllau'n y waliau tu mewn i hon ond waliau wedi eu plastro a'u lliwio hefo murluniau o ryw gwffio a brwydro a'r Cyrff hen Enaid yn cael tres gan filwyr Tir Bach a Gwylliaid y Gwifrau a'u llydnod hynod yn ei gleuo hi hefyd o flaen byddinoedd Tir Bach a'r rheini'n codi banar seran wen ar gefndir gwyn Tir Bach uwchben maes y gad a nhwthau'n siŵr o fod yn falch o gael curo'r gelyn yn lle cael eu lladd. Fues i'n hir yn astudio'r fanar Tir Bach yna'n trio canfod y seran wen ond yn fy myw allwn i mo'i gweld hi.[159]

Gellid honni mai sôn am balimpsest y mae Gwern Esgus yma, sef arwyneb cenedlaethol y faner sydd wedi ei hydreiddio ag arysgrifau hanes. Ni ellir gweld amlinell y seren wen ar y cefndir gwyn, ond rhaid derbyn ei bod hi yno: mae'n rhan anweledig o gynhysgaeth y faner genedlaethol. Gwlad dan orthrwm Gwlad Alltud yw Tir Bach, ond ar ddiwedd y nofel gwelir bod y faner hon yn chwifio ar dŵr Castell Entwürdigung. Mae'r palimpsest wedi ei ddyrchafu, a daw'n amlwg fod Tir Bach bellach yn wlad annibynnol, wedi ymddihatru oddi wrth arwyddluniau naratifau hanes ymerodraeth fwy.

Nofel wedi ei gosod yn y dyfodol yw *Seren Wen ar Gefndir Gwyn*, math o ffuglen wyddonias. Mae hynny'n glir oddi wrth y cyfeiriadau sydd ynddi at 'unedau egni', ac at ddyfeisiadau technolegol soffistig-edig. Mae ynddi elfennau ffantasïol, felly; ond ar yr un pryd, dyma nofel sydd wedi ei seilio'n ddigamsyniol ar y byd go-iawn. Afraid dweud mai'r byd Cymreig a Chymraeg yw hwnnw (trafodir hyn ymhellach ym mhenodau 3 a 4 y gyfrol hon). Ond yn ogystal â chywiro hanes cenedlaethol y gorffennol, crea'r awdur hefyd hanes ar gyfer y dyfodol. Hynny yw, hanes presennol a gorffennol Tir Bach yw hanes dyfodol Cymru.

Cadarnhau'r syniad hwn a wna'r portreadau o gynghreiriaid Tir Bach yn y nofel, cenhedloedd sy'n cael eu portreadu gan Robin Llywelyn drwy gyfeirio at stereoteipiau cenedlaethol adnabyddus ohonynt.

Llydaw yw'r 'Winllan Bridd' yn y nofel, heb os; mae cystrawen ffurfiol Cymraeg ei phobl, a'r sŵn 'z' yn eu siarad, yn awgrymu hynny. Ffrainc yw'r 'Winllan Fawr', lle caiff Gwern a'i gyfoedion fwyd a llyn amheuthun. Iwerddon, mae'n amlwg, yw 'Hirynys', a'i thywysog yn galw heibio yn y dafarn ar ei ffordd i'w waith. Dyna bortread yr awdur o India, 'Baratîr' y nofel, ac enwau symbolaidd ei phobl wedi eu trawsgrifio o Hindi i'r Gymraeg, ac mae atseiniau o'r Almaen Natsïaidd yn rhan amlwg o'r portread o Gwlad Alltud. Parodïo'r stereoteip cenedlaethol a wneir yma wrth bortreadu Gwledydd y Gynghrair, y stereoteipiau sydd wedi eu dilysu gan hanes. Ond mae'r bwriad yn un difrifol, sef dangos grym hanesyddiaeth genedlaethol. Wrth ei gosod mewn cyd-destun newydd dychmyglon – ailysgrifio'r palimpsest – dangosir perthynoldeb hanesyddiaeth hefyd. '[Nid] yw'n defnyddio ei chwedl i esbonio ein bywyd heddiw,' meddai Bethan Mair Hughes, 'yn hytrach ei bwrpas yw disgrifio byd a allai fod mewn gwlad yn ein dyfodol, neu efallai yn ein dychymyg yn unig.'[160] A diddorol yw nodi bod Jerry Hunter, yn ei drafodaeth ef ar *O'r Harbwr Gwag i'r Cefnfor Gwyn* yn disgrifio'r nofel hon hefyd fel '*palimpsest* ffuglennol o'r byd' sef 'fersiwn y gall y darllenydd ei led-gysoni â fersiynau mwy realaidd a derbyniol'.[161]

Mae'r pwyslais hwn ar y modd y defnyddia Robin Llywelyn ffuglen i hyrwyddo gweithgaredd y dychymyg yn cyd-fynd yn union â syniad Christine Brooke-Rose, yn yr erthygl y cyfeiriwyd ati uchod, am yr hyn y gall nofelau eu cyflawni *yn ddelfrydol*: 'The novel's task, unlike that of history, is to stretch our intellectual, spiritual and imaginative horizons to breaking point.'[162]

Cymhleth, yn wir, fu'r derbyniad a gafodd *Seren Wen ar Gefndir Gwyn*. Nid yw hynny'n syndod, o sylweddoli gymhlethed gwead y gwaith hwn. Y mae iddo, fel gweddill gwaith Robin Llywelyn, gyfoeth o elfennau gwrthgyferbyniol: mae yr un pryd yn waith ôl-fodernaidd ac yn wleidyddol/genedlatholgar; mae ynddo elfennau sydd yr un pryd yn gyfarwydd ac anghyfarwydd; mae'n procio ymatebion sy'n tueddu i greu deuoliaethau pegynol, ac ar yr un pryd yn datgelu cyfyngiadau'r deuoliaethau hynny. Cyd-drawiad ffrwythlon yr holl baradocsau hyn sy'n golygu bod rhyddiaith Robin Llywelyn yn faen prawf heb ei ail ar gyfer astudio derbyniad nodweddiadol gweithiau llenyddol yng Nghymru Gymraeg y 1990au. Yr un cyd-drawiad sy'n rhoi i'r rhyddiaith honno ei grym creadigol unigryw ac yn peri y bydd yn gyfraniad o bwys at ddatblygiad rhyddiaith Gymraeg, ac at ddatblygiad perthynas awdur, darllenydd a thestun yng Nghymru'r unfed ganrif ar hugain.

Nodiadau

1. Dafydd Morgan Lewis yn 'Oscars yr inc: dyfalu "Llyfr y Flwyddyn"', *Golwg* (8 Ebrill 1993), 19.
2. Islwyn Ffowc Elis, 'Llenyddiaeth Gymraeg gyfoes: argraffiadau personol', *Taliesin*, 89 (Gwanwyn 1995), 78. Gweler hefyd Islwyn Ffowc Elis yn 'Llyfr (mwya' dadleuol) y flwyddyn?', *Golwg* (6 Mai 1993), 19.
3. M. Wynn Thomas, ibid. Hefyd yn 'Chwarae â chwedlau', *Barn*, 357 (Hydref 1992), 41.
4. Martin Davis, 'Bwrw golwg gam ar realiti', *Taliesin*, 80 (Ionawr/Chwefror 1993), 99–103.
5. John Rowlands, Adolygiad ar *Seren Wen ar Gefndir Gwyn*, *Llais Llyfrau* (Gaeaf 1992), 15–16. Hefyd yn 'Vox Sebon: Pa lyfr diweddar sydd wedi gwneud argraff arnoch', *Y Cymro*, 21 Ebrill 1993, 11.
6. Emyr Lewis, Ceridwen Lloyd-Morgan, Marion Eames a Twm Miall yn 'Llyfrau '92', *Taliesin*, 81 (Ebrill 1993), 19–24.
7. Ioan Williams, 'I'r beirniaid yn unig?', *Golwg* (24 Medi 1992), 19.
8. Ibid.
9. Ibid.
10. Ioan Williams yn 'Llyfr (mwya' dadleuol) y flwyddyn?', 19.
11. Jane Edwards, ibid.
12. Gwilym Owen, ibid.
13. M. Wynn Thomas, ibid.
14. Marion Eames, ibid.
15. Owen Thomas, 'Yr adolygiad', *Tu Chwith*, 2 (Haf 1994), 116.
16. Martin Davis, 'Bwrw golwg gam ar realiti', 99.
17. Katie Gramich, 'The Welsh novel now', *Books in Wales* (Winter 1995), 5.
18. W. J. Jones (gol.), *Cyfansoddiadau a Beirniadaethau Eisteddfod Genedlaethol Ceredigion, Aberystwyth, 1992,* (Llandybïe, 1992), 135.
19. Ibid., 129.
20. Ibid., 138.
21. Ibid.
22. John Rowlands, Adolygiad ar *Seren Wen ar Gefndir Gwyn*, 16.
23. John Rowlands, 'Chwarae â chwedlau: cip ar y nofel Gymraeg ôl-fodernaidd', *Y Traethodydd*, (Ionawr 1996), 17.
24. Bethan Mair Hughes, 'Nid gêm Nintendo yw hyn, ond bywyd!', *Tu Chwith*, 1 (Ebrill/Mai 1993), 43.
25. Katie Gramich, 'O'r seren wen i'r cefnfor gwyn', *Taliesin*, 87 (Hydref 1994), 105.
26. Angharad Tomos, 'Llwyd yn lle gwyn', *Taliesin*, 92 (Gaeaf 1995), 133.
27. John Rowlands, Adolygiad ar *Seren Wen ar Gefndir Gwyn*, 16.
28. Islwyn Ffowc Elis yn 'Llyfr (mwya' dadleuol) y flwyddyn?', 19.
29. M. Wynn Thomas, 'Chwarae â chwedlau', 41.
30. John Rowlands, Adolygiad ar *Seren Wen ar Gefndir Gwyn*, 15.
31. Angharad Tomos, 'Llwyd yn lle gwyn', 132.
32. Martin Davis, 'Bwrw golwg gam ar realiti', 101.
33. Harri Pritchard Jones, 'Pensaer bro dychymyg', *Barn*, 380 (Medi 1994), 50.
34. Katie Gramich, 'The Welsh novel now', 5.

[35] Twm Morys yn 'Seren wib? Holi Robin Llywelyn', *Golwg* (20 Awst 1992), 23.

[36] Marion Eames yn 'Llyfrau '92', 23.

[37] Gwyn Sion Ifan yn 'Barn y bobol', *Golwg* (10 Awst 1995), 25.

[38] John Rowlands, Adolygiad ar *Seren Wen ar Gefndir Gwyn*, 15.

[39] Eirug Wyn yn 'Oscars yr inc: dyfalu "Llyfr y Flwyddyn"', 18.

[40] Emyr Lewis yn 'Llyfrau '92', 19.

[41] 'Nid "seren wib"', *Golwg* (10 Awst 1995), 25.

[42] Wyn Thomas yn 'Nid "seren wib"', 25.

[43] R. M. [Bobi] Jones, 'Llenyddiaeth – i ble?', *Golwg* (6 Chwefror 1992), 22.

[44] Menna Baines, 'Yr angen am wasg boblogaidd', *Tu Chwith*, 4 (1995/1996), 17.

[45] 'Plesio'r sglyfs a'r siwds', *Golwg* (1 Rhagfyr 1994), 19–21.

[46] Eirug Wyn yn 'Plesio'r sglyfs a'r siwds', 20.

[47] Ibid.

[48] *Cyfansoddiadau a Beirniadaethau Eisteddfod Genedlaethol Ceredigion, Aberystwyth, 1992*, 135.

[49] Robin Llywelyn yn 'Plesio'r sglyfs a'r siwds', 21.

[50] Robin Llywelyn, 'Ffantasi, llên a mi', *Golwg* (19 Hydref 1995), 16.

[51] John Rowlands, 'Holi prifeirdd a phrif lenor Eisteddfod Nedd', *Taliesin*, 87 (Hydref 1994), 18.

[52] Robin Llywelyn yn 'Holi prifeirdd a phrif lenor Eisteddfod Nedd', 18.

[53] Ibid.

[54] Ibid.

[55] Islwyn Ffowc Elis, 'Llenyddiaeth Gymraeg gyfoes: argraffiadau personol', 78.

[56] John Aitchison a Harold Carter, *A Geography of the Welsh Language 1961–1991* (Caerdydd, 1994), 88.

[57] David Lloyd, 'Publishing in Wales – 1: An interview with Dyfed Elis-Gruffydd', *Planet*, 95 (October/November 1992), 27.

[58] Cyhoeddwyd y ffigurau yn 'Llyfr y bobol?', *Golwg* (30 Ebrill 1998), 20.

[59] Gweler Dewi Morris Jones, 'Gwerthu geiriau', *Golwg* (15 Medi 1994), 22. Jane Edwards, ibid., 23. John Rowlands, 'Holi Mihangel Morgan', *Taliesin*, 83 (Gaeaf 1993), 9; a Gerwyn Wiliams yn 'Holi prifeirdd a phrif lenor Eisteddfod Nedd', 9.

[60] Robin Llywelyn, ibid., 10.

[61] Ffigurau drwy garedigrwydd Gwasg Gomer.

[62] Wiliam Owen Roberts, 'Writing at the edge of catastrophe', yn Ian A. Bell (gol.), *Peripheral Visions: Images of Nationhood in Contemporary British Fiction* (Caerdydd, 1995), 79.

[63] R. Gerallt Jones a Bedwyr Lewis Jones, 'Golygyddol', *Taliesin*, 77 (Gorffennaf 1992), 4.

[64] M. Wynn Thomas, *Internal Difference: Literature in 20th-century Wales* (Caerdydd, 1992), 165.

[65] A. W. Ready et al. (goln.), *The Ready Report: Publishing in the Welsh Language* (Llundain, 1951).

[66] Market Research Working Party, *The Book Trade in Wales: Market Research and General Survey*. Comisiynwyd gan Gyngor Celfyddydau Cymru, Cyngor Llyfrau Cymru a Chyd-Bwyllgor Addysg Cymru (Aberystwyth, 1988), 216.

[67] Cyngor Celfyddydau Cymru, *National Arts and Media Strategy: Literature in the '90s* (Caerdydd, 1992), 8, 16.

[68] Jean-Jacques Lecercle, 'Marcsaeth, lol a'r mochyn du', *Tu Chwith*, 12 (Gaeaf 1999), 67.

[69] Robin Llywelyn, 'Diffinio'r nofel?', *Llais Llyfrau* (Gaeaf 1995), 10.

[70] John Aitchison a Harold Carter, *A Geography of the Welsh Language 1961–1991*, 42–3.

[71] Islwyn Ffowc Elis, 'Chwilio am Ed McBain: Y nofel boblogaidd Gymraeg', *Golwg* (1 Rhagfyr 1988), 21.

[72] R. Gerallt Jones, 'Golygyddol', *Llais Llyfrau* (Gwanwyn 1996), 3.

[73] Amrywiol, 'Poblogeiddio Llenyddiaeth', ibid., 8.

[74] Alan Llwyd, 'Golygyddol', *Barddas*, 181 (Mai 1992), 7.

[75] Bobi Jones yn 'Llenyddiaeth – i ble?', 23.

[76] Bobi Jones, 'The Present Situation', *A Guide To Welsh Literature c.1900–1996* (Caerdydd, 1998), 272.

[77] Robert Rhys, 'Poetry 1939–1970', ibid., 109.

[78] Bobi Jones, *Epistol Serch a Selsig* (Llandysul, 1997), 269.

[79] Ibid., 62.

[80] Alan Llwyd, *Barddoniaeth y Chwedegau* (Caernarfon, 1986), 43.

[81] Ibid., 44.

[82] Dyfynnir gan Bethan Mair Hughes, *Y Da Cyfoes: Rhai Agweddau ar Farddoniaeth Gymraeg 1945–52* (Llandybïe, 1996), 15–16.

[83] Gwilym R. Jones, 'Y canu tywyll', *Barddas*, 63 (Mai 1982), 7.

[84] Ibid.

[85] Ibid.

[86] Euros Bowen, 'Barddoniaeth dywyll', *Taliesin*, 10 (Gorffennaf 1965), 23–40.

[87] Gwyn Thomas, 'Barddoniaeth Euros Bowen', yn D. Ben Rees (gol.), *Dyrnaid o Awduron Cyfoes* (Pontypridd, 1975), 22.

[88] Ibid., 23.

[89] Ibid., 27.

[90] Gareth Alban Davies, 'Y bardd a'i gynulleidfa', *Y Traethodydd*, 87 (Hydref 1982), 176.

[91] Iwan Llwyd, 'Adolygu adolygu', *Barn*, 374 (Mawrth 1994), 23.

[92] Ioan Williams, 'I'r beirniaid yn unig?', 19.

[93] Ibid.

[94] Raymond Williams, *Keywords: A Vocabulary of Culture and Society* (Llundain, 1976), 198–9.

[95] Cyngor Celfyddydau Cymru, *National Arts and Media Strategy: Literature in the '90s*, 30.

[96] Gerwyn Wiliams, 'Rhagymadrodd', *Rhyddid y Nofel* (Caerdydd, 1999), 25, nodyn 55.

[97] Alan Llwyd, 'Golygyddol', *Barddas*, 135/137 (Gorffennaf/Awst/Medi 1988), 14.

[98] Gerwyn Wiliams, 'Sbecian ar dir newydd', *Barn*, 302 (Mawrth 1988), 6.

[99] Angharad Tomos yn 'Pen ôl-foderniaeth?', *Golwg* (25 Ionawr 1996), 16.

[100] Robat Gruffudd yn ibid., 16.

[101] David John Prichard, 'Y peth pwysicaf yw creu', *Barddas*, 206 (Mehefin 1994), 2.

[102] Robin Llywelyn, 'Diffinio'r nofel?', 9.

[103] John Rowlands, 'Golygyddol', *Taliesin*, 92 (Gaeaf 1995), 4–5.

[104] John Rowlands, 'Holi Simon Brooks', *Taliesin*, 92 (Gaeaf 1995), 34.

[105] Ibid.

[106] Ibid.

[107] Ifor ap Glyn, 'Pen-ôl Foderniaeth', *Tu Chwith*, 2 (Haf 1994), 36–37.

[108] Gwenllïan Dafydd, 'Ffuglen Gymraeg ôl-fodern' (Traethawd Ph.D. Prifysgol Cymru, Aberystwyth, 1999), 19 ymlaen.

[109] John Rowlands, 'Chwarae â chwedlau: cip ar y nofel Gymraeg ôl-fodernaidd', 7.

[110] Ibid., 9.

[111] Ibid., 9–10.

[112] Ibid., 6.

[113] Ibid.

[114] Ibid., 7.

[115] Ibid., 8.

[116] Johan Schimanski, '*Genre* a chenedl', *Tu Chwith*, 1 (Ebrill/Mai 1993), 40.

[117] Bethan Mair Hughes, 'Nid gêm Nintendo yw hyn, ond bywyd!', 43. Simon Brooks, 'Ple'r *Pla* a throednodiadau eraill', *Tu Chwith*, 2 (Haf 1994), 68; Wiliam Owen Roberts, ibid., 69. Simon Brooks, 'Dwi'n gwybod', *Golwg* (25 Ionawr 1995), 16.

[118] John Rowlands, 'Chwarae â chwedlau: cip ar y nofel Gymraeg ôl-fodernaidd', 16. Bobi Jones yn 'Pen ôl-foderniaeth', 16. Wiliam Owen Roberts yn ibid.

[119] Alun Jones, 'Torri Gwynt', *Llanw Llŷn*, 100 (Mawrth 1985); dyfynnir yn *Rhyddid y Nofel*, 25, nodyn 55.

[120] Robin Llywelyn yn 'Pen ôl-foderniaeth', 16.

[121] John Rowlands, 'Chwarae a chwedlau: cip ar y nofel Gymraeg ôl-fodernaidd', 20.

[122] Robin Llywelyn a Twm Morys, 'Y Ddamcaniaeth ynghylch rhai pethau', *Barn*, 383/384 (Tachwedd 1995), 54 ymlaen.

[123] Nodiadau anghyhoeddedig.

[124] Dafydd Johnston, Adolygiad ar *Ofn fy Het*, *Taliesin*, 94 (Haf 1996), 119.

[125] T. Gerald [Jerry] Hunter, 'Contemporary Welsh poetry: 1969–1996', *A Guide to Welsh Literature c.1900–1996*, 154.

[126] Dafydd Johnston, Adolygiad ar *Ofn fy Het*, 119.

[127] Katie Gramich, 'The Welsh novel now', 3.

[128] Harri Pritchard Jones, Adolygiad ar *Dirgel Ddyn*, *Llais Llyfrau* (Gaeaf 1993), 12; dyfynnir yn *Rhyddid y Nofel*, 25, nodyn 53.

[129] John Rowlands, 'Holi Simon Brooks', 35.

[130] Robert Rhys, 'Dadadeiladaeth ddieflig', *Barn*, 365 (Mehefin 1993), 44.

[131] Angharad Tomos a Bobi Jones yn 'Pen ôl-foderniaeth', 16.

[132] Greg Hill, 'Drowned voices', *Planet*, 92 (April/May 1992), 68.

[133] Damian Walford Davies, 'Ôl-foderniaeth o chwith', *Barn*, 365 (Mehefin 1993), 42–4.

[134] Richard Wyn Jones a Jerry Hunter, 'O'r chwith: pa mor feirniadol yw beirniadaeth ôl-fodern?', *Taliesin*, 92 (Gaeaf 1995), 9–32.

[135] John Rowlands, 'Chwarae â chwedlau: cip ar y nofel Gymraeg ôl-fodernaidd', 11–12.

[136] John Rowlands, 'Holi Simon Brooks', 35.

[137] Ibid., 36.

[138] Simon Brooks, 'Dwi'n gwybod', 16.

[139] M. Wynn Thomas, 'Dadeni gwefreiddiol a chwarae bach', *Golwg* (26 Awst 1993), 21.

[140] John Rowlands, 'Chwarae â chwedlau: cip ar y nofel Gymraeg ôl-fodernaidd', 23.

[141] Gerwyn Wiliams, *Rhyddid y Nofel*, 19.

[142] Harold Carter, *Immigration and the Welsh Language* (Abertawe, 1988).

[143] Dyfynnir gan Marion Eames, 'The Welsh Situation' yn Eurwen Price (gol.), *Celtic Literature and Culture in the Twentieth Century* (Bangor, 1997), 41.

[144] Katie Gramich, 'The Welsh novel now', 3.

[145] Jane Aaron, 'Lliwgar vs llwyd', *Barn*, 392 (Medi 1995), 39. Angharad Tomos, 'Llwyd yn lle gwyn', 134. Menna Baines, *Pum Awdur Cyfoes* (Caerdydd, 1997), 99.

[146] Robin Llywelyn, 'Celtigrwydd', *Llais Llyfrau* (Gwanwyn 1998), 6. Robin Llywelyn, 'Plesio'r sglyfs a'r siwds', 21.

[147] Menna Baines, *Pum Awdur Cyfoes*, 94.

[148] R. Geraint Gruffydd, Marion Eames a Gwerfyl Pierce Jones yn W. J. Jones (gol.), *Cyfansoddiadau a Beirniadaethau Eisteddfod Genedlaethol Nedd a'r Cyffiniau, 1994* (Llandybïe, 1994), 103.

[149] Harri Pritchard Jones, 'Pensaer bro dychymyg', 50.

[150] John Rowlands, 'Chwarae â chwedlau: cip ar y nofel Gymraeg ôl-fodernaidd', 19

[151] Gweler Gwenllïan Dafydd, 'Ffuglen Gymraeg ôl-fodern', 125.

[152] *Cyfansoddiadau a Beirniadaethau Eisteddfod Genedlaethol Ceredigion, Aberystwyth 1992*, 134.

[153] Bethan Mair Hughes, 'Nid gêm Nintendo yw hyn, ond bywyd!', 43.

[154] Dafydd Johnston, *A Pocket Guide: The Literature of Wales* (Caerdydd, 1994), 133.

[155] M. Wynn Thomas, 'Chwarae â chwedlau', 41.

[156] Christine Brooke-Rose, 'Palimpsest history', yn *Stories, Theories and Things* (Caergrawnt, 1991), 126 ymlaen.

[157] Ibid., 127.

[158] Ceir trafodaeth ar berthynas *Seren Wen* â 'phalimpsestau hanes' eraill yn llenyddiaeth Ewrop yn Angharad Price, 'Dim ond doe tan yfory a heddiw o hynny 'mlaen', *Y Traethodydd*, 154 (Ebrill 1999), 101–113.

[159] Robin Llywelyn, *Seren Wen ar Gefndir Gwyn*, 26.

[160] Bethan Mair Hughes, 'Nid gêm Nintendo yw hyn, ond bywyd!', 44.

[161] Jerry Hunter, 'O'r Ymfudwr Ffuglennol i'r Twrist Barddol: Teithiau Llenyddol i America' yn M. Wynn Thomas (gol.), *Gweld Sêr: Cymru a Chanrif America* (Caerdydd, 2001), 53.

[162] Christine Brooke-Rose, 'Palimpsest history', 189.

2

Du: Anhawster

Anhawster: cododd y gair hwn ei ben yn fynych yn y drafodaeth ar dderbyniad llenyddiaeth Gymraeg yn y 1990au, yn arbennig felly yn achos derbyniad gwaith Robin Llywelyn. Ond er yr holl sôn am anhawster, anaml y trafodir beth yn union a olygir gan 'anhawster' mewn llenyddiaeth, a pha elfennau mewn rhyddiaith neu farddoniaeth sy'n rhoi bod iddo. Bwriad y bennod hon yw agor y drafodaeth honno, gan ganolbwyntio unwaith yn rhagor ar ryddiaith Robin Llywelyn.

Fel yn achos y drafodaeth ar dderbyniad ym mhennod gyntaf y gyfrol hon, mae rhyddiaith Robin Llywelyn yn faes eithriadol o ddadlennol ar gyfer trafod anhawster llenyddol. Yn sicr, cynigia batrwm ar gyfer ymchwiliadau tebyg i weithiau awduron eraill; ond ar yr un pryd rhydd yr elfennau unigryw yng nghynhysgaeth ei arddull a'i fydolwg ffuglennol awch arbennig i'r drafodaeth ar oblygiadau anhawster llenyddol ym mherthynas awdur, darllenydd a thestun yn y Gymraeg.

Hawdd y gellid dadlau, fel y gwnaeth George Steiner,[1] fod anhawster wrth galon celfyddyd yr ugeinfed ganrif. Atseinir yr un farn yn nhrafodaeth Malcolm Bowie ar waith y bardd Ffrengig, Mallarmé, pan ddywed: 'In the work of many modern poets difficulty is the very life of the poem.'[2] Amau, cwestiynu, nacáu a gwyrdroi hen ffurfiau a hen batrymau: hyn yw braint celfyddyd fodernaidd; hyn sy'n rhoi ei deinameg iddi; a hyn sy'n gwneud eglurder a sicrwydd ystyr yn gysyniadau ymddangosiadol naïf wrth drafod y gelfyddyd hon. Mae'n gelfyddyd sydd, o ganlyniad, yn un hanfodol 'anodd'.

Ysgogwyd egwyddor nacaol moderniaeth ar droad yr ugeinfed ganrif gan gyfres o ddigwyddiadau, darganfyddiadau a damcaniaethau chwyldroadol. Ers diwedd y bedwaredd ganrif ar bymtheg tanseiliwyd ffydd y gorllewin yn nwyfoldeb dyn a chywirdeb ei reswm – a'r ffydd yn y cyfundrefnau a oedd yn seiliedig ar hynny – gan syniadau meddylwyr fel Karl Marx, Max Planck, Charles Darwin a Sigmund Freud, a chan yr erchyllterau a welwyd yn y Rhyfel Mawr. Pan gyhoeddwyd damcaniaethau ieithyddol Ferdinand de Saussure yn y gyfrol *Cours de linguistique générale* yn 1917, daethpwyd yn raddol i dderbyn cynsail ei syniadau trawsnewidiol yntau nad hanfodol mo'r berthynas rhwng gair a'r hyn y cyfeiriai ato; natur hap oedd i'r berthynas hon, ac nid gwirionedd trosgynnol a fynegid gan iaith eithr gwirionedd perthynol. Tanseiliwyd am byth unrhyw gred ddigwestiwn yng ngrym iaith fel cyfrwng cyfathrebu hollgyffredinol a holl-gynhwysol.

Y datgymalu ontolegol hwn – a'r colli ffydd mewn iaith – oedd wrth wraidd yr estheteg lenyddol fodernaidd. Fe'i hadlewyrchwyd yn y modd yr aeth y modernwyr ati i ddatgymalu hen ffurfiau celfyddyd, a ffurfiau ieithyddol yn enwedig. Nid dathlu bywyd dyn ar y ddaear a wnaent bellach, ond chwilio am ffordd i fynegi'r alanastra a grëwyd ganddo, ac am achubiaeth oddi wrtho. Amheuid strwythurau traddodiadol, rhai megis cystrawen mewn iaith, neu harmoni mewn cerddoriaeth. Daeth yr haniaethol yn fodd i osgoi 'anwiredd' y ffurfiau a ystyrid gynt yn rhai sicr, diriaethol. Ac yn aml, ffafriwyd strwythurau newydd, neu ceisiwyd ymwrthod â'r angen am strwythurau o gwbl.

Hwyrach mai yng ngweithgaredd mudiad y Dyfodolwyr (*Futurismo*) yn yr Eidal y gwelir hyn gliriaf oll. Yn ei faniffesto Dyfodolaidd yn 1912, mynegodd F. T. Marinetti ei awydd am awtonomeiddio'r gair. Mynnai greu 'y gair rhydd' ('*parole in libertà*'), sef yn ei farn ef, y ffurf fwyaf cymwys i fynegi profiad dyn yn yr oes dechnolegol oedd ohoni. Mynegodd Marinetti y dymuniad hwnnw drwy ymwrthod yn drawiadol â'r hen strwythurau: 'Mewn awyren, yn eistedd ar y tanc petrol . . ., mi sylweddolais mor wirioneddol ddwl oedd y ramadeg a etifeddasom gan Homer.'[3] Yn sylfaenol, a chrynhoi'r cyfan yng ngeiriau Peter Collier a Judy Davis: 'It was a defining characteristic of the Modernist movement to scrutinize and question its own forms of expression.'[4] Yr egwyddor o fynd yn groes i'r hyn a fuasai'n gyfarwydd sydd yn golygu bod anhawster yn rhwym o godi wrth ymwneud â chelfyddyd fodernaidd, datblygiad celfyddydol pwysicaf yr ugeinfed ganrif.

Gellir ystyried moderniaeth bellach yn gyfuniad o sawl mudiad celfyddydol trwm ei ddylanwad. Gellir yn yr un modd ystyried – a derbyn – anhawster yn ganlyniad i ddiffyg cyfatebiaeth elfennau celfyddyd fodernaidd ag elfennau'r gelfyddyd a aeth o'i blaen. Mae paentiadau 'anodd' arlunydd haniaethol fel Vassily Kandinsky bellach yn rhan o ganon poblogaidd celfyddyd y gorllewin. Gan gofio bod cerddoriaeth yn gelfyddyd haniaethol yn ei hanfod, daethpwyd i dderbyn arbrofion cerddorol 'anodd' yng ngherddoriaeth ddodeca-ffonig Arnold Schoenberg, dyweder, yn rhai pwysig yn natblygiad cerddoriaeth yr ugeinfed ganrif (hyd yn oed os na ddaethpwyd eto i'w cofleidio'n llawn). Dros ganrif wedi marwolaeth y bardd 'anodd' Stéphane Mallarmé, a thros hanner canrif ers cyhoeddi 'clasur' go anodd yr awdur James Joyce, *Finnegans Wake*, daeth anhawster mewn llenyddiaeth yn dderbyniol fel un o brif nodweddion testunau moder-naidd.

Diau y gellid haeru, felly, mai lleihau a wna anhawster llenyddol yn unol â disgwyliadau cynulleidfa fodern soffistigedig. Yn wir, ers dyddiau'r Rhamantwyr a'u pwyslais ar athrylith yr unigolyn, daethom i werthfawrogi testun llenyddol ar sail yr hyn sy'n newydd ynddo o'i gymharu â thestunau eraill: y *gwahaniaeth* rhyngddo a'r hyn a aeth o'i flaen sy'n sail i'n gwerthfawrogiad. Cyfeiriodd T. S. Eliot, er enghraifft, yn ei ysgrif 'Tradition and the individual talent' (1919), at 'our tendency to insist, when we praise a poet, upon those aspects of his work in which he least resembles anyone else'.[5] Dethlir 'gwreiddioldeb' unigolyddol gennym o hyd yn ein trafodaethau ar lenyddiaeth, a dengys y gwreiddioldeb hwnnw ei hun gan amlaf drwy fynd yn groes i batrymau cyfarwydd, boed hynny o safbwynt profiad neu fynegiant.

Fodd bynnag, ni ellir gwadu bod pall ar ein hamynedd wrth i fardd neu awdur fynd yn *rhy* groes i'r patrymau cyfarwydd hyn. Rhyfedd o beth, yn wyneb hyn i gyd, yw'r dadlau sy'n dal i fodoli ynghylch anhawster mewn llenyddiaeth, a hynny ar ddechrau'r unfed ganrif ar hugain. Daw'n eglur fod rhyw radd o anhawster yn annioddefol. Cyfeiriodd Wayne Booth, er enghraifft, at y ffaith fod trafodaethau ar lenyddiaeth yn llawn achwyn ynghylch yr awdur sy'n fwriadol dywyll (a hefyd, yn groes i hynny, ynghylch y darllenydd di-ddeall).[6] Fel y soniwyd eisoes ym mhennod 1, diau bod a wnelo hyn i raddau helaeth â'r ffaith mai *iaith* yw deunydd crai llenyddiaeth: mae'r gynull-eidfa ei hun yn 'hyddysg' yng nghyfrwng y gelfyddyd hon, a bydd ganddi'r hawl a'r awydd i farnu'r deunydd a wneir o'r cyfrwng hwnnw. Ac mewn cymdeithas lle mae'r cyfryngau torfol wedi pragmat-eiddio'r gair ysgrifenedig i raddau nas gwelwyd erioed o'r blaen, mae'n anochel y bydd anuniongyrchedd mynegiant mewn llenyddiaeth brint-iedig yn tynnu sylw ato'i hun, gan ymddangos – o bosib – yn ffuantus, yn fursennaidd neu'n od.

Gweld anhawster llenyddol yn nhermau 'bai' a 'diffyg' a wna Alan

Llwyd pan yw'n sôn fel a ganlyn am dywyllwch neu astrusi mewn barddoniaeth, er ei fod yn barod i ddatgan y gall y bai neu'r diffyg fod ar ran y derbynnydd yn gymaint ag ar ran creawdwr y gwaith:

> Anodd gwybod yn aml iawn ar bwy yn union y mae'r bai pan ddywedir fod cerdd yn dywyll: ar y bardd neu ar y darllenydd? Y bardd weithiau, dro arall y darllenydd. Dylai beirniad allu gwahaniaethu rhwng y gerdd sy'n astrus oherwydd diffyg yn y bardd a'r gerdd sy'n anodd oherwydd diogi neu ddiffyg cymhwyster yn y gynulleidfa.[7]

Yn sicr, mae'r cyfeiriad at agwedd ddeuol anhawster llenyddol – sy'n deillio yn unig ac yn uniongyrchol o berthynas darllenydd â thestun – yn un cymwys a chyfiawn. Nid yw anhawster yn rhwydd i'w leoli, er ei fod i'w deimlo'n amlwg. Yr hyn sy'n ddiffiniol wir am anhawster yw na chyfyd ond pan ddaw'r gwaith i gysylltiad â derbynnydd. Yn achos llenyddiaeth, un sgil-gynnyrch ydyw wrth i ddarllenydd ymwneud â thestun llenyddol. Yn hyn o beth, gallai anhawster fod mor amryfal a lluosog ei natur â lluosogrwydd yr holl ddarllenwyr a thestunau gwahanol sydd wedi bod erioed.

Ond mae'r ansoddair 'anodd' yn amwys ac yn arwyddocaol yr un pryd; y mae'n gyhuddgar ac yn ddeisyfol. O safbwynt y derbynnydd, mynega benbleth y darllenydd wrth ddod ar draws elfennau mewn testun sy'n peri i'r weithred o ddeall y testun mewn ffordd gonfensiynol fod yn broblematig, boed hynny ar lefel ieithyddol, semantaidd neu ffurfiol. O safbwynt y testun ei hun, cyfeiria at y trais sydd wedi digwydd yn erbyn confensiynau cyfarwydd, y confensiynau sy'n rheoli ysgrifennu a darllen gweithiau llenyddol.

Y pwyslais hwn ar gonfensiwn sy'n golygu bod gorgyffwrdd rhwng profiad un darllenydd ac un arall wrth ganfod anhawster mewn llenyddiaeth. Ar lefel gramadeg, po fwyaf y trais yn erbyn rheolau confensiynol cystrawen mewn cerdd arbennig – fel yn un o gerddi'r bardd Americanaidd, Gertrude Stein, dyweder – mwyaf fydd yr anhawster. Ar lefel y gair, po leiaf confensiynol yw defnydd awdur o eiriau – fel yn *Ulysses* a *Finnegans Wake* gan James Joyce, dyweder, lle yr hydreiddir geiriau â chyfeiriadaeth – mwyaf fydd yr anhawster. Ar lefel ffurfiol, po fwyaf anghonfensiynol yw ffurf y testun o ran orgraff, diwyg, print neu gyflwyniad – fel ym marddoniaeth goncrid yr Albanwr, Ian Hamilton Finlay, dyweder – mwyaf fydd yr anhawster; ac yn y blaen.

Ymhellach, gall anhawster godi wrth i awdur neu fardd gyflwyno bydolwg anghonfensiynol neu anghyfarwydd, gan fynd yn groes i batrymau arferol o ran teimlo, meddwl a mynegi. Ac yn y lle olaf, gall anhawster ddeillio o ddiffyg yn y cyfathrebu rhwng yr awdur a'i gynulleidfa, boed hynny yn ddamweiniol neu'n fwriadol.

Cafwyd gan feirniaid llenyddol dros y blynyddoedd sawl ymgais i ddadansoddi anhawster llenyddol yn systematig: hynny yw, nodi gwahanol fathau o anhawster a thrafod swyddogaeth ac effaith pob un. Dyna a geir, er enghraifft, gan George Steiner yn ei ysgrif ef, 'On Difficulty'. Yn yr astudiaeth hon, er ei fod yn cydnabod y gall y term 'anhawster' gyfeirio at rychwant eang o ddeunydd a dull, canolbwyntia Steiner yn sylfaenol ar bedwar math o anhawster llenyddol. Y cyntaf o'r rhain yw anhawster achosol ('contingent') sy'n deillio o wrthsafiad geiriol (hynny yw, lle y defnyddir geiriau – neu gyfosodiadau geiriau – sy'n anodd neu'n anghyfarwydd).[8] Yr ail fath o anhawster ganddo yw anhawster moddol ('modal') sy'n deillio o rym cymhleth barddoniaeth o fath arbennig.[9] Y trydydd math yw anhawster tactegol ('tactical') sy'n deillio o dywyllwch bwriadol ar ran yr awdur er mwyn creu arddull arbennig,[10] a'r pedwerydd math yw anhawster ontolegol ('ontological') sy'n deillio o gwestiynau a ofynnir gan y bardd neu'r awdur ynghylch natur dyn a'i iaith.[11]

Fodd bynnag, gwerth hewristig, neu 'ganfyddiadol', sydd i'r fath ddadansoddiadau yn y pen draw; oherwydd fel y noda Wayne Booth, bydd gweithiau gwahanol yn rhoi safonau gwahanol yn hyn o beth.[12] Gan ddibrisio'r ymosodiadau anwybodus ar dywyllwch ffuglen gyfoes sy'n gyffredin mewn trafodaethau llenyddol arwynebol, yn ogystal â'r safbwyntiau hynny sy'n awgrymu bod llenyddiaeth nad yw'n anodd yn wael, gwrthod y mae Booth unrhyw syniad o gyfraith haniaethol sy'n dweud bod rhyw radd neu'i gilydd o anhawster yn rhy ychydig neu'n ormod.[13] Pwysleisia, yn hytrach, yr angen i'r darllenydd allu gwahaniaethu rhwng gwahanol swyddogaethau anhawster llenyddol, yn ogystal â gwahaniaethu rhwng anhawster ac iddo swyddogaeth go-iawn, a'r anhawster sy'n deillio 'o ddiofalwch, balchder ffug neu ddiffyg gallu'.[14] Gellid mynd â'r gwahaniaethu hwn ymhellach. Hawdd y gellid gweld sut y byddai anhawster yn lleihau neu'n cynyddu gan ddibynnu ar ddisgwyliadau a safonau'r darllenydd. Llai ydyw, er enghraifft, pan ddaw darllenydd at destun llenyddol a labelwyd yn un *avant garde*, gan y bydd y darllenydd o'r dechrau cyntaf yn barod am beth anhawster. Ffactor arall yw arfer: bydd darllenydd 'hyddysg', sydd eisoes wedi ymwneud â thestunau anodd, yn cael llai o anhawster na'r darllenydd anhyddysg neu anarferedig. Lleihau anhawster a wna amser hefyd, wrth i sioc y newydd bylu ac wrth i luosogrwydd yr ymatebion i'r testun ddod i ffurfio ymateb torfol, normaleiddiol iddo.

Gan gydnabod y byddai hynny'n ymarfer ffrwythlon a diddorol, nid gwahaniaethu rhwng mathau o anhawster llenyddol a wneir yn y bennod hon, nac ychwaith rhwng hyddysgedd mathau o ddarllenydd ac effaith amser ar hynny. Yn hytrach, yr hyn a geir yma yw astudiaeth o anhawster bwriadol mewn arddull. Gan roi heibio tôn ddrwgdybus y cyhuddiadau yn erbyn y math hwn o anhawster bwriadol, a chan ganiatáu i'r awdur ei gyfran haeddiannol o ryddfreiniad celfyddydol, archwilir potensial creadigol y math o anhawster a gyfyd pan ddefnyddia awdur dechnegau naratif arbennig.

Cefndir yr astudiaeth yw'r cwynion hynny ynghylch yr elfennau anodd yng ngwaith Robin Llywelyn. Y tu hwnt i'r anhawster amlwg – a byrhoedlog, efallai – a ddaeth yn sgil newydd-deb y bydoedd ffantasïol a'r priod-ddull tafodieithol sy'n rhan ganolog o'i waith (trafodir y rhain ym mhenodau 4 a 5), awgrymir bod yn ei arddull hefyd nifer o *dechnegau anghyfarwyddo* sy'n rhoi bod i'r anhawster. (Byddai'r rhain yn cyfateb yn fras i drydydd dosbarthiad George Steiner, sef anhawster tactegol.) Dyma dechnegau a ddefnyddir i arafu cwrs y darllenydd drwy'r testun, neu i anhwyluso'r broses ddeall. Astudir tair techneg o'r fath yma. Gan dynnu ar syniad Ffurfiolwyr Rwsia o *ostranenie* (neu 'ddieithriad', a defnyddio amrywiad Cymraeg R. M. Jones arno), haerir bod bwriad *adnewyddol* pwysig i'r technegau hyn wrth iddynt atal ystyr rhag dod yn rhy gyfarwydd.

Mae'r dadleuon llai gwag ynghylch gwerth anhawster mewn llenyddiaeth fel petaent yn troi o gwmpas dau faes sy'n aml yn gorgyffwrdd, sef y berthynas rhwng anhawster a chyfrifoldeb tuag at y darllenydd, a'r berthynas rhwng anhawster ac ansawdd llenyddol. Negyddol yw golwg y naill ar anhawster; a chadarnhaol yw golwg y llall (i raddau helaeth). Amddiffyn y naill hawliau'r darllenydd, amddiffyn y llall – i'r un graddau – hawliau'r awdur. Yn wir, ad-lewyrchir y ddeuoliaeth yn y modd y gwahaniaethodd Roland Barthes yn apocalyptaidd rhwng barddoneg ddarllenol ('lisible') a barddoneg ysgrifennol ('scriptible') yn ei gyflwyniad i'w ddamcaniaethau yntau ynghylch y codau sy'n rheoli darllen, yn y gyfrol *S/Z*.[15] Yn ôl Barthes, mae llenyddiaeth ddarllenol, sef mynegiant 'clasurol' o'r hyn yr ysgrifennwyd amdano eisoes, yn gwneud y darllenydd yn ddiog ac yn anweithredol. Iddo ef, yn yr ysgrifennol yn unig y mae gwerth, am mai yr ysgrifennol a all fynegi yn rymus yn y byd hwn yr hyn y gellid ysgrifennu amdano. Yr ysgrifennol yn unig, felly, sy'n gwneud y darllenydd yn 'gynhyrchydd' testun llenyddol, ac nid yn ddim ond 'treuliwr'.[16]

Rhoddwyd cryn sylw i ochr 'ddarllenol' y ddadl ynghylch anhawster yn y bennod flaenorol. Trafodwyd y berthynas gymhleth rhwng anhawster llenyddol a chyfrifoldeb tuag at y darllenydd, gan roi cryn ofod i gŵynion nifer o ddarllenwyr ynghylch yr elfennau honedig anodd yn rhyddiaith Robin Llywelyn. Rhoi mwy o sylw i'r ochr ysgrifennol a wneir yn y bennod hon: archwilir grym 'cynhyrchiol' yr elfennau anodd yn rhyddiaith Robin Llywelyn, a thrafodir syniadau sy'n ymwneud â'r berthynas rhwng anhawster ac ansawdd llenyddol. Yr hyn a geir yma, felly, yw trafodaeth ar oblygiadau creadigol anhawster fel techneg lenyddol fwriadol, ynghyd â'r sylweddoliad bod anhawster yn teilyngu mwy o ystyriaeth na'r diogi mympwyol neu'r difrïo moeswersol a welir yn fynych.

Gan ddechrau gyda sylw R. M. Jones mai archwilio arddull awdur yw 'sylwi ar y graddau o'r "anramadegol" neu'r anghyfarwydd sydd ynddo',[17] gosodir sylfaen ffurfiol i'r dadansoddiad drwy drafod y syniad o 'anghyfarwyddo' mewn llenyddiaeth. Trafodir wedyn dair techneg anghyfarwyddo sy'n rhan annatod – ac unigryw – o arddull rhyddiaith Robin Llywelyn: technegau a roes fod yn rhannol, efallai, i'r sôn am anhawster, neu ddryswch, a drafodwyd ym mhennod 1.

Nid yw'r syniad o 'anghyfarwyddo' yn newydd mewn astudiaethau llenyddol. Fe'i datblygwyd yn systematig gyntaf gan Viktor Shklovsky, ac mae'r syniad o anghyfarwyddo yn ganolog i waith Ffurfiolwyr Rwsia. Dyma griw o ddamcaniaethwyr a aeth ati i drafod celfyddyd mewn termau ffurfiol.[18] Yn achos llenyddiaeth, amcanent at ganfod, yng ngeiriau Roman Jakobson, 'what makes a verbal message a work of art',[19] ac at ganfod yr hyn a alwodd Boris Eikhenbaum yn 'methodological procedure that produced the opposition between "poetic" language and "practical" language'.[20]

Yn *The Resurrection of the Word* (1914), fe ddiffiniodd Shklovsky gelfyddyd fel 'a perception that entails awareness of form'.[21] Yr hyn sy'n neilltuol am gelfyddyd, felly, yw amlygrwydd amgyffredadwy ('palpable') ei ffurf. Amlyga ffurf ei hun drwy dreisio rheolau arferol y ffurf mewn modd penodol, fel yr eglura Jan Mukarovsky wrth gyfeirio at farddoniaeth: 'The violation of the norm of the standard, its systematic violation, is what makes possible the poetic utilization of language.'[22] Y syniad hwn mai treisio normau ffurf a wnâi celfyddyd a ddaeth yn sylfaen i waith Ffurfiolwyr Rwsia, ac fe'i mynegwyd ar ei fwyaf trawiadol yn ysgrif Shklovsky, 'Art as Technique' (1917). Yma cyfeiria Shklovsky at y diddymdra a ddaw yn sgil amgyffred gwrthrychau yn 'algebraidd', hynny yw wrth iddynt ddod yn orgyfarwydd: 'Habitualisation,' meddai, 'devours work, clothes, furniture, one's wife, and the fear of war.'[23] Er mwyn gwrthsefyll yr amgyffred algebraidd hwn, sef y dull mwyaf cyffredin o amgyffred, haerodd Shklovsky mai *ostranenie* (dieithriad neu anghyfarwyddo) oedd amcan a dull sylfaenol pob celfyddyd:

> The purpose of art is to impart the sensation of things as they are perceived and not as they are known. The technique of art is to make objects 'unfamiliar', to make form difficult, to increase the difficulty and length of perception because the process of perception is an aesthetic end in itself and must be prolonged.[24]

Yn ôl Shklovksy, 'adnabod' gwrthrychau yn ffwr-bwt yn unig a wnawn, yn hytrach na'u 'gweld' yn llawn. Golyga hyn nad ydym yn gweld gwrthrychau yn eu cyflawnder, ond yn hytrach yn eu hadnabod yn fras yn ôl eu priodweddau.[25] Yn yr ysgrif hon, dadansoddodd Shklovsky y modd y defnyddiai'r awdur Rwsiaidd, Leo Tolstoy, dechnegau anghyfarwyddo yn ei nofelau ef, gan haeru mai dyma ddull arferol celfyddyd o weld gwrthrychau y tu allan i'w cyd-destun arferol.[26] Pwysleisia Shklovsky drwodd a thro fod *ostranenie* (neu anghyfarwyddo) i'w ganfod bron ym mhobman y mae ffurf i'w chanfod.[27] Pwysleisiodd hefyd mai hanfod iaith 'farddonol' (neu lenyddol) yw mai iaith anghyfarwyddedig ydyw, ei bod wedi ei chreu yn gelfyddydol er mwyn llyffetheirio ac arafu'r broses amgyffred a phrofi'r effaith fwyaf posib.[28] Fel y soniwyd eisoes, daeth y diffiniad hwn o natur hanfodol anghyfarwyddedig ffurfiau llenyddol yn sylfaen i holl ddamcaniaethau Ffurfiolwyr Rwsia ynghylch celfyddyd.

Eto, nid yw'r syniad hwn yn dal dŵr yn gyfan gwbl. Problematig, braidd, yw honni mai'r syniad o anghyfarwyddo yw unig egwyddor celfyddyd. Annelwig, wedi'r cyfan, yw'r gwahaniaeth rhwng iaith 'ymarferol' ac iaith 'farddonol' (neu lenyddol) sy'n sylfaen i ddamcaniaethau Shklovsky a'i gymdeithion. Anodd yw pennu yn union yr hyn a olygir gan 'norm' ieithyddol, neu ddefnydd cyffredin o iaith, fel y nodir yn nheitl ysgrif bwysig y damcaniaethwr darllen, Stanley Fish, 'How ordinary is ordinary language?'.[29] Ac mae'n gwestiwn a yw'r ddeuoliaeth yn gwbl addas ar gyfer trafod ffuglen realaidd; wedi'r cyfan, dyma ffuglen sy'n ymgyrraedd i'r eithaf at ymddangos yn normal, yn real neu'n gyfarwydd.

Awgryma un o'r Ffurfiolwyr eu hunain, Roman Jakobson, fod y ddeuoliaeth rhwng iaith ymarferol ac iaith farddonol yn un wachul. Sonia Jakobson am y syniad cyffredin ond cyfeiliornus fod gwahaniaeth rhwng strwythur barddoniaeth a strwythurau geiriol eraill, syniad a seiliwyd ar yr argyhoeddiad bod natur gynlluniedig, bwrpasol i'r naill a natur ddigynllun i'r llall.[30]

Yn wir, hwyrach mai gan Jakobson ei hun y ceir y diffiniad mwyaf defnyddiol o'r gwahaniaeth rhwng iaith lenyddol (anghyfarwyddedig) ac iaith gyffredin (ymarferol). Fe haera ef y dylid gweld y gwahaniaeth yn nhermau swyddogaeth, yn hytrach na dull. Mynegir y syniad hwn ganddo mewn brawddeg hollbwysig yn ei ddamcaniaethau ynghylch barddoniaeth (a chelfyddyd yn gyffredinol) sy'n datgan: 'the poetic function projects the principle of equivalence from the axis of selection into the axis of combination'.[31] Hynny yw, mewn barddoniaeth gosodir cyfyngiadau anochel ar y bardd a'i ddewis o elfennau ieithyddol (er enghraifft, y cyfyngiadau a ddaw yn sgil gofynion odl neu fesur). Nid yw'r cyfyngiadau hyn yn bodoli pan ddefnyddiwn iaith gyffredin yn ddyddiol. Wrth gwrs, gellir cael gwahanol raddau o gyfyngiadau ar fardd, gan ddibynnu ar y math o farddoniaeth a ysgrifennir ganddo. Mae barddoniaeth gynganeddol Gymraeg, er enghraifft, neu'r *haiku* Siapaneaidd, yn fath o farddoniaeth sy'n gosod gradd helaeth o gyfyngiadau ieithyddol ar fardd. Ond yn gyffredinol, fel y pwysleisia Roman Jakobson, mae celfyddyd yn gosod yr iaith mewn fframwaith anghyfarwydd o'r dechrau.

Does dim dwywaith nad yw'r drafodaeth ynghylch anghyfarwyddo o bwysigrwydd sylfaenol i unrhyw drafodaeth ar lenyddiaeth anodd. Os swyddogaeth ganolog celfyddyd, yng ngeiriau Shklovsky uchod, yw gwneud ffurfiau yn anodd, yn ogystal â chynyddu anhawster a hyd y broses amgyffred, yna tybed na ellid honni bod anhawster mewn celfyddyd nid yn unig yn anochel ond, yn wir, i'w chwenychu? Hwyhau'r broses amgyffred a wna anhawster, wedi'r cwbl, gyda'r bwriad o beri inni 'weld' rhywbeth o'r newydd yn hytrach na'i 'adnabod' yn fras yn unig. Anhawster sydd, felly, yn gwrthsefyll y diddymdra a ddaw yn sgil arfer.

Mae hon yn farn a goleddir gan nifer o feirniaid sydd o blaid yr anodd mewn celfyddyd. Fe ymddengys ar ffurf amrwd yn y deuoliaethau a drafodwyd ym mhennod gyntaf y gyfrol hon, lle haerwyd bod llenyddiaeth anodd yn gyfystyr â llenyddiaeth flaengar a heriol (ac elitaidd), tra bo llenyddiaeth hawdd yn gyfystyr â llenyddiaeth boblogaidd, hygyrch (ac eilradd). Ond fe'i gwelir hefyd mewn trafodaethau soffistigedig ar y berthynas rhwng darllenydd a thestun, megis yng ngwaith y beirniad o Almaenwr, Hans Robert Jauss. Yn ei astudiaeth bwysig ef ym maes damcaniaeth derbyniad, *Towards an Aesthetic of Reception* (teitl y cyfieithiad Saesneg), gwelir yn eglur ei argyhoeddiad ef fod y radd o anhawster mewn testun llenyddol (yr anhawster a brofir wrth ymwneud â'r testun am y tro cyntaf), yn cyfateb i 'werth esthetaidd' y testun hwnnw. Po fwyaf anodd y gwaith llenyddol dan sylw, medd Jauss, mwyaf y syflir 'gorwel disgwyliadau' y darllenydd. Ac mae hyn, mewn llenyddiaeth, i'w ddeisyfu:

> The way in which a literary work, at the historical moment of its appearance, satisfies, surpasses, disappoints, or refutes the expectations of its first audience obviously provides a criterion for the determination of its aesthetic value. . . . The distance between the horizon of expectations and the work, between the familiarity of previous aesthetic experience and the 'horizonal change' demanded by the reception of the new work, determines the artistic character of a literary work, according to an aesthetics of reception: to the degree that this distance decreases, and no turn toward the horizon of yet-unknown experience is demanded of the receiving consciousness, the closer the work comes to the sphere of 'culinary' or entertainment art.[32]

Ym marn Jauss, felly, ceir graddau amrywiol o anhawster mewn gweithiau llenyddol. Po leiaf yr anhawster, lleiaf yw 'gwerth esthetaidd' y gwaith gan nad yw'n gwneud dim ond bodloni'r awydd am yr hyn sy'n 'gyfarwydd hardd'.[33]

Atseinir hyn yn namcaniaethau Wolfgang Iser, un o gymdeithion Jauss yn ysgol ddamcaniaeth derbyniad yr Almaen. Yn ei astudiaeth bwysig yntau, *The Act of Reading*, cyfeiria Iser at bwysigrwydd strategau naratifol sy'n anghyfarwyddo '*repertoire*' y testun llenyddol. Diffinia Iser y *repertoire* fel 'yr holl diriogaeth gyfarwydd' sydd yn y testun.[34] Gan ein hatgoffa am bwyslais Jakobson ar fframwaith anghyfarwyddol celfyddyd, pwysleisia Iser hefyd swyddogaeth anghyfarwyddol y cyd-destun esthetaidd am ei fod yn 'dinoethi'r cyfarwydd o'i ddilysrwydd cyffredin'.[35] Ac i Iser, fel Jauss, mae 'gwerth esthetaidd' testun yn gymesur â'r radd yr anffurfiwyd y cyfarwydd, neu y *repertoire*, yn drefnus ('coherently deformed' yw ymadrodd Iser).[36]

Digon tebyg i gysyniad Ffurfiolwyr Rwsia o '*ostranenie*', ac i syniadau Jauss ac Iser ynghylch syflyd gorwel disgwyliadau ac anffurfio'r *repertoire*, yw'r cysyniad sy'n sail i ddadansoddiadau llenyddol strwythurol R. M. Jones yn ei waith arloesol *Seiliau Beirniadaeth*. Yr enw a rydd R. M. Jones ar y cysyniad hwnnw yn Gymraeg yw 'dieithriad'. Pwysleisia ar ddechrau cyfrol gyntaf *Seiliau Beirniadaeth* – gan adleisio syniadau Jakobson – y cyfyngir bardd neu awdur o'r dechrau yn ei ymwneud ag iaith, ei ddeunydd crai: 'Dewis ymostwng neu beidio i batrwm cyfyngedig, dyna'r unig ddewis sydd gan y bardd.'[37] Eglura hyn drwy gyfatebiaeth â'r ddeuoliaeth sy'n rhan ganolog o waith yr ieithydd Saussure, deuoliaeth y 'tafod' (*langue*), sef cyfundrefn haniaethol yr iaith, a'r 'mynegiant' (*parole*), sef y defnydd diriaethol a wneir ohoni. Haera R. M. Jones na all 'mynegiant' awdur fod yn annibynnol ar y 'tafod', gan fod yma 'gyd-ddibyniaeth'.[38] Nid yw'n tynnu ffin glir rhwng iaith 'gyffredin' ac iaith 'farddonol', ond mae, er hynny, yn tanlinellu pwysigrwydd *ffurf* mewn llenyddiaeth, gan fod ffurf yn anochel yn fframwaith sy'n anghyfarwyddo iaith. Meddai: 'Y mae ffurfiau llenyddiaeth wedi'u seilio o raid ar fynegiant cyffredin, ond pellhad ydynt. Dieithriad. Fe'u dieithrir hwy drwy ffurf.'[39] Diffinnir y syniad o ddieithrio, neu anghyfarwyddo, ganddo, mewn perthynas â'r 'norm', diffinia'r syniad o 'norm' fel 'gramadeg adeileddol yr iaith, neu ffurfiau safonol y llenyddiaeth', neu yn hytrach – mewn termau arddullegol – 'arfer "ystadegol": tuedd arferol ymddygiad ieithyddol neu lenyddol wedi'i seilio ar amlder defnydd'.[40]

Daw argyhoeddiad R. M. Jones o rym adnewyddol dieithriad i'r amlwg pan sonia fod dieithriad yn 'cynyddu rhyddid', ac mai 'dieithrio yw llunio o'r newydd'.[41] Fe'i gwelir hefyd yn ei ddatganiad mai 'drwy gracio'r norm, drwy dreisio'r iaith y llwyddir i'w bywydu hi'.[42] Yn wir, mae gwaith creadigol R. M. (Bobi) Jones ei hun yn dyst i'w ffydd ddiysgog ef yn y rhyddfreiniad a ddaw yn sgil anghyfarwyddo mewn llenyddiaeth.

Eto, fe'i gwelir hefyd yn pwysleisio y bydd dieithriad ar ei fwyaf effeithiol o'i ddefnyddio yn ofalus, hynny yw yn erbyn cefndir yr hyn y gellid ei alw yn gyfarwydd; haera mai dim ond felly y gall dieithriad arddangos ei *Differenzqualität* Jakobsonaidd.[43] Yn wir, i brofi ei bwynt mai yn gymhedrol y mae anghyfarwyddo mewn celfyddyd, dyfynna'r geiriau canlynol o eiddo Aristoteles:

> Drwy fod yn wahanol i'r ffurf gyffredin ac yn groes i'r arfer, osgoir y sathredig; ond drwy gydymffurfio mewn rhan â'r arferol, sicrheir eglurder . . . Mae gwthio i'r amlwg unrhyw nodwedd o'r fath yn chwerthinllyd, bid siwr; rhaid cael cymedroldeb ym mhob elfen o waith bardd.[44]

Adleisir yr un gred gan Jan Mukarovsky hefyd mai drwy gyferbynnu'r cyfarwydd a'r anghyfarwydd y profir orau effaith yr anghyfarwyddo:

> Many of the linguistic components of a work of poetry do not deviate from the norm of the standard because they constitute the background against which the distortion of the other components is reflected . . . Its purpose is to attract the reader's (listener's) attention more closely to the subject matter expressed by the foregrounded means of expression.[45]

Trafodir pwysigrwydd y cyfarwydd yn arddull naratif Robin Llywelyn yn nhrydedd bennod y gyfrol hon. Canolbwyntio a wneir yma, yn hytrach, ar yr anghyfarwyddo.

Mae'n ddiddorol i R. M. Jones, yn sgil Ffurfiolwyr Rwsia, gyfeirio at dri dull o greu 'dieithriad' mewn testun llenyddol, sef (i) drwy wyrdroi dull celfyddydol arferol; (ii) drwy wyrdroi portreadau realaidd; a (iii) drwy wyrdroi defnydd cyffredin o iaith.[46] Adlewyrchir y tri dull anghyfarwyddo hyn yn arddull Robin Llywelyn, a chanolbwyntir yma ar dair techneg sy'n cyfateb i hyn. Yn gyntaf, fe'i gwelir yn gwyrdroi dull celfyddydol arferol drwy danseilio trefn resymegol-amserol naratif. Yn ail, fe'i gwelir yn gwyrdroi portreadau realaidd drwy ddefnyddio negyddion er mwyn diffinio. Ac yn drydydd fe'i gwelir yn gwyrdroi defnydd cyffredin o iaith drwy altro cyweiriau ieithyddol o fewn ei naratifau.

Gellid honni bod y tair techneg anghyfarwyddo hyn yn cael eu defnyddio ar y cyfan i arafu (os nad, yn wir, i danseilio) llif y naratif ac i gynyddu anhawster y weithred o ddarllen.

Tanseilio trefn resymegol-amserol naratif

Hollbwysig yma yw sylweddoli mai gweithred amserol yw darllen. Yn groes i gelfyddyd weledol y gellir – gan mwyaf – ei gwerthfawrogi yn ei chyfanrwydd ar yr un funud, dros amser yr ydym yn gwerthfawrogi ac yn amgyffred gwaith ysgrifenedig. Fel yr eglura R. M. Jones: 'Mewn arlunio nid oes, yn ei hanfod, ddim namyn gofod . . . Ond mewn llenyddiaeth . . . ni cheir gofod heb amser.'[47] Y sylweddoliad hwn a welir hefyd yn syniad Wolfgang Iser am y 'safbwynt crwydrol' sy'n angenrheidiol wrth ddarllen; haera fod yr elfen amserol mewn darllen yn gwneud inni amgyffred gwrthrychau llenyddol mewn modd gwahanol i'r modd yr amgyffredwn wrthrychau diriaethol:

> The 'object' of the text can only be imagined by way of different consecutive phases of reading . . . The relation between text and reader

is therefore quite different from that between object and observer: instead of a subject-object relationship, there is a moving viewpoint which travels along *inside* that which it has to apprehend.[48]

Ategir yn ddiweddarach gan Iser rôl amser yn y broses o ddarllen a deall gwaith ysgrifenedig, pan bwysleisia fel a ganlyn: 'the time axis basically conditions and arranges the overall meaning . . . Meaning itself, then, has a temporal character.'[49]

Yr hyn a wnawn fel darllenwyr naratifau, felly, yw cynnull ystyr dros gyfnod o amser.[50] Dyna yw ein disgwyliadau; dyna sy'n ein hysgogi o hyd i ddarllen ymlaen (mae'r disgwyliadau gyda barddoniaeth, efallai, yn wahanol eu natur, ond nid yn wahanol yn eu hamseroldeb). Fe ddisgwyliwn y bydd deunydd i'w gynnull wrth ddarllen a fydd yn gymorth inni ganfod neu greu ystyr y gwaith mewn llaw. Wrth ddod at destun arbennig disgwyliwn y bydd gennym erbyn y diwedd, ddarlun clir o'r 'gwirionedd' a fynegir gan y testun hwnnw.

Yr hyn a geir yng ngwaith nifer o awduron modernaidd – mae'r awdur Almaeneg o Brâg, Franz Kafka, yn enghraifft amlwg – yw ymatal rhag rhoi y 'gwirionedd' hwn, yr ystyr terfynol, i'r darllenydd, hyd yn oed ar ddiwedd y naratif. Ni ŵyr Josef K., arwr y nofel 'Y Prawf' (*Der Prozeß*), pam y'i dygir o flaen ei well ar ddechrau'r nofel, ond ni ŵyr hynny ar ei diwedd ychwaith, er iddo dreulio corff y nofel yn ceisio canfod y rheswm. Ni chaiff yr arwr, K., yn y nofel 'Y Castell' (*Das Schloß*), fynd i mewn i'r castell fel y deisyfa, er iddo yntau yn yr un modd dreulio corff y nofel yn ceisio gwneud hynny. Ni ŵyr y darllenydd – mwy na K. ei hun – pam, na beth, yn union yw 'ystyr' terfynol y castell.

Effaith amlwg nofelau Kafka – a'r rhwystredigaeth sydd i'w theimlo ar eu diwedd – yw datgelu mor benderfynol yr ydym fel darllenwyr o gynnull deunydd dros amser er mwyn dod o hyd i ystyr terfynol ar ddiwedd naratif.

Nid yw hyn yn golygu, fodd bynnag, ein bod yn disgwyl i gwrs y 'cynnull ystyr' hwn ddigwydd yn rhugl ac yn uniongyrchol. Ynghlwm wrth yr elfen amserol hollbwysig mewn naratif mae'r ffaith fod ein dehongliad o waith llenyddol yn newid o hyd yn ystod y darllen. Mae'n darlleniad yn newid yn barhaus wrth i'r naratif fynd rhagddo, ac mae hynny yn gymorth inni ffurfio ystyr cynhwysfawr ar ei ddiwedd. Cyfeiria Wolfgang Iser at y newidiadau hyn fel 'contradictions and contrasts between the various imaginary objects which come along the [time] axis'.[51] Yn wir, soniodd Aristoteles ei hun yn ei *Farddoneg* fod 'gwrthdroi' cwrs ystyr yn rhan annatod o bob plot llwyddiannus.[52] Gellid haeru y deillia cryn swm o'n chwilfrydedd fel darllenwyr o'r ffaith ein bod yn disgwyl rhyw fath o wrthdroi yng nghwrs plot naratif arbennig: hyn, wedi'r cyfan fydd yn rhoi i'r naratif dan sylw ei gymeriad arbennig; natur y gwrthdroi fydd yn ei wahaniaethu oddi wrth naratifau eraill.

Eto, dim ond hyn a hyn o wrthdroi a oddefir. Yn sylfaenol, disgwyliad pob darllenydd wrth ymwneud â naratif yw y daw'r ystyr yn raddol i'r fei dros amser ac y bydd yn eglur ar y diwedd. Dyma hanfod y weithred o ddarllen. Erbyn gorffen darllen, disgwyliwn ddod i ddealltwriaeth glir, dyweder, o linell blot naratif arbennig, neu gymhlethdod personol cymeriad arbennig wrth i wybodaeth amdano gael ei datgelu dros amser, yn ôl yr hyn a ddisgrifiodd Wayne Booth fel rhesymeg foddhaol achos ac effaith:

> When we see a causal chain started . . . we demand to see the result . . . Not only do we believe that certain causes do in life produce certain effects; in literature we believe that they should.[53]

Gan ddychwelyd at Aristoteles, gwelir yn glir y sylweddoliad hwn ynghylch pwysigrwydd gadael i resymeg gyd-fynd ag amser, yn ei drafodaeth ef ar blot. Yma, tanlinella'r athronydd Groegaidd yr angen i drasiedi gael dechrau, canol a diwedd, a'r rheiny wedi eu trefnu dros amser yn ôl tebygolrwydd neu anghenraid.[54] Yn wir, mynega yn gryf ei ddirmyg at blotiau 'episodaidd' a gynhyrchir gan 'feirdd eilradd', lle nad yw 'dilyniant yr episodau nac yn angenrheidiol nac yn debygol'.[55]

Rhan hanfodol o naratif, felly, yw ei drefn resymegol-amserol, sef cyd-drawiad achos ac effaith, gydag amser. Sonia Roland Barthes yn ei ysgrif, 'Introduction to the Structural Analysis of Narratives', am y modd y mae naratifau yn creu y '"telescoping" of logic and temporality', sy'n troi ar echel 'cardinal functions' pob naratif. [56] Yn y modd hwn, gwelir bod 'dilyn' a 'chanlyn' yn ymdoddi'n un; hynny yw, ystyrir bod yr hyn sy'n dod gyntaf yn achosi'r hyn a ddaw wedyn, a hynny, meddai Barthes, yn ôl y fformiwla 'post hoc, ergo, propter hoc'.[57] Adleisir yr argyhoeddiad hwn gan R. M. Jones pan ddywed ef mai 'y confensiwn yn ôl y *fabula* yw bod y digwyddiadau gwreiddiol ar gerdded mewn trefn amseryddol',[58] ac mai 'amser yw'r elfen lywodraethol gyson ar gyfer atrefnu ac uno'.[59]

Yn nifer o naratifau Robin Llywelyn, fodd bynnag, tanseilir yn gyson y drefn resymegol-amserol hon sydd mor hanfodol wrth gynnull ystyr naratif. A gwelir sut y defnyddia yntau'r dechneg hon er mwyn

tanseilio confensiynau cymeriadu, confensiynau rhesymeg a chon-
fensiynau *genre* mewn naratifau (ac felly danseilio eu holl 'gywirdeb'
naratifol).

Yn y darn a ganlyn, dadansoddir y dull hwn o danseilio trefn
resymegol-amserol naratif, gan fwrw golwg ar ei effaith anghyfar-
wyddol yn nifer o storïau byrion Robin Llywelyn o'r gyfrol, *Y Dŵr
Mawr Llwyd*.

Anghyfarwyddo'r broses gymeriadu

Yn y stori, 'Vatilan, Lleidr Llestri', chwaraeir gyda threfn resymegol-
amserol naratif er mwyn amwyso'r portread o'r ddau brif gymeriad:
y lleidr eponymaidd, Vatilan, a'r heddwas, PC Llong. Wrth ddarllen,
fe'n gorfodir i fynd drwy gyfres o agweddau gwrthgyferbyniol a
fynegir gan yr adroddwr tuag at y ddau arwr, gyda stereoteipiau
cymeriad 'da' a chymeriad 'drwg' yn cael eu cyflwyno a'u tanseilio bob
yn ail. O ganlyniad, llesteirir y modd yr ydym, fel darllenwyr, yn
cynnull gwybodaeth am gymeriad mewn naratif ac yn rhoi natur
ystyrlon a chyfarwydd i'r cymeriad hwnnw. Dryswch a rhwystredig-
aeth a deimlir ar ran y darllenydd o safbwynt cymeriadu yn y stori hon,
ac mae'r teimladau hynny yn cynyddu wrth i'r darllen fynd rhagddo.

Isod, trafodir pum enghraifft o'r modd y tanseilir trefn resymegol-
amserol naratif gan Robin Llywelyn yn y stori hon.

Brawddeg 1

> Vatilan, lleidr llestri hirben a diegwyddor, oedd yr unig un i Nel ei garu go
> iawn erioed.[60]

Mae brawddeg agoriadol y naratif yn nodweddiadol o'r modd y syflir
safbwynt yr adroddwr tuag at y cymeriadau. Gan mai naratif trydydd-
person sydd yma, disgwylir y bydd yr adroddwr yn un hollwybodus, ac
y bydd yn portreadu'r cymeriadau mewn ffordd wrthrychol a
dibynadwy. Gan gofio am siars Wayne Booth na ddylid anghofio grym
rhethregol teitlau,[61] sylweddolwn fod y cymeriad eponymaidd, Vatilan,
mewn safle freintiedig o safbwynt cydymdeimlad y darllenydd o'r
dechrau. Ategir hyn gan y ffaith fod enw Vatilan yn dod ar ddechrau
brawddeg agoriadol y stori: enynnir cydymdeimlad y darllenydd tuag
ato yn syth.

Gan ddefnyddio categorïau moesol confensiynol, tanseilio'r cydym-deimlad hwnnw a wneir gyda'r epithed a ddefnyddir i ddisgrifio Vatilan: dywedir mai 'lleidr' ydyw. Fodd bynnag, lleddfir hyn gyda'r cyfeiriad at natur gomig y lladrata: y mae Vatilan, meddir, yn 'lleidr llestri'. Dyna ddau wrthdroad y bydd yn rhaid i'r darllenydd eu trin yn nhri gair cyntaf y stori: cydymdeimlad anochel gydag arwr eponymaidd y stori; oeri'r cydymdeimlad pan glywir ei fod yn ddrwg-weithredwr; ac ailgynhesu ato pan glywir am natur ei ddrwg-weithredoedd.

Mae'r modd y portreedir y cymeriad hwn eisoes yn un cymhleth. Ac felly yr â'r disgrifiad rhagddo. Yr ansoddair cyntaf a geir am Vatilan yw ei fod yn 'hirben'. Drwy gyfeirio at nodwedd gadarnhaol, adenillir cydymdeimlad y darllenydd. Fodd bynnag, unwaith yn rhagor, tan-seilir hyn gyda'r ansoddair negyddol, sef 'diegwyddor', sy'n dilyn yr ansoddair cadarnhaol gyda'r cysylltair 'a' (gan awgrymu bod rhyw fath o berthynas rhwng y ddwy nodwedd). Dyna drydydd gwrthdroad y frawddeg. Gorffen y frawddeg agoriadol gyda phedwerydd gwrthdroad, wrth i'r Vatilan 'diegwyddor' yn awr gael ei ddangos yn wrthrych cariad 'go-iawn'. Eto, o safbwynt darlleniad moesol confens-iynol, mae'n debygol y bydd emosiwn clodwiw fel 'cariad' yn rhwym o ennyn cydymdeimlad yn y darllenydd, gan wrthbwyso yn rhannol effaith negyddol ei ddiffyg egwyddorion.

Bellach, bydd y darllenydd wedi drysu'n llwyr wrth geisio llunio portread ystyrlon o gymeriad yr arwr, heb wybod a ddylid ei ystyried yn gymeriad 'da' ynteu'n gymeriad 'drwg'. Gwelir nad cymorth i'r broses gymeriadu mo ddatblygiad y naratif, eithr llestair. Anffurfio llun yr arwr a wneir dros amser, nid ei amlinellu yn fwyfwy clir.

Brawddegau 2–3

> Pan fyddid yn sôn am ei gampau'n gwagio siopau o'u nwyddau oll byddai Nel yn dal dano gan weiddi, 'Wel, ddaru o ladd neb, yn naddo?' A phan ddaru o ladd Huws Parsli am y tro cyntaf dyma hi'n gweiddi eto, 'Wel toedd dda gen i mo'r hen gingroen beth bynnag'.[62]

Profi ffyddlondeb ei gariad, Nel, tuag at Vatilan a wneir yma. Ac nid gormod fyddai dweud y profir yr un pryd ffyddlondeb y darllenydd tuag at yr adroddwr. Yma eto gwelir sut y chwaraeir gyda threfn resymegol-amserol naratif er mwyn syfrdanu'r darllenydd, er mwyn creu hiwmor ac er mwyn ffwndro'r broses gymeriadu. Bob yn ail â'r ffeithiau ynghylch tor-cyfraith Vatilan (sef elfennau 'negyddol' yn ein syniad amdano), ceir esgusodion 'cadarnhaol' gan Nel.

Awgrymir gan yr adroddwr fod drwgweithredoedd Vatilan bellach yn rhan o chwedloniaeth y bobl leol: mynegir hyn gan y ffurf amhersonol arferiadol 'fyddid'. (Pwysleisir y syniad fod yr adroddwr yn un hollwybodus gan amhersonoldeb y ferf, fel petai yn cyfeirio at gyflwr cyffredinol ddilys.) Ond lleddfir natur y drwgweithredoedd am mai disgrifiad llythrennol ohonynt a geir (a'i effaith bron fel effaith gair teg): dywedir i'r lleidr Vatilan 'wagio siopau o'u nwyddau oll'.

Cefnogi Vatilan a wna Nel, fodd bynnag, a chan mai ar derfyn y frawddeg y daw ei geiriau gwadu hi bob tro, maent fel petaent yr un mor ddilys â'r cyhuddiadau yn erbyn ei chariad. Mae'n lleddfu drygioni'r lladrata drwy ei gyfosod â llofruddio; mae'n lleddfu drygioni'r llofruddio drwy fynegi ei hanhoffter o'r sawl a lofruddiwyd. A chan mai ganddi hi y mae'r 'gair olaf', fel petai, yn y frawddeg, hi sydd â'r dylanwad olaf ar gydymdeimlad y darllenydd. Defnyddir cymeriad amserol y frawddeg i alluogi Nel i wrthbwyso gwirionedd ffeithiau drwy rethreg. Cymhellir y darllenydd i ystyried Vatilan yn gadarnhaol unwaith eto, yn enghraifft o stereoteip y dihiryn hoffus.

Gan fod yr adroddwr yn cynnwys safbwynt Nel yn ei safbwynt ef yn ddigwestiwn, fe bery hyn inni gwestiynu cywirdeb a dibynadwyedd ei 'hollwybodusdra'. Synnu a wna'r darllenydd at y gwrthdroi parhaus ym mhortread yr adroddwr o arwr ei stori, syndod sy'n deillio o driniaeth ddeheuig yr awdur o drefn resymegol-amserol ei naratif.

Brawddeg 5

Dyn cyfrwys oedd Vatilan, fel y buoch chi'n amau, a dyn drwg iawn.[63]

Dyma yn awr nodi rhinwedd arall o eiddo Vatilan, sef cyfrwystra. Fe'i gosodir yn bwysleisiol ar ddechrau'r frawddeg. Apelia'r adroddwr at falchder y darllenydd gyda'r cyfarchiad uniongyrchol ato fel 'chi'. Gweniaith sydd yma: ymgais gan yr adroddwr i blesio'i gynulleidfa drwy awgrymu iddi ddod i gasgliadau rhesymegol am brif gymeriad y naratif ('fel y buoch chi'n amau'). Ond fel y gwyddom, amhosibl yw casgliadau rhesymegol o'r fath a chynifer o wrthdroadau cymeriadol yn digwydd yn barhaus. A dyma â welir unwaith eto: gorffen y bumed frawddeg gan symud o'r cadarnhaol ('cyfrwys') i'r negyddol ('a dyn drwg iawn'). Unwaith eto, cynyddir y dryswch drwy'r defnydd o'r cysylltair, 'a', fel petai cysylltiad cynhenid rhwng cyfrwystra a drygioni.

Amheua'r darllenydd gywirdeb llinyn mesur yr adroddwr wrth iddo bortreadu'r cymeriadau, am mai dryswch, yn hytrach nag eglurder, a ddaw wrth i'r naratif fynd rhagddo.

Brawddegau 17–23

> 'Wnaeth o fawr o'i le,' [meddai Nel]. 'Naddo?' Ffugiodd PC Llong syndod mawr. Cododd y bwced a throi at y graffiti enbyd a beintiwyd hyd furiau ei gelloedd. Dechreuodd sgwrio'n galed a'r ewyn yn lafoer gwyn o safn ei frwsh. Yn ddisymwth oedodd ei law a throi at y ferch a safai'n gwylio'r gwaith. Roedd ansicrwydd yn ei wedd. 'Wyt ti'n siŵr na wnaeth o fawr o'i le?'[64]

Dyma chwarae â threfn resymegol-amserol naratif unwaith yn rhagor er mwyn creu gwrthdroad sy'n fathetig (a doniol). Unwaith eto hefyd, cwestiynir dibynadwyedd yr adroddwr. Myn Nel wrth yr heddwas fod Vatilan yn ddieuog. TueDd y darllenydd yw peidio â'i chredu (o gofio'r hyn sydd wedi bod eisoes). Yn wir, cynyddir awdurdod yr heddwas gan yr adroddwr: dywedir ei fod yn *ffugio* syndod wrth glywed am garchariad anghyfiawn Vatilan. Ond camsynied y mae'r adroddwr unwaith yn rhagor: wrth i'r paragraff ddod i ben fe glywn fod syndod yr heddwas yn un go-iawn; y mae 'ansicrwydd yn ei wedd'. Siglo a wna'r heddwas – fel y gwna yr adroddwr ei hun – rhwng awdurdod ac ansicrwydd. A deillia effaith ddryslyd y siglo hwn o chwarae yr awdur â threfn resymegol-amserol naratif.

Brawddegau 38–9

> 'Y fo sy'n lladd, fo sy'n dwyn a fo sy'n mwrdro. A fi sydd wedi ei ddal!' Un cyndyn oedd y swyddog i gydnabod ei feiau fo'i hun; byddai'n ei gweld yn haws i gydnabod beiau pobol eraill a'u harestio nhw am hynny.[65]

Ffeithiol yw drwgweithredoedd Vatilan yma eto, fe ymddengys, a chynydda hyn awdurdod cymeriad PC Llong. Ond daw'r patrwm cyfarwydd i'r fei wrth i'r adroddwr ymyrryd â rhediad y naratif gan wneud sylwadau ar bersonoliaeth yr heddwas a mennu ar ei gywirdeb. Cyfosodir 'beiau' y ddau arwr: amwys yw'r portread o'r naill fel y llall. Cyfnewidir y cadarnhaol a'r negyddol drwodd a thro nes parodïo'r cymeriadu 'llwyd' sydd mor hoff gan awduron realaidd. Mae'r ffaith fod y syniad o gymeriad 'da' a'r syniad o gymeriad 'drwg' yn gyf- newidiadwy yn tanseilio unrhyw ymgais gan y darllenydd i lunio portread cyson ac eglur o gymeriadau'r stori. Y mae'n drysu'r 'consistency-building' y soniodd Wolfgang Iser amdano wrth gyfeirio at y modd yr awn ati i greu ystyr mewn naratifau.[66]

Caniateir gan yr adroddwr, er enghraifft, i un o ddioddefwyr llofruddiaeth Vatilan (yn ôl PC Llong), sef Huws Parsli, ymddangos yn y stori er mwyn gwadu euogrwydd Vatilan.[67] Mae un arall o ddiodd-efwyr Vatilan, y siopwr Gemp, hefyd yn ymddangos er mwyn am-ddiffyn ei lofrudd gan ddweud bod yr ymgais i'w lofruddio wedi gwneud lles mawr iddo. Fe ddywed: 'Theimlis i rioed yn well 'achan.'[68] Anghyfarwyddir y meini prawf a ddefnyddiwn yn gonfensiynol wrth ddarllen a deall ystyr naratif. Yn wir, cynyddu a wna hyn wrth i'r naratif fynd rhagddo nes ein cymell i ofyn ai 'lleidr' yw Vatilan o gwbl, fel yr honnir yn y teitl. Ac mae'n arwyddocaol tu hwnt fod identiti Vatilan y 'dihiryn' drwg, ac identiti PC Llong 'ceidwad y gyfraith' da, wedi eu gwrthdroi erbyn diwedd y stori. Dianc a wna'r dihiryn o'r carchar yng ngwisg yr heddwas, tra bo'r heddwas – wedi ei garcharu – ar fin cael ei gyhuddo o geisio llofruddio'r sawl a'i twyllodd. Nid yw'r drefn resymegol-amserol wedi gwneud dim ond llyffetheirio'r broses gymeriadu. Gwelir bod dilyn yn mynd yn gwbl groes i ganlyn. Ni lwydda datblygiad rhesymegol y naratif a'i ddatblygiad amserol i gyd-daro, ac o ganlyniad, mae'r broses o greu ystyr yn y stori gyfan wedi ei hanghyfarwyddo.

Anghyfarwyddo cymhellion rhesymegol

Yn y stori 'Nid Twrci mo Ifan',[69] chwaraeir â'r berthynas gonfensiynol rhwng dilyn a chanlyn – sef trefn resymegol-amserol gonfensiynol pob naratif – er mwyn anghyfarwyddo cymhellion rhesymegol. Sefydlir ffeithiau yma, nid er mwyn eu cadarnhau a'u datblygu, ond yn hytrach er mwyn eu tanseilio gan ddatganiadau sy'n dilyn. Gwneir hyn mewn tair ffordd, sef yn gyntaf, drwy sylwadau cromfachol gan yr adroddwr; yn ail, drwy gamddefnyddio iaith; ac yn drydydd, drwy warafun eglurhad. Dibynna effeithlonrwydd y technegau hyn ar ymdriniaeth yr awdur ag amseroldeb y naratif.

Sylwadau cromfachol
Mennu ar awdurdod yr adroddwr a wna'r defnydd o sylwadau cromfachol, gan darfu ar resymeg y naratif a thanseilio'r ffaith sydd newydd gael ei sefydlu. Tua dechrau'r stori o dan sylw ceir y frawddeg

ganlynol, sydd fel petai yn datgan ffaith sefydledig am brif gymeriad y stori: 'Rhag i neb gamddeall, fu Ifan Llwyd Ifan rioed yn ddyn poblogaidd yn yr ardal.'[70] Ond yn y frawddeg nesaf, cwestiynir cymhelliad yr adroddwr wrth ddatgan hyn drwy gyfrwng sylw cromfachol: '(Credaf fod gennyf sail i honni hyn yn sgil yr hyn a glywais â'm clustiau fy hun).'[71] Mae gorgyfiawnhad adroddwr (lle na byddai'r darllenydd fel arfer yn disgwyl cyfiawnhad), yn gwneud cymhelliad rhesymegol yr adroddwr wrth adrodd y naratif yn abswrd.

Yn fuan wedyn, gwelwn sut y cais yr adroddwr bwysleisio ei brofiad personol ef o gynnwys y naratif: 'Siaradais yn bersonol (eithr nid yn or-bersonol) gyda nifer o dwristiaid o'r Almaen.'[72] Eto, mae'r sylw cromfachol, lle mae'r adroddwr fel petai am gyfiawnhau ei gywirdeb ei hun, yn gwbl ddianghenraid. Does iddo ddim cymhelliad rhesymegol. Ni wna ddim ond paratoi'r darllenydd i dderbyn diffyg rhesymeg gweddill y frawddeg (a phetai'n dod i hynny, y frawddeg sy'n ei dilyn). Ni chyfranna cyfeiriad yr adroddwr at dwristiaid Almaenig o gwbl at ddatblygiad rhesymegol y naratif; ac yn sicr, nid yw o gymorth wrth i'r darllenydd geisio deall y cymhellion y tu ôl i'r modd yr erlidir Ifan Llwyd Ifan gan y bobl leol.

Unwaith yn rhagor yn y stori hon ceir sylw cromfachol gan yr adroddwr sy'n tanseilio ymhellach ei gymhellion dros adrodd stori erledigaeth y cymeriad truenus hwn, Ifan Llwyd Ifan, yn y lle cyntaf. Cyhoedda'r adroddwr yn blaen ei atgasedd tuag at Ifan Llwyd Ifan mewn papur lleol, ac mae'r weithred hon fel petai yn pwysleisio ei awdurdod fel datgelwr gwirioneddau lleol. Ond gwrthdroir (anghyfarwyddir) hyn yn y frawddeg nesaf pan ychwanega fel a ganlyn: 'Duw a ŵyr, mi wnes y peth iawn (dwi'n meddwl).'[73] Mae'n amlwg yma sut y defnyddir y sylw cromfachol i danseilio awdurdod yr adroddwr: gwna inni ddrwgdybio ei gymhellion dros adrodd (a chyhoeddi) ei stori, gan anghyfarwyddo holl sylfaen resymegol y naratif.

Camddefnyddio iaith

Manteisir ar amseroldeb naratif hefyd er mwyn dangos y modd y camddefnyddir iaith gan yr adroddwr, gan danseilio ei awdurdod ac anghyfarwyddo'r berthynas rhyngddo a'i gynulleidfa. Cawn glywed, er enghraifft, fod y bobl leol wedi mynegi eu hatgasedd tuag at Ifan Llwyd Ifan 'mewn ffyrdd cynnil ond arwyddocaol'.[74] Ond wrth i'r naratif fynd rhagddo daw'n amlwg mai cwbl anghymwys yw'r defnydd o'r gair 'cynnil': yn wir, ecsbloetir trefn resymegol-amserol y naratif wrth inni ddod i wybod am y ffyrdd mwyfwy *anghynnil* yr erlidir Ifan Llwyd Ifan:

> Bydd pobol yn croesi'r stryd i'w osgoi. Bydd rhieni'n dysgu eu plant i wthio cachu defaid i'w flwch llythyrau. Ar aelwydydd y fro bydd neiniau a theidiau'n hel atgofion am yr hen amser gynt pan fyddid yn gwthio troseddwyr i lawr ei gorn simdde er mwyn iddynt ysbeilio'i eiddo. Mae ei enw'n ddigon i beri i ardal gyfan grychu trwyn.[75]

Deillia hiwmor y darn hwn yn uniongyrchol o'r modd y chwaraeir â threfn resymegol-amserol y naratif gan yr awdur. Nid yw'r modd y mynegir yr atgasedd tuag at Ifan Llwyd Ifan, mae'n amlwg, yn 'gynnil' o gwbl. Daw'r modd y'i camdrinnir yn fwyfwy amlwg wrth i'r tair brawddeg uchod fynd rhagddynt, a daw camddefnydd anghyfarwyddol yr adroddwr o'i ddeunydd crai, sef iaith, yn fwyfwy amlwg yr un pryd.

Gwarafun eglurhad

Yn aml gwelir hefyd sut mae'r adroddwr yn gwarafun i'r darllenydd eglurhad rhesymegol am yr hyn sy'n digwydd yn y naratif, lle byddai'r darllenydd yn gonfensiynol wedi disgwyl ei gael. Ni all Ifan Llwyd Ifan, er enghraifft, egluro pam y mae'r bobl leol yn ei gam-drin. Disgwyliem, fel arfer, i hyn gael ei esbonio yn hwyr neu'n hwyrach gan yr adroddwr. Fodd bynnag, cawn glywed na all na'r adroddwr ei hun na'r bobl leol ychwaith gynnig eglurhad am y sefyllfa: 'arfer' ydyw, a dim mwy. Pwysleisir y benbleth a ddaw yn sgil hyn gan y ffaith fod y darn lle mae'r adroddwr yn methu â chynnig eglurhad yn gorffen gyda dau gwestiwn (lled-rethregol yn unig), sy'n apelio at y darllenydd – o bawb – i ddilysu digwyddiadau'r naratif:

> Ni ŵyr neb o ble y tardda'r môr atgasedd tuag ato. Barn y werin bobol yw nad ydynt yn gwybod tarddiad dim byd, felly bedi'r ots? Tydi o'n ddigon ei fod yn hen gingroen anghynnes a nhwythau wedi arfer ei gasáu o erioed?[76]

Gwarafun i'r darllenydd yr eglurhad sy'n ddyledus a wneir yma. Yn wir, mae strwythur y stori yn ei chyfanrwydd yn ymgorfforiad o hyn, a threfn resymegol-amserol gonfensiynol naratif yn cael ei hecsbloetio gan yr awdur i lawn effaith. Sylwn mai datganiad negyddol sy'n deitl i'r stori, sef 'Nid Twrci mo Ifan', sydd fel petai yn erfyn am ryw ddatrysiad. Y disgwyl yw y ceir erbyn diwedd y stori eglurhad am y teitl, mynegiant cadarnhaol o'r hyn *yw* Ifan, felly. Ond heb ei egluro o hyd y mae'r teitl drwy gydol y stori. Nid eglurir yr un dim wrth i'r naratif fynd rhagddo.

Yn wir, ailadroddir y teitl ar ddiwedd y stori, a'i ddilyn gan y gair disgwyliedig 'ond'. Cynyddir disgwyliad y darllenydd y daw eglurhad ar ddiwedd y frawddeg, yn enwedig wrth i'r adroddwr gyfarch y darllenydd fel petai'r darllenydd yn gyfarwydd ag amgylchiadau'r stori: 'Ac fel y gwyddom, nid twrci mo Ifan Llwyd Ifan ond . . .'[77] Fodd bynnag, gomedd egluro a wna'r adroddwr unwaith yn rhagor: yr unig beth a geir yw cyfres o sêr ebychol, anegluredig, '****!'.[78] Drwy wrthod rhoi'r eglurhad disgwyliadwy, mae'r adroddwr hefyd wedi gomedd i ddatblygiad amserol y naratif gyd-daro â'i ddatblygiad rhesymegol. Dibwynt, fe welir, yw darllen y naratif yn ôl ei drefn resymegol-amserol gonfensiynol. O safbwynt ei resymeg, ni ŵyr y darllenydd fawr mwy nag a wyddai ar y dechrau, ac mae'r berthynas sanctaidd rhwng yr adroddwr a'i gynulleidfa wedi ei hanghyfarwyddo'n llwyr.

Anghyfarwyddo genre

Hwyrach mai'r enghraifft fwyaf trawiadol o drafod trefn resymegol-amserol naratif yw'r hyn a geir yn y stori, 'Cyfraniad at Gofiant yr Hybarch Frawd Stotig Isgis'.[79] Yma, mae'r *genre* a gynrychiolir – cofiant y sant (ar ei wedd Fictoriaidd) – yn cael ei anghyfarwyddo, ac fe wneir hyn drwy anghyfarwyddo gwrthrych y cofiant, y 'sant' honedig, Stotig Isgis.[80] Soniodd Jane Aaron am y ffordd y dychenir yn y stori hon ystrydebau rhethregol cofiannau crefyddol y bedwaredd ganrif ar bymtheg, ac fel y pwysleisia hi, digwydd y dychan hwnnw drwy gyfrwng trafodaeth yr awdur ar drefn resymegol-amserol naratif: 'Yn aml, dechreuir brawddeg â chymalau cyfarwydd dim ond i'w throi wyneb i waered cyn ei diwedd.'[81] Drwy chwarae ar amseroldeb y naratif tanseilir y portread gorbarchus o'r gwrthrych sy'n nodweddiadol o *genre* y cofiant crefyddol.

Yn y stori hon, ceir hiwmor drwy gyfrwng syndod wrth i ddatganiadau orffen yn annisgwyl, ac wrth iddynt wrthod bodloni ymdrechion y darllenydd i roi ystyr i'r naratif yn ôl confensiynau'r *genre*. Gwelir hyn yn digwydd mewn dwy ffordd wahanol, sef yn gyntaf, pan dry yr aruchel yn fathetig, ac yn ail, pan ddefnyddir annilynebau.

Ar ddechrau'r stori dywedir bod y prif gymeriad, Stotig Isgis, yn 'byw bywyd taeog cyffredin'.[82] O gofio am 'hybarchedd' honedig y cymeriad hwn, disgwylir i'r portread cadarnhaol – rhamantaidd, yn wir – o'r bywyd taeog nodweddiadol barhau. Yn sicr, felly yr ymddengys ar y dechrau. Cawn glywed bod Stotig yn 'cod[i] gyda'r wawr'.[83] Ond tanseilir hyn wrth inni ddarllen ymlaen, a chlywed erbyn diwedd y frawddeg ei fod yn 'mynd allan ym mhob tywydd i ysbeilio'i gymdogion, meddwi'n ulw yn y dafarn gyda'r nosau ac adref mewn pryd i golbio'i fam'.[84] Dyna ecsbloetio'r drefn resymegol-amserol unwaith yn rhagor er mwyn anghyfarwyddo *genre* y naratif, yn ogystal â'r portread disgwyliedig o'r 'sant' sy'n destun iddi.

Yn y man, sonnir i Stotig *newid* o fod yn 'daeog dwylo blewog'.[85] Bydd y darllenydd yn disgwyl gweld newid tuag at sancteiddrwydd. Ond yma eto cawn ein syfrdanu oherwydd datblygiad annisgwyl rhesymeg y frawddeg dros amser: daw Stotig yn awr yn '[g]arn lleidr didrugaredd a . . . sgandal uffernol. Anrhaith, rhaib a thrais a'i dilynai a daeth ei enw'n ddychryn i blant bach ym mhob cwr o'r wlad.'[86]

Mae'r dechneg o roi diwedd bathetig i frawddegau sy'n dechrau'n aruchel yn digwydd yn aml, megis mewn brawddegau fel: 'Yn bwyta o'r seigiau gorau ac yn drachtio fodca pur,'[87] ac '"Onid ydi o'n wyrthiol berffaith?" . . . "Mae o'n crap."'[88] Anghyfarwyddir tôn foliannus y cofiant arferol wrth i iaith aruchel gael ei dilyn yn aml gan ddatganiadau sathredig, bathetig. Ac fel y gwelwyd eisoes, gall sylwadau cromfachol hefyd gyfrannu at y modd y tanseilir datganiadau absoliwt, megis: 'Felly y bu fyw weddill ei oes (na ddaeth eto i ben)',[89] ac, 'O'i eni i'w farw (na fu eto)'.[90] Drwy'r defnydd hwn o fathos (a'i effaith yn gwbl ddibynnol ar amseroldeb naratif), dymchwelir yn gyfan gwbl y dôn foliannus sy'n nodweddiadol o fuchedd y sant. Dilynir datganiadau diwinyddol cymhleth a ymddengys fel petaent yn rhan o feddwl yr arwr, gan ymatebion annisgwyl (a dweud y lleiaf) ganddo:

> Gŵyr y sawl a ymroddodd â chalon bur i synfyfyrio ar ei ystad fewnol mor anodd, mor amhosibl yw cyrraedd at lwyr ddealltwriaeth, hyd yn oed am ennyd awr, o ddirgel ffyrdd yr enaid canys yn ei dwyster mae'r galon yn cydgyffwrdd â'r lle hwnnw nad oes iddo na ffyrdd na ffiniau.
> Nid oedd y Brawd Stotig yn deall hyn.[91]

Yn wir, fe welir bathos hyd yn oed wrth gyfeirio at ei 'synnwyr cyffredin', pan ddywedir am yr Hybarch Frawd Stotig Isgis: 'Gwyddai, er enghraifft, sut orau i sleifio heibio pawb i'r ffreutur amser cinio.'[92] Ac un o hoff dechnegau bathetig yr awdur yma yw rhoi diwedd gwaeth i sefyllfa ddrwg, lle byddai'r darllenydd – yn 'rhesymegol' – wedi disgwyl gwellhad. Dyna a welir, er enghraifft, yn y frawddeg, 'Nid anhapus oedd plentyndod Stotig Isgis ond trychinebus'.[93] A dyna a welir – ar ei fwyaf trawiadol, efallai – yn y dyfyniad canlynol:

> Roedd yn gyfaill i holl lanciau'r lle, yn cerdded allan gyda llancesi'r plwyf, yn yfed gwirodydd a chwrw melyn, yn dawnsio a chanu'r ffidil, ac yn lladrata a mwrdro'n ddilyffethair.[94]

Annilynebau

Defnyddir trefn resymegol-amserol naratif hefyd er mwyn gwneud defnydd o annilynebau. Mynd yn groes i unrhyw ddatblygiad rhesymegol disgwyliedig yw amcan y rhain, yn yr un modd, gan anghyfarwyddo *genre* y naratif sydd fel arfer yn trin y gwrthrych yn ddifrifol, barchus. Disgrifia Stotig ei dad, er enghraifft, gyda chyfres o dair annilyneb absẃrd: 'Claddwyd ef yn nhraed ei sanau. Roedd yn ddyn anllythrennog iawn. Ni allodd erioed ddysgu Gweddi'r Arglwydd.'[95] Yn ddiweddarach, parhau y mae'r annilynebau, a'r portread annisgwyl o ddryslyd (a negyddol) o'r tad, wrth i Stotig ei ddisgrifio fel dyn 'hollol anwybodus, twyllodrus a budur'.[96] Ac i orffen, er mwyn syfrdanu'r darllenydd, er mwyn creu hiwmor, ac er mwyn tanseilio'r holl ddisgwyliadau sydd ynghlwm wrth fuchedd y sant ac anghyfarwyddo'r *genre* honedig, dywed y sant ei hun am ei dad slebogaidd ac anfoesol: 'Dysgais ganddo'r cwbl a wn.'[97]

Beth, felly, yw goblygiadau techneg Robin Llywelyn o danseilio trefn resymegol-amserol naratif? Defnyddiol fyddai galw i gof honiad Roland Barthes mai 'cyfeiliornad rhesymegol' yw'r syniad y dylai *dilyn* olygu'r un peth â *chanlyn*. Yn ei dyb ef, mae'r egwyddor 'gyfeiliornus' hon yn arwyddair cymwys ar gyfer 'Tynged', sef y 'Dynged' y mae naratif yn gyfrwng iddi.[98] Yn y gwyrdroi a geir gan Robin Llywelyn ar berthynas gonfensiynol dilyn a chanlyn gellid gweld gwrthwynebiad yr awdur creadigol hwn i'r 'Dynged' hon. Wedi'r cwbl, 'tynged' (o fath), yn seiliedig ar gyd-drawiad rhesymeg ac amser, sydd wedi arwain at ddirywiad yr iaith Gymraeg, dyweder, neu ei diwylliant. Ond nid anochel mo'r dynged: grymoedd allanol (gwleidyddol, economaidd a diwylliannol) a'i hysgogodd. Drwy anghyfarwyddo'r berthynas gonfensiynol rhwng datblygiad rhesymegol a datblygiad amserol naratif, gellid honni bod Robin Llywelyn yn adlewyrchu'r posibilrwydd o ddanseilio'r metanaratifau gwleidyddol, economaidd a diwylliannol sydd wedi creu, er enghraifft, dynged yr iaith Gymraeg. Drwy danseilio amcan teleologaidd trefn resymegol-amserol pob naratif (gan gynnwys naratifau hanes), tanseilir 'trefniant ystyrlon' naratifau eraill ein tynged ddiwylliannol. Cofiwn hefyd y diffinia R. M. Jones ffigurau ymadrodd fel unedau cystrawennol, sef 'trefniant mewn amser . . . sydd a wnelo nid â sŵn eithr â synnwyr: patrymwaith o drefniant *ystyrol*'.[99] Drwy drin a thrafod cic deleologaidd trefn resymegol-amserol naratifau, gellid honni bod Robin Llywelyn yn tanseilio'r trefniant ystyrol hwn a ymgorfforir yn naratifau ein hanes: y rhain, wedi'r cwbl, sydd wedi adlewyrchu a chadw'n fyw dynged ddiwylliannol a'n harweiniodd erbyn heddiw at sefyllfa argyfyngus.

Defnydd o negyddion

Defnyddir negyddion yn fwriadus gan Robin Llywelyn, ac mae'n drawiadol na chynhwysa yn aml ddatganiadau cadarnhaol i wrth-bwyso effaith y negyddion hynny. Yn wir, mae negyddion yn ddulliau anghyfarwyddo heb eu hail, a hwythau â'r swyddogaeth baradocsaidd o enwi (ac felly, gadarnhau), yn ogystal â nacáu yr un pryd.

Presenoldeb negyddol

Mae agoriad y stori 'Cartoffl'[100] yn enghraifft nodweddiadol o ddefnydd Robin Llywelyn o'r negyddol. Egyr y stori â phatrwm amlwg o negyddion sy'n diffinio'r prif gymeriad a'i weithredoedd mewn termau negyddol:

> Nid oes sôn am Gartoffl Goch yn chwedloniaeth Canol Ewrop. Nid oes sôn amdano ar y cyrion chwaith. Creadur y cysgodion ydyw; nid hoff ganddo dramwyo erwau noethion y paith Hwngaraidd ac nid o ddewis yr â, ar waelod trai, dros aberoedd tywodlyd y gorllewin. Coeden yw ei gartref a honno'n un â'i gwreiddiau'n ddwfn ym mherfeddion Coed y Graig Lwyd yng Nghymru. Ond nid pawb yn y parthau hyn a ŵyr ei hanes. Nid yw'r sôn amdano yn wir nac yn fynych nac yn fawr.[101]

Yma ceir cyfres o chwe chymal sy'n dechrau gyda'r geiryn negyddol, 'nid' (gyda dau ddatganiad cadarnhaol yn y canol). Ni roddir eglurhad inni *pam* fod cyn lleied o 'sôn' am Cartoffl yn y lleoedd a enwir; yn wir, nid eglurir pam yr enwir y lleoedd hyn o gwbl. Does dim yma i wrthbwyso'r negyddol: bodoli mae'r negyddion fel posibiliadau nas gwireddwyd. Diffiniant y prif gymeriad, ond heb ddweud dim amdano yr un pryd.

Mae nacâd ('lladrad') cynffon Cartoffl yn y stori yn arwain, erbyn y diwedd, at nacâd bywyd ei gariad, Lluan Bol Deryn, drwy law Cartoffl ei hun. Mae nacâd, felly, yn thema ganolog yma.

Ar y diwedd, adleisir y patrwm arbennig o ddatganiadau negyddol a geir ar y dechrau ac mae hynny fel petai yn cyfannu'r cylch. Ceir ar ddechrau'r rhan olaf hon ddau bâr o ddatganiadau negyddol, a'r rheiny'n gyfochrog: 'O'r noson honno allan ni welwyd mo Gartoffl Goch yng Nghoed y Graig Lwyd ac ni welir mohono y rhawg eto nac yn crwydro'r dydd nac yn chwarae'r nos.'[102] Nid oes eglurhad am ddiflaniad Cartoffl, ond arweinia'r gyfres hon o negyddion ar ddiwedd y stori at ei huchafbwynt: dyma pryd y rhybuddir y darllenydd am beryglon darllen a sôn am Gartoffl. Dim ond dal i nacáu – nacáu pechod Cartoffl drwy beidio â'i ddatgelu – a rydd iachawdwriaeth i'r darllenydd.

Dyma pryd yr eglurir arwyddocâd holl negyddion y dechrau: 'Dyna paham na fu sôn am Gartoffl Goch yn chwedloniaeth Canol Ewrop, a dyna paham na fu sôn amdano ar y cyrion chwaith.'[103] Yn y stori hon mae negyddion wedi llesteirio, wedi tanseilio, ac felly wedi anghyfar-wyddo, holl synnwyr ac arfer storïa, sef y weithred gadarnhaol o sôn am y byd.

Negyddu'r synhwyrau

Yn y stori 'Amser y Gwcw yw Ebrill a Mai'[104] defnyddir negyddion er mwyn cyfleu naws anghyfarwydd, freuddwydiol y digwyddiadau sy'n rhoi bod iddi. Mae i'r stori ffurf arbennig y gellir ei rhannu'n dair. Yn rhan gyntaf y stori, ymylir ar y negyddol, wrth i'r ymadroddwr ddatgan mai 'peth anodd ei ganfod yw llonydd, peth anodd ei gael'; ac yn ddiweddarach, 'peth prin ar y naw ydi llonydd wedi mynd'. Nid yw'n gweld 'neb . . . yn crwydro'r traeth islaw', 'dim un wan jac', ac nid oes 'dim chwyn yn tyfu' ar dywod y traeth.[105] Dyma'r cefndir negyddol-ei-naws ar gyfer digwyddiadau'r stori.

Yn yr ail ran, ceir ymddangosiad 'afreal' y prif gymeriad benywaidd. Mae'r rhan hon o'r stori yn gwneud defnydd helaeth o'r negyddol er mwyn cynyddu'r dirgelwch sydd yn ei chylch. Fe'i cyflwynir yn negyddol, a chyfeirir at ei hymadawiad yn yr un gwynt â'i hymddangosiad, eto mewn termau negyddol: 'Welais i rioed mohoni'n dŵad drwy'r coed ar flaenau'i thraed. Chlywais i mohoni'n mynd o ran hynny chwaith.'[106] Mae'r adroddwr yn methu â disgrifio'i gyflwr iddi, gan ddweud 'wn i ddim yn siŵr'.[107] Parhau a wna'r negyddion drwy gydol eu cyfarfyddiad cyntaf: yn ddiweddarach, dywed yr adroddwr na all weld oherwydd cryfder golau'r haul.

Ymhellach: negyddol yw motiff canolog y stori, sef absenoldeb cân y gwcw y flwyddyn honno. Wrth i sgwrs afreal y ddau brif gymeriad ddatblygu, a'r ddau yn anghyfarwydd â'i gilydd, gwneir defnydd helaeth o'r negyddol: 'Wn i ddim byd am wres'; 'wyddwn i ddim mai cysgu oeddach di'; 'wn i ddim lle mae o rŵan na be mae o'n wneud'; 'nid efo fi roedd hi'n siarad hwyrach'.[108] Defnyddir negyddion pellach wrth i'r ddau symud o'r byd go-iawn i fyd 'afreal' yr ynys, gyda'r negyddion yn datgelu diffyg awydd a gallu yr adroddwr i ymgymryd â'r siwrnai: 'Dwi ddim yn licio ymdrochi yn y môr'; a 'ddalis i mohoni, naddo, toedd gen i ddim gobaith ei goddiweddyd a hithau'n nofio fel sliwan wen'.[109] Ac yn negyddol y diffinnir eu nod: 'teyrnas neb'. Dyma le a ddisgrifir yn negyddol fel a ganlyn gan y cymeriad benywaidd: 'Lle dan ni'n nabod heb gyffwrdd ac yn cael heb geisio ond yn ceisio dim byd nad ydi o ar gael.' Anghyfarwyddir amser yma hefyd. *Diamser* yw teyrnas neb: 'Does yna ddim tro nesa yn nheyrnas neb . . . Achos does yna'r un ddoe na'r un yfory, na'r un oriawr na chloc taid.'[110] Negyddir amser, rhesymeg a grym yma.

Yn nhrydedd ran y stori, gwelir dychweliad y ddau gymeriad i realiti sobr y bore bach. Eto, mae hyn yn bygwth nacáu eu synhwyrau: nid yw'r ymadroddwr yn gallu gweld oherwydd yr haul; ac ni wêl y ferch yn ymadael. A diweddir y stori wrth ailadrodd y datganiad am absenoldeb cân y gwcw, sy'n cael ei gyfleu yn nodweddiadol amwys: 'chanodd honno ddim eto eleni.'[111] Gall 'ddim eto' olygu 'nid hyd yn hyn' yma, gan awgrymu ei bod yn bosib y *bydd* yn canu cyn diwedd 'hanner Mehefin'; ond gall hefyd olygu 'byth mwyach' (ar ôl unig ymddangosiad y ferch), a dyna awgrymu mai personoliad o'r gwcw oedd hi.

Grym negyddol

Hwyrach ei bod yn arwyddocaol fod y stori, 'Y Dŵr Mawr Llwyd',[112] sef stori deitl y gyfrol gyfan, yn llawn negyddion. Yr hyn a adroddir yma yw'r anghyfarwyddo a ddaw yn sgil y dŵr mawr llwyd, wrth iddo negyddu diwylliant, lle, amser, ac yn y diwedd, cof.

Gellir rhannu'r naratif hwn yn dair rhan – neu dair lefel – hefyd. Ar y lefel gyntaf, gwelir sut y portreedir y dŵr mewn termau negyddol. Ar yr ail lefel, cyflwynir y dŵr fel grym sy'n negyddu amser a lle. Ac ar y drydedd lefel, ceir ymateb yr adroddwr i'r dŵr ac i'w effaith ddiddymol ar yr adroddwr, ar dirwedd ac ar gof. Ond yr hyn sy'n drawiadol am ddiwedd y stori yw bod yma ddiffyg negyddion amlwg: yr hyn a geir, yn hytrach, yw cyfres o ddatganiadau cadarnhaol wedi eu cyfeirio at y dŵr. Y gwahaniaeth hwn rhwng y negyddion sy'n rhedeg drwy gydol y stori, a'r gorchmynion cadarnhaol ar y diwedd, sy'n rhoi tensiwn i'r naratif.

Lefel 1 (portreadu'r dŵr yn negyddol)

Portreedir y dŵr yn negyddol gan yr adroddwr o'r dechrau. *Nid* yw yn oer, fe ddywedir yn gyntaf oll; ac yna, mewn cyfres o ddatganiadau negyddol cyfochrog sy'n dechrau gyda'r gair 'dim', cawn wybod yn union pa nodweddion *nad* ydynt yn perthyn i'r dŵr: 'Dim iot o ffraethineb, dim owns o wreiddioldeb . . . Dim byd ond yr un hen wyneb llwyd digymeriad sych yna rownd y bedlan.'[113]

Mynegir yr hyn a wna'r dŵr hefyd mewn termau negyddol: mae 'yn dweud dim ac yn gwneud llai', ac mae ei rym negyddol absoliwt yn ddiwahân: 'Nid yw'r dŵr mawr llwyd yn derbyn eithriadau', meddir. Ac i derfynu'r portread hwn o'r dŵr, pwysleisir mai negyddol fydd canlyniad pob ymdrech i'w wrthsefyll: 'Does dim byd yn tycio.'[114]

Lefel 2 (negyddu anghyfarwyddol gan y dŵr)

Dangosir y modd yr anghyfarwyddir byd yr adroddwr yn raddol gan y dŵr drwy negyddion hefyd. Fe'n cyflwynir i agwedd amserol bygythiad y dŵr yn negyddol: dyma'r gwahaniaeth rhwng yr hyn a fu a'r hyn nad yw rhagor: 'Fuodd pethau ddim fel hyn erioed, naddo'n tad.'[115] Ond mae'r gwahaniaeth rhwng y gorffennol a'r presennol wedi dod yn rhy boenus i'r adroddwr feddwl amdano: 'Thâl hi ddim imi bendroni ynglŷn â hynny rŵan', meddai, gan fod y dŵr wedi negyddu gwerth ac ystyr amser.

Anghyfarwyddir tirlun gan y dŵr hefyd, a mynegir hyn yn y modd y pwysleisia'r adroddwr yr hyn a gollwyd (drwy ddefnyddio'r negyddol 'dim'): 'dim ond brith gof am yr iseldir, dim ond y syniad ei fod o wedi bod yno unwaith. Digwydd troi fy mhen ddaru mi un tro a sylwi'n sydyn nad oedd o ddim yno.' Mae hyd yn oed y gwahaniaeth elfennol rhwng aer a dŵr wedi ei negyddu gan nad oes unrhyw orwel i'w weld:

Y dŵr wedi codi'i orwelion i gyffwrdd â chantel y cwmwl isel a dim byd rhyngthyn nhw bellach i'w cadw ar wahân, dim llinell bell na dim ... Gweld lle bu'r ynysoedd ddim byd bellach ond y dŵr.[116]

Dangosir y modd y negyddir ac yr anghyfarwyddir byd yr adroddwr gan y dŵr mewn termau absoliwt ac anochel.

Lefel 3 (croesawu'r dŵr drwy negyddu'r anghyfarwydd)
Yn ymateb personol yr adroddwr i'r argyfwng y gwelir fwyaf clir y fath anghyfarwyddo a ddaeth yn sgil grym y dŵr. Mae cof yr adroddwr yn ymrafael yn erbyn yr angof a grëir gan y llif. Gan geisio'i argyhoeddi ei hun o rinwedd cofio, mae'n cyfaddef, 'Fedra'i ddim'. Yn raddol, fodd bynnag, dechreua'r broses ildio, a gwelir hyn yn nefnydd cynyddol yr adroddwr o'r negyddol wrth iddo gyfeirio at ei gyneddfau a'i synhwyrau ei hun. Ni all weld ond dŵr o'i gwmpas: 'Welwn i ddim byd ond y llanw llwyd ar bob llaw.'[117] Nid oedd wedi gallu rhag-weld y fath ddinistr: 'Doeddwn i fawr o feddwl y byddai'r dŵr yn mynd â nhw i gyd', a dechreua beidio â dymuno cofio sut y bu pethau. 'Dwi ddim isio meddwl amdanyn nhw yn eu gwendid wedyn.'

Ymhellach, mae wedi colli pob golwg ar ystyr amser: 'Dwn i ddim pryd aethon nhw' dywed am ddiflaniad y mynyddoedd dan y don.[118] Ac aeth nos a dydd yn un yn y llwydni sydd o'i gwmpas: 'A chan nad oes na nos na dydd yn y byd llwyd cyll dyn ei afael ar dreigl amser a chyll amser hithau'i statws a'i harwyddocâd.' Pan ddaw anghofrwydd llwyr i deyrnasu dros fyd yr adroddwr, ni wna'r dŵr ddim ond negyddu bodolaeth y cof am yr hyn a fu: 'Mi sychith ei ddwylo a sythu'i dei a dweud wrtho'i hun yn ei ffordd dawel, undonog nad oeddwn i'n bod go iawn ac na fu yma erioed ddim byd ond dŵr.'[119]

Yn wyneb y fath anghyfarwyddo grymus – a chan herio egwyddor negyddol y dŵr – fe wna'r adroddwr ei safiad olaf drwy groesawu'r dŵr, drwy ei gofleidio a thrwy ei orchymyn i'w gofleidio yntau yn ôl. Cyferbynna'r gyfres o orchmynion cadarnhaol sydd ar y diwedd annisgwyl hwn gyda'r negyddion a fu mor amlwg yng ngweddill y naratif. Yn baradocsaidd, wrth gadarnhau grym anghyfarwyddol, negyddol y dŵr yn unig y gall yr adroddwr ddatgan ei fod yn rhydd:

Felly dewch, donnau, llyfwch gopa fy mhen, sugnwch fêr fy esgyrn, llyncwch fi a'm gollwng drwy'ch rhwydi'n rhydd. Yn rhydd o'ch sibrwd hen bregethwyr, yn rhydd o afael y dŵr mawr llwyd.[120]

Yn ôl ffenomenoleg ddarllen Wolfgang Iser, mae negyddion wrth wraidd pob naratif, gan fod pob naratif yn cynnwys '[the] latent negation of the repertoire'.[121] Mynega ef ei ddamcaniaeth fod y negyddol yn rhan hanfodol o greu; mae wrth graidd y modd y dehonglwn y byd: 'for ideation, the negative act is constitutive.'[122]

Yng ngwaith Robin Llywelyn, fel y gwelwyd yn y drafodaeth ar y stori 'Y Dŵr Mawr Llwyd', defnyddir negyddion i anghyfarwyddo – ac felly i ailddehongli – yr hyn sy'n gyfarwydd. Yn y storïau 'Cartoffl' ac 'Amser y Gwcw yw Ebrill a Mai', fel y gwelwyd, defnyddir negyddion i sôn am y cymeriadau a'r sefyllfaoedd sy'n bodoli, ond gan ochel datgelu fawr ddim amdanynt yr un pryd. Felly y gochelir hen rigolau diffinio. Diffinnir yr anghyfarwydd yn nhermau'r hyn nad yw'n gyfarwydd; hynny yw, mae negyddion yn fodd i gynefino'r darllenydd â'r hyn sy'n ddieithr. Defnyddir y dull realaidd o bortreadu, ond gan ymbellhau oddi wrtho yr un pryd. Yn y gyfres o ddatganiadau cadarnhaol ar ddiwedd y stori 'Y Dŵr Mawr Llwyd', ymgorfforir yn y modd y cofleidia'r adroddwr y dŵr gofleidio'r negyddol yn gyffredinol gan Robin Llywelyn. Sylweddolir bod i'r negyddol ei rym creadigol ei hun, gan fynd â dadl R. M. Jones i'w heithaf rhesymegol fod 'yr absennol neu'r un sydd fel pe bai'n absennol . . . yn darparu'r trydydd dimensiwn a ganiatâ'r ymwybod storïol'.[123]

Altro cyweiriau ieithyddol

Un o brif ddulliau anghyfarwyddo Robin Llywelyn o safbwynt iaith yw'r modd y mae yn altro'r cyweiriau ieithyddol o fewn naratifau unigol. Yn aml, gwelir yn y naratifau siglo bob yn ail rhwng cyweiriau modern a hynafol, rhwng cyweiriau ffurfiol, sgyrsiol a phroffwydol, neu rhwng cyweiriau aruchel lenyddol ac iaith bob-dydd. Pan ddigwydd y siglo hwn rhwng cyweiriau amryfal yr iaith Gymraeg, anghyfarwyddir yr holl syniad am iaith naratif fel cyfrwng mynegiant tryloyw ac unffurf.

Graddau o'r ffurfiol

Yn ail nofel Robin Llywelyn, *O'r Harbwr Gwag i'r Cefnfor Gwyn*, gwahaniaethir rhwng prif naratif y nofel, sef hanes anturiaethau Gregor Marini (naratif A, dyweder), a'r penodau hynny sy'n ymdrin â bywyd Iwerydd a'i phobl yn y Gogledd Dir (naratif B). Gwneir hyn yn weledol, drwy gyfrwng y print italig, ond fe'i gwneir hefyd yn ieithyddol: mae i'r ddau naratif wahanol gyweiriau ieithyddol. Cywair anffurfiol, sgyrsiol sydd i naratif A, ond mae cywair naratif B yn fwy ffurfiol a llenyddol. O'r dechrau, adroddir hanes anturiaethau Gregor Marini mewn cywair anffurfiol, a gwneir cryn ddefnydd o eiriau tafodieithol a phriod-ddulliau. Ym mharagraff agoriadol y nofel, er enghraifft (hynny yw, y paragraff yn dilyn y rhagarweiniad mewn print italig), mae cywair sgyrsiol trawiadol i'r modd y defnyddir iaith lafar gan yr adroddwr, ac i'r modd y cyferchir y darllenydd ganddo:

> Tydw i fawr o gamstar ar dynnu llun, ond wedyn un syml ddigon ydi hwn. Y cwbwl dach chi angen ei weld ydi'r môr yn las a'r haul yn felyn.[124]

Yn groes i gywair sgyrsiol, anffurfiol naratif A, sy'n aml yn cynnwys meddyliau Gregor yn nhechneg y *style indirect libre*, mwy ffurfiol a llenyddol yw cywair naratif B, lle portreedir bywyd Iwerydd yn y Gogledd Dir ac yn ddiweddarach ym Manhattan. Darn o naratif B – mewn print italig – a geir ar ddechrau cyntaf y nofel, fel y soniwyd eisoes. Yn y darn agoriadol hwn, er enghraifft, gwelir llawer mwy o ffurfiau berfol cryno, sy'n rhoi argraff fwy 'llenyddol' na'r ffurfiau periffrastig a geir yn naratif A. Gwelir, felly, ffurfiau fel 'ni threiddia'; 'ni syfl'; 'saif' a 'cyfyd'. Cynyddir ymdeimlad llenyddol y darn hwn ymhellach gan ddefnydd yr awdur o batrymau ieithyddol rhythmig megis 'o wal i wal' a 'bob hyn a hyn', yn ogystal â phatrymau cyflythrennol megis 'ni syfl y streipen'; 'drwy'r ffenest cyfyd boncyffion y fforest'; 'cyfyd cwyn', a 'sibrwd y seiren'. Personolir gwrthrychau difywyd (yn 'llenyddol') yma hefyd, a chynyddir effaith hyn ar dro drwy ddefnyddio cyffelybiaethau neu drosiadau. Gwelir hyn yn arbennig mewn disgrifiadau fel: 'Mae'r sŵn yn llifo fel atgof'; 'Mae'r larwm yn diasbedain o wal i wal'; 'Ni syfl y streipen olau sy'n disgyn o'r ffenestri ac yn rhannu'r llawr yn ddwy'.[125] Yn wir, pwysleisir llenyddoldeb y darnau 'afreal' yn y nofel sy'n rhan o naratif B gan y ffaith fod yma ddadsymud amser amlwg (maent yn cyfeirio at y dyfodol a'r gorffennol, yn ogystal â'r presennol).

Yn sicr, yr altro cyweiriau ieithyddol yn y nofel – rhwng cywair anffurfiol anturiaethau Gregor Marini a chywair llenyddol y disgrifiadau o Iwerydd – sy'n rhoi cymeriad anghyfarwydd, unigryw iddi. Dyma brif dechneg yr awdur o anghyfarwyddo realaeth y nofel, ac adlewyrcha'r symud rhwng cyweiriau y symud sydd yn y naratif rhwng gwahanol ontolegau: fel y trafodir ymhellach ym mhennod 4, yn y siglo ieithyddol y gwelir y siglo rhwng y byd 'go-iawn' a byd breuddwydion sy'n graidd celfyddydol i'r gwaith.

Aruchel a hynafol (darnau sy'n ymwneud â'r Du Traheus)

Yn ogystal â chyweiriau naratifau A a B a drafodwyd eisoes, daw trydydd cywair i'r fei yn ystod y nofel hefyd. Digwydd hyn o fewn naratif B yn y darnau hynny sy'n ymwneud â chymeriad lled-chwedlonol y Du Traheus. Cywair llenyddol aruchel a hynafol sydd i'r darnau hyn, a dyma'r altro cywair mwyaf trawiadol yn y nofel. Mae i'w deimlo'n glir pan gawn ein cyflwyno gyntaf i fyd chwedlonol y Du Traheus, yn enwedig wedi cywair go anffurfiol y sgwrs (yn naratif A) rhwng Gregor a Lleucu a'i rhagflaena, wrth i'r forwyn ei wahodd i'w gwely 'i gadw 'nhraed i'n gynnes'.[126]

Wrth inni gamu i mewn i ddychymyg y ffigwr lled-chwedlonol, Du Traheus, mae'r cywair ieithyddol yn dod yn fwy ffurfiol, llenyddol a hynafol. Rhestrir enwau coed (gan alw i gof y coed a addolid gan y Derwyddon): 'Afallen, Bedwen, Collen, Derwen' ac 'Eithinen, Ffawydden, Gwernen, Helyg'. Gelwir rhifau yn y dull hynafol o gyfrif mewn ugeiniau: 'Deuddeg a thrigain, deuddeg ar hugain a phedwar cant, dwy fil ac wyth ugain.' Cyfeirir at ffenomenâu yn y byd naturiol, megis 'cylch y sêr'; 'esgair uwch y coed'; 'niwl yn codi'n blufynnau gleision o'r canghennau'.[127] Nid esbonir y cyfeiriadau hyn, ac fe'u cynhwysir yn aml mewn brawddegau enwol, statig, sy'n cyfrannu at gywair hynafol a dirgel y darn. Ac mae tôn broffwydol i orchmynion megis 'edrychwch', 'edifarhewch', 'gwelwch' a bwysleisir gan eiriau ac ymadroddion Beiblaidd eu naws, fel 'ffurfafen', 'feibion dynion a duwiau', 'canys myfi', ac 'wele'.

Ymhellach, cynyddir yr ymdeimlad crefyddol yn y darn drwy'r cyfeiriadau at dduwiau, nid yn unig dduwiau coed y grefydd Dderwyddol, ond hefyd dduwiau Celtaidd megis 'Dôn' a 'Gofannon'.[128] Ac mae'r dull o eistedd a fabwysiedir gan y Du Traheus, sef eistedd 'a'i goesau ymhleth oddi tano',[129] hefyd yn ein hatgoffa o bortreadau o dduwiau Celtaidd megis Cernunnos.

Gwneir defnydd helaeth o frawddegau annormal, lle y dilynir y goddrych gan ragenw perthynol a berf, gan ein hatgoffa o iaith y Beibl a'r Mabinogion. Dyna a geir, er enghraifft, mewn brawddegau megis: 'Gofannon a yrr o'i law waywffon o haearn, dur a chopr i ystlys y sarff-grwban a bair iddi gyfogi'r hyn a lyncasai', ac 'a'r fflam sydd yma'n cynnau a wna i'th elynion gwympo a'th lygad a ddarostynga'r gwyll ac a yrr . . .'. Unwaith eto, defnyddir ffurfiau berfol cryno (ffurfiau mwy 'llenyddol'), yn hytrach na'r fersiynau periffrastig mwy anffurfiol, er enghraifft, 'edliwia'; 'saif' a 'teifl'.[130] A brithir y darn hwn gan eiriau ac ymadroddion hynafol neu lenyddol, megis 'pa fodd y bu'; 'cordeddu'; 'esgyn' ac 'ysgraff'.[131] Hynny yw, yn y darnau sy'n ymdrin â'r Du Traheus, gwelir bod geirfa, cystrawennau a chyfeiriadau yn ffurfio'r cywair hynafol. Anghyfarwydddir iaith naratif y nofel drwyddi draw wrth i fwy nag un posibilrwydd ieithyddol (neu gywair ieithyddol) gael ei osod gerbron.

Proffwydol a sgyrsiol

Ar ddechrau'r stori 'Cartoffl', defnyddir cywair proffwydol gan yr adroddwr wrth iddo geisio rhybuddio'r darllenydd o beryglon mynd ymlaen i ddarllen y stori. Yn y paragaff agoriadol, felly, gwelwn ddefnydd o'r dibynnol (sy'n ein hatgoffa o iaith ffurfiol a llenyddol y Beibl) mewn ffurfiau megis 'dêl' a 'ranno'. Defnyddir cystrawennau a geiriau hynafol, sydd hefyd yn nodweddiadol o iaith y Beibl, megis 'haws cael ganddynt'; 'fe ddichon' ac 'odid', yn ogystal ag yn y gorchymyn amhersonol, 'hysbysed'. A mynegir y cywair proffwydol yn amlwg gyda'r rhagenw pwysleisiol, 'chwychwi',[132] a ddefnyddir gan yr adroddwr er mwyn cyfarch y darllenydd.

Fodd bynnag, wrth i'r naratif ddatblygu, ac wrth i'r adroddwr fabwysiadu cywair mwy anffurfiol a sgyrsiol sy'n cynnwys defnydd helaeth o dafodiaith, yn achlysurol yn unig y daw'r cywair proffwydol i'r fei. Mae'n dychwelyd, er enghraifft, wrth i Cartoffl ei hun ddatgan ei fwriad i ddial ar y sawl a wnaeth gam ag ef: defnyddir ffurfiau cryno'r ferf, ynghyd â'r ymadrodd hynafol 'hyn o',[133] yn ogystal â ffurf gryno (hynafol) ar y ferf 'canfod' yn y frawddeg, 'credaf nad hapus fydd Cartoffl pan genfydd pwy gafodd ei gynffon';[134] a daw'r cywair i'r amlwg hefyd yn yr ymadrodd hynafol, Beiblaidd, 'atolwg'.[135] Dychwel y cywair proffwydol yn amlwg yng nghyfarchiad yr adroddwr i'r darllenydd ar ddiwedd y stori, gyda defnydd o'r rhagenw dwbl pwysleisiol, 'chwychwi', y cysylltair 'Beiblaidd', 'canys', a'r defnydd o ffurfiau berfol ffurfiol eu naws, megis 'wneuthum'.[136] Mae'r siglo rhwng un cywair a'r llall, sy'n rhan amlwg o naratif lled fyr fel 'Cartoffl', yn dangos defnydd hunanymwybodol yr awdur o'i gyfrwng: gwrthrych chwarae yw iaith iddo, fel petai. Anghyfarwyddir yn llwyr y syniad o iaith fel cyfrwng cyfathrebu tryloyw.

Fel y soniwyd eisoes, yn y stori, 'Cyfraniad at Gofiant yr Hybarch Frawd Stotig Isgis', ceir parodi ar gywair nodweddiadol cofiant crefyddol y bedwaredd ganrif ar bymtheg. Newidir cywair yn fynych, rhwng iaith aruchel, hynafol, a geirfa briddlyd, sathredig a chyfoes: dyma sut y dychenir gwrthrych y cofiant, cywirdeb yr adroddwr, ac felly y *genre* drwyddo draw. Defnyddir ffurfiau hynafol ar eiriau ac ymadroddion, megis 'athraw' ac 'awron',[137] a cheir defnydd mynych o gystrawennau sy'n nodweddiadol o iaith Feiblaidd, er enghraifft, 'hyn o lith', heb sôn am ymadroddion diflanedig fel 'odid nad gresyn'.[138] Rhoddir ansoddair o flaen enw fel yn 'tywyll leoedd',[139] a cheir defnydd o gysyllteiriau hynafol fel 'eithr',[140] a 'canys'.[141] Nodweddiadol hefyd yw'r defnydd rhethregol o leihad neu *litotes*, lle dywedir llai er mwyn cynyddu'r effaith, fel yn yr ymadrodd 'nad anfynych', yn wir, daw'r elfen barodïol i'r fei yn yr ychwanegiad cromfachol '(h.y. mynych)'.[142] Fel y soniodd Robin Llywelyn ei hun, gall altro cyweiriau fel hyn fod yn ffordd dda o greu hiwmor: 'O sgwennu rhywbeth gwirion neu ddoniol weithiau mae'n swnio'n fwy hurt byth o ddefnyddio arddull aruchel.'[143] Mynega'r siglo rhwng cyweiriau, fel petai (yn enwedig y siglo rhwng cyweiriau aruchel a sathredig), y gwahaniaeth rhwng realiti bywyd y sant a'r portread llenyddol confensiynol ohono. Deillia'r hiwmor o'r modd y manteisir ar gymeriad amserol naratif, er mwyn creu syndod yr annisgwyl drwy fathos: anghyfarwyddir yn y modd hwn gyfrwng y stori, dibynadwyedd yr adroddwr a holl *genre* cofiant y sant.

Mewn ysgrif gan Mikhail Bakhtin, 'Discourse in the Novel', haerir bod naratif (gan sôn yn benodol am y nofel) yn ei hanfod yn arddangos *amrywiaith* ('heteroglossia') gymdeithasol-ieithyddol y byd go-iawn. Yn ei farn ef, cyfeiliornus yw'r syniad am un iaith lenyddol dryloyw, neu 'niwtral': gan mai adlewyrchu cymdeithas yw amcan y nofel, fe gynhwysa yn anochel luosogrwydd o gyweiriau ieithyddol.[144] Yn sicr, mae amrywio cyweiriau yn angenrheidiol o safbwynt yr hyn y dymuna pob naratif ei gyfleu, fel yr eglurodd Robin Llywelyn ei hun: 'Fel rheol y testun sy'n awgrymu sut gywair i'w ddefnyddio.'[145] Yn wir, mae'r altro cyweiriau ieithyddol yng ngwaith Robin Llywelyn yn digwydd mor aml, ac mor rheolaidd, nes bod yr hyn a eilw Bakhtin yn 'parodic stylisation' (rhan hanfodol o gelfyddyd iaith lenyddol) yn cael ei or-bwysleisio ganddo, ac felly yn cael ei anghyfarwyddo. Cyll iaith 'niwtral' lenyddol ei thryloywedd confensiynol. Y dieithriad a ddaw yn sgil hyn sy'n rhoi i fynegiant nifer fawr o'i naratifau eu deinameg greadigol: wrth eu cyfosod a'u gwrthdaro adnewyddir holl gyweiriau'r iaith Gymraeg a ddefnyddir ganddo.

Dyna fwrw golwg ar ddetholiad o dechnegau anghyfarwyddo a ddefnyddir gan Robin Llywelyn yn ei ryddiaith. Amcan adnewyddol sydd iddynt. Myn nifer o feirniaid llenyddol mai swyddogaeth wleidyddol sydd i'r anghyfarwyddo creiddiol a geir yng ngweithiau anhawsaf Joyce, megis *Finnegans Wake* neu *Ulysses*. Honnir bod cynhysgaeth anghyfarwyddol ei ryddiaith yn fodd iddo danseilio strwythurau sy'n bodoli eisoes – y strwythurau a ymgorfforir mewn cystrawen a rhesymeg – gyda hanes ac arfer yn eu dilysu. Hawdd y gellid gweld peth tebygrwydd rhwng swyddogaeth technegau anghyfarwyddo Robin Llywelyn a thechnegau tebyg sy'n rhan annatod o waith yr awdur o Wyddel, James Joyce, a'i naratifau nodedig o anodd ef.

O safbwynt yr awdur Gwyddelig, haerir gan sawl beirniad fod y tanseilio hwn yn digwydd o safbwynt strwythurau'r 'concwerwyr' Seisnig. Yn ôl Colin MacCabe, er enghraifft, cynrychiola gwaith Joyce 'prolonged interrogation' ar iaith y concwerwyr Seisnig, a dyma 'one of the possible strategies against a language and culture which is seen as oppressive'. Mae pwrpas gwleidyddol hollbwysig, felly, i'r modd yr anghyfarwyddir yr iaith drefedigaethol Saesneg gan Joyce, gan mai dyma 'subversion of those cultural and linguistic forms which offer identity only in the accents of the ruler'.[146]

Er nad yw Robin Llywelyn yn ysgrifennu yn Saesneg, sef yr iaith y gellid ei disgrifio fel iaith 'drefedigaethol' Cymru, gellid yn rhwydd ystyried y technegau anghyfarwyddo a ddefnyddia yntau hefyd fel technegau ysgrifennu ôl-drefedigaethol. Mewn termau mwy eang, o bosib, na Colin MacCabe, sonia Seamus Deane am ei argyhoeddiad ef fod ffuglen anghyfarwyddol Joyce nid yn unig yn tanseilio gorthrwm ieithyddol, ond hefyd ei bod yn gwrth-ddweud ac yn cyfannu 'ffeithiau' hanes:

> Language was cast into a form which would extend the range of possible signification to an ultimate degree of openness, thereby setting itself against the closed world of limited and limiting historical fact.[147]

Sonia Deane, gan gyfeirio yn benodol at Joyce, am rym llyffetheiriol ffeithiau hanesyddol dros annibyniaeth y Gwyddelod: darostyngir pob ymgais at greadigrwydd gan 'squalid fact'. Yn ei farn ef, mae i ffuglen rôl wrthdystiol allweddol: 'history, then, must be countered by fiction.'[148]

I Deane, ffuglen 'anodd' neu anghyfarwyddedig sydd â'r potensial mwyaf o safbwynt y broses danseilio hon, gan ei bod yn torri ei chysylltiadau traddodiadol â hanes. Yng ngwaith Joyce (ac, fe ellid ychwanegu, yng ngwaith Robin Llywelyn), gwelir ymgais, felly, '[to] dismantle the agreed relation between author and reader whereby fiction was allowed autonomy as story'.[149] Wrth i'r ddau awdur ôl-drefedigaethol hyn fynd ati i gynyddu anhawster y berthynas draddodiadol rhwng awdur a darllenydd, fe'u gwelir – yng ngeiriau Deane – yn cyflawni gweithred sydd, nid yn unig yn heriol, ond hefyd yn iwtopaidd, oherwydd eu hamcan adnewyddol hollbwysig yw 'to bring into the world a loveliness that still did not exist'.[150]

Nodiadau

[1] George Steiner, *On Difficulty and Other Essays* (Rhydychen, 1978), 47.
[2] Malcolm Bowie, *Mallarmé and the Art of Being Difficult* (Caergrawnt, 1978), 4.
[3] Dyfynnir gan Richard Sheppard yn Malcolm Bradbury a James McFarlane (goln.), *Modernism 1890–1930* (Harmondsworth, 1976), 246.
[4] Peter Collier a Judy Davis (goln.), *Modernism and the European Unconscious* (Caergrawnt, 1990), xiii.
[5] T. S. Eliot, 'Tradition and the individual talent', yn Frank Kermode (gol.), *The Selected Prose of T. S. Eliot* (Llundain, Boston, 1975), 37.
[6] Wayne Booth, *The Rhetoric of Fiction* (Llundain, 1991), 315.
[7] Alan Llwyd, *Barddoniaeth Euros Bowen* (Abertawe, 1977), 76.
[8] George Steiner, *On Difficulty*, 21.
[9] Ibid., 29.
[10] Ibid., 33.
[11] Ibid., 41.
[12] Wayne Booth, *The Rhetoric of Fiction*, 302.
[13] Ibid.
[14] Ibid., 303.
[15] Roland Barthes, *S/Z*, cyf. gan Richard Miller (Rhydychen, Cambridge, Massachusetts, 1990).
[16] Ibid., 4.
[17] R. M. Jones, *Seiliau Beirniadaeth, 1–4* (Aberystwyth, 1984–8), 41.
[18] Dyfynnir geiriau Barthes, Jakobson, Eikhenbaum, Shklovsky, Mukarovsky ac Jauss yn y bennod hon mewn cyfieithiadau Saesneg gan nad oes cyfieithiadau Cymraeg ar gael o'r gweithiau yn eu cyfanrwydd. Mae'r dyfyniadau Saesneg sy'n weddill yn dod o weithiau a ysgrifennwyd yn wreiddiol yn y Saesneg.
[19] Roman Jakobson, 'What makes a verbal message a work of art', yn T. A. Sebeok (gol.), *Style in Language* (Cambridge, Massachusetts, 1960), 302.
[20] Boris Eikhenbaum, yn Julie Rivkin a Michael Ryan (goln.), *Literary Theory: An Anthology* (Rhydychen, Malden, 1998), 9.

[21] Ibid., 10.

[22] Jan Mukarovsky, 'Standard language and poetic language', yn P. L. Garvin (gol.), *A Prague School Reader on Esthetics, Literary Structure and Style* (Washington, 1964), 18.

[23] Viktor Shklovsky, 'Art as Technique', yn *Literary Theory: An Anthology*, 18.

[24] Ibid.

[25] Ibid., 17.

[26] Ibid., 19.

[27] Ibid., 21.

[28] Ibid.

[29] Stanley Fish, 'How ordinary is ordinary language?', *New Literary History*, 5 (1973), 41–54.

[30] Roman Jakobson, 'What makes a verbal message a work of art', 351.

[31] Ibid., 358.

[32] Hans Robert Jauss, *Towards an Aesthetic of Reception*, cyf. gan Timothy Bahti (Brighton, 1982), 25.

[33] Ibid.

[34] Wolfgang Iser, *The Act of Reading: A Theory of Aesthetic Response* (Baltimore, Llundain, 1978), 69.

[35] Ibid., 74.

[36] Ibid., 82.

[37] R. M. Jones, *Seiliau Beirniadaeth, cyfrolau 1–4*, 16.

[38] Ibid.

[39] Ibid., 41.

[40] Ibid., 42.

[41] Ibid., 43.

[42] Ibid., 346.

[43] Ibid., 43.

[44] Dyfynnir yn ibid., 52.

[45] Jan Mukarovsky, 'Standard language and poetic language', 19.

[46] R. M. Jones, *Seiliau Beirniadaeth, cyfrolau 1–4*, 43.

[47] Ibid., 435.

[48] Wolfgang Iser, *The Act of Reading*, 10.

[49] Ibid., 148.

[50] Mae trafodaeth Jacques Derrida ar 'différance', lle mae'r ferf 'differer' yn golygu 'gwahaniaethu' a 'gohirio', yn troi ar echel y syniad hwn o amseroldeb naratif, a'r gohiriad sy'n ganolog i ystyr ystyr. Gweler hefyd drafodaethau R. M. Jones ar 'wahuniaeth' yn ei erthyglau, 'Beirniadaeth ar feirniadaeth' yn *Barddas*.

[51] Wolfgang Iser, *The Act of Reading*, 148.

[52] Aristoteles, *Poetics*, cyf. gan Malcolm Heath (Llundain, 1996), 18.

[53] Wayne Booth, *The Rhetoric of Fiction*, 126.

[54] Aristoteles, *Poetics*, 13 ymlaen.

[55] Ibid., 17.

[56] Roland Barthes, *Selected Writings*, gol. Susan Sontag (Llundain, 1983), 266.

[57] Ibid.

[58] R. M. Jones, *Seiliau Beirniadaeth, cyfrolau 1–4*, 482.

[59] Ibid., 489.

[60] Robin Llywelyn, *Y Dŵr Mawr Llwyd* (Llandysul, 1995), 109.

[61] Wayne Booth, *The Rhetoric of Fiction*, 100.

[62] Robin Llywelyn, *Y Dŵr Mawr Llwyd*, 109.

[63] Ibid.

[64] Ibid., 110.

[65] Ibid., 111.

[66] Wolfgang Iser, *The Act of Reading*, 28.

[67] Robin Llywelyn, *Y Dŵr Mawr Llwyd*, 113.

[68] Ibid., 116.

[69] Ibid., 27–35.

[70] Ibid., 27.

[71] Ibid.

[72] Ibid.

[73] Ibid., 28.

[74] Ibid.

[75] Ibid.

[76] Ibid., 28–9.

[77] Ibid., 35.

[78] Ibid.

[79] Ibid., 46–64.

[80] Hwyrach mai un o'r enghreifftiau mwyaf trawiadol o anghyfarwyddo *genre* yng ngwaith Robin Llywelyn yw'r darnau rhyddiaith byrion a elwir 'Sbarion' ar ddiwedd y gyfrol, *Y Dŵr Mawr Llwyd*. Yn y darnau hyn, ymddengys fel petai Robin Llywelyn am ddiffinio *genre* y stori fer o'r newydd.

[81] Jane Aaron, 'Lliwgar vs llwyd', *Barn*, 392 (Medi 1995), 39.

[82] Robin Llywelyn, *Y Dŵr Mawr Llwyd*, 46.

[83] Ibid.

[84] Ibid.

[85] Ibid.

[86] Ibid.

[87] Ibid., 59.

[88] Ibid., 63.

[89] Ibid.

[90] Ibid.

[91] Ibid., 47.

[92] Ibid.

[93] Ibid., 49.

[94] Ibid.

[95] Ibid., 53–4.

[96] Ibid., 54.

[97] Ibid.

[98] Roland Barthes, *Selected Writings*, 266.

[99] R. M. Jones, *Seiliau Beirniadaeth, cyfrolau 1–4*, 288.

[100] Robin Llywelyn, *Y Dŵr Mawr Llwyd*, 9–21.

[101] Ibid., 9.

[102] Ibid., 21.

[103] Ibid.

[104] Ibid., 123–31.

[105] Ibid., 123.
[106] Ibid.
[107] Ibid.
[108] Ibid., 124–5.
[109] Ibid., 127–8.
[110] Ibid., 128–9.
[111] Ibid., 131.
[112] Ibid., 103–8.
[113] Ibid., 103.
[114] Ibid., 104.
[115] Ibid.
[116] Ibid.
[117] Ibid., 105.
[118] Ibid., 106.
[119] Ibid., 107.
[120] Ibid., 108.
[121] Wolfgang Iser, *The Act of Reading*, 147.
[122] Ibid., 128.
[123] R. M. Jones, *Seiliau Beirniadaeth, cyfrolau 1–4*, 434.
[124] Robin Llywelyn, *O'r Harbwr Gwag i'r Cefnfor Gwyn* (Llandysul, 1994), 6.
[125] Ibid.
[126] Ibid., 92.
[127] Ibid., 92–3.
[128] Ibid., 93.
[129] Ibid., 94.
[130] Ibid., 94.
[131] Ibid.
[132] Robin Llywelyn, *Y Dŵr Mawr Llwyd*, 9.
[133] Ibid., 11.
[134] Ibid., 17.
[135] Ibid., 19.
[136] Ibid., 21.
[137] Ibid., 48.
[138] Ibid., 46.
[139] Ibid., 47.
[140] Ibid., 57.
[141] Ibid., 59.
[142] Ibid., 53.
[143] Robin Llywelyn, 'Deg ateb i ddeg cwestiwn', *Taliesin*, 98 (Haf 1997), 10.
[144] Mikhail Bakhtin, 'Discourse in the novel' yn *Literary Theory: An Anthology*, 34–5.
[145] Robin Llywelyn, 'Deg ateb i ddeg cwestiwn', 10.
[146] Colin MacCabe (gol.), *Futures for English* (Manceinion, 1988), 11–12.
[147] Seamus Deane, *Celtic Revivals* (Llundain, Boston, 1985), 92.
[148] Ibid., 93.
[149] Ibid., 98.
[150] Ibid., 99.

3

Gwyn: Cyfarwydd

Gwneud creadigaethau'r dychymyg yn gyfarwydd – ac felly yn ystyrlon – i'r gynulleidfa yw hanfod dweud stori. Mae rhoi stori mewn geiriau – mewn cyfrwng cyfarwydd – yn golygu trawsnewid y preifat, neu'r personol, a'i wneud yn gyhoeddus. Gweithred ddangosol ('deictic') yw *enwi* ffenomenâu. Yn wir, gellid mynd ymhellach drwy ddweud bod *enwi* gwrthrych yn golygu bod y gwrthrych hwnnw yn *dod i fodoli*. Mae hyn yn adlewyrchu'r modd y crëwyd y byd gan Dduw yn llyfr Genesis yn yr Hen Destament:

> A dywedodd Duw, 'Bydded goleuni'. A bu goleuni. Gwelodd Duw fod y goleuni yn dda; a gwahanodd Duw y goleuni oddi wrth y tywyllwch. Galwodd Duw y goleuni yn ddydd a'r tywyllwch yn nos. A bu hwyr a bu bore, y dydd cyntaf.[1]

Mae naratif creu'r byd, fel y'i hadroddir yn llyfr Genesis, yn amlygu'r berthynas sylfaenol rhwng 'enwi' a 'dod i fodoli'. Dyma'r berthynas sydd wrth wraidd gwareiddiad geiriol y byd gorllewinol. Drwy enwi goleuni yn 'oleuni' mae Duw yn gwahaniaethu ffenomen oddi wrth ffenomenâu eraill; drwy ei enwi mae'n ei wneud yn gyfarwydd; daw'r goleuni i fodoli.

Hyn, yn fyr, yw craidd pob naratif. Gellid honni bod pob gweithred naratifol yn adlewyrchu'r creu gwreiddiol gan Dduw. Wedi'r cyfan, 'naratif' yw canlyniad y weithred o wneud rhywbeth yn gyfarwydd drwy sgwrs neu ysgrifen; y mae'n perthyn i'r ferf Ladin 'narrare', a ddaw yn ei thro o'r gair 'gnarus', sy'n golygu 'yn gwybod'.

Gan symud ymlaen oddi wrth y *cyfarwyddo* sylfaenol hwn, gellid haeru bod ystyriaethau ffurfiol hefyd yn cynyddu neu'n lleihau cyfarwydd-deb unrhyw fyd a grëir mewn naratif. O ran naratifau ysgrifenedig, er enghraifft, bydd naratif yn gyfarwydd i'r rhan fwyaf o ddarllenwyr cyfoes Ewrop os yw'r ysgrifen yn mynd o'r chwith i'r dde ac o'r top i'r gwaelod, ac os bydd y gwaith wedi ei brintio ar bapur yn hytrach nag wedi ei gerfio – dyweder – ar ddarn o bren.

Gan fynd gam ymhellach eto, gall naratif hefyd gynnwys technegau arbennig sy'n ei wneud i ryw radd neu'i gilydd yn gyfarwydd i gynulleidfa benodol. Technegau yw'r rhain sy'n bwriadus geisio cymell gwrandawyr neu ddarllenwyr i ymrwymo ag epistemeg y naratif. Fe'u defnyddir i wneud y byd a gynrychiolir yn y naratif yn drawiadol o gyfarwydd, gan danlinellu'r tebygrwydd rhwng cefndir y naratif a chefndir y darllenydd/gwrandawr. Fe'u defnyddir i greu ymdeimlad o gynghrair ddiwylliannol rhwng adroddwr a'i gynulleidfa. Gall yr adroddwr fanteisio ar yr agosrwydd hwnnw, yn ei dro, er mwyn trin a thrafod ymatebion y darllenydd i'r naratif, gan osod rôl arbennig i'r darllenydd o fewn y fframwaith storïol.

Nid o fewn disgwrs naratifau yn unig y bodola'r technegau cyfarwyddo hyn: maent yr un mor gyffredin ymhob gwaith celfyddydol. Yn sicr, at dechnegau disgyrsaidd o'r fath y cyfeiria Tony Bianchi yn ei drafodaeth ef ar farddoniaeth Gymraeg mewn erthygl o'r enw 'R. S. Thomas and his readers'. Disgrifia ef amcan y technegau cyfarwyddo fel a ganlyn:

> A culture of protective exclusion has generated what Wordsworth called a 'co-operating power in the mind of the Reader'. A shared ideology and class position meant that readers willingly adopted positions inscribed for them in the text, in order not only to understand the work itself but also to confirm their participation in the social formation signified by that work.[2]

Sylwa Tony Bianchi ar nodweddion ffurfiol sy'n rhan annatod o'r cytundeb hwn rhwng y bardd Cymraeg a'i ddarllenydd delfrydol, cytundeb sy'n dilysu'r ymgynghreirio diwylliannol rhyngddynt drwy gyfrwng cerdd. Awgrymir bod y bardd a'i gynulleidfa fel ei gilydd yn rhannu'r un cefndir diwylliannol, yr un gwerthoedd, yr un dynged a'r un disgwrs, sef y disgwrs a ddisgrifir gan Tony Bianchi fel 'the discourse of rural decline and cultural resurgence'. Rhydd enghreifftiau o'r technegau hyn ar waith, er enghraifft:

> the collaborative 'we' of Gwenallt's 'Wales', the internal dialogue in J. Kitchener Davies's 'The Sound of the Wind that is Blowing' and T. H. Parry-Williams's 'Hon', the 'you' of J. M. Edwards's 'The Blacksmith', the

apocalyptic voice of Waldo Williams's 'Preseli' and Gerallt Lloyd Owen's 'Cilmeri', [and] the elevation of the 'small band' in Prosser Rhys's 'Cymru'.[3]

Rôl y technegau a ddisgrifir ganddo uchod, felly, yw 'to define and inscribe the reader as an active participant' yn epistemeg y naratif. Ac ym marn Tony Bianchi, gwelir llwyddiant y technegau cyfarwyddo hyn yn amlwg iawn yng nghyd-destun llenyddiaeth ddiwylliannol am-ddiffynnol fel llenyddiaeth Gymraeg.

Fodd bynnag, nid ydynt yn unigryw ar unrhyw gyfrif i gyd-destun honedig amddiffynnol fel y Gymraeg. Mae nifer fawr o feirniaid a damcaniaethwyr sy'n trafod darllen wedi sylwi ar rym diymwad y fath dechnegau wrth greu cynghrair gyfarwydd rhwng awdur, testun a darllenydd.

Fel y trafodwyd ym mhennod 2, mae Wolfgang Iser, yn ei waith arloesol ef ar dderbyniad gweithiau llenyddol, yn trafod y syniad o *repertoire* testun llenyddol. Cofier bod y *repertoire* yn cynnwys 'yr holl ddiriogaeth gyfarwydd' sydd yn y gwaith dan sylw, ac fe'i cynysgaeddir â chyfeiriadau at normau cymdeithasol a hanesyddol, at weithiau llenyddol cynharach, ac at yr holl ddiwylliant y deillia'r testun ohono.[4] Ar gyfer ei ddibenion ef wrth drafod gweithiau llenyddol mae Iser yn addasu model J. L. Austin o'r hyn a elwir yn 'speech act theory'. Yn ôl model Austin, mae angen bodloni tri amod penodol er mwyn gallu cyfathrebu'n llwyddiannus. Yn fras iawn, tri amod Austin yw: (i) *confensiwn* sy'n ddilys ar gyfer siaradwr a derbynnydd; (ii) *dulliau sefydledig* er mwyn rheoli defnydd y confensiwn; a (iii) *parodrwydd* ar ran y sgwrsiwr a'r derbynnydd i ymwneud mewn gweithred ieithyddol sy'n perthyn i'r sefyllfa.[5] Addasir y rhain yn eu tro gan Iser a'u hailddiffinio ar gyfer y cyd-destun llenyddol fel *'repertoire'*, 'strategaethau' a 'gwireddiad'.[6] Pan fydd y tri amod yn cyd-daro, yr hyn a geir yw'r weithred o *gyfarwyddo*, a hon yw gweithred ganolog 'ffenomenoleg ddarllen' Wolfgang Iser.[7]

Yn yr un modd ceir yn namcaniaethau darllen Hans Robert Jauss bwyslais clir ar y syniad fod darllen yn broses lle mae adnabod elfennau cyfarwydd mewn testun llenyddol yn hollbwysig. Yn ôl Jauss, ni ellir darllen gwaith llenyddol o gwbl os yr hyn sydd gerbron yw 'something absolutely new in an informational vacuum'.[8] Yn hytrach, mae darllen yn llwyddo pan ddaw y darllenydd ar draws darnau cyfarwydd o fewn y testun, er enghraifft 'announcements, overt and covert signals, familiar characteristics or implicit allusions'. Y rhain, medd Jauss, yw 'constitutive motivations' a 'triggering signals' y testun. Fel y gwelwyd yn y bennod flaenorol, defnyddia Jauss y term 'gorwel disgwyliadau' er mwyn nodi cefndir cyfarwydd llenyddol a diwylliannol pob darllenydd mewn amser. Ac eglura fod creu'r gorwel disgwyliadau yn digwydd mewn tair ffordd: (i) yn ôl normau cyfarwydd y *genre* ('immanent poetics'); (ii) yn ôl cyfeiriadau (agored neu beidio) at weithiau cyfarwydd yn y cyd-destun llenyddol-hanesyddol cyfarwydd; (iii) yn ôl y gwrthdaro rhwng ffuglen a realiti, sef rhwng swyddogaeth farddonol ac ymarferol iaith.

Yn ei farn ef, felly, mae gwaith llenyddol yn creu ymhob darllenydd mewn amser ymdeimlad o gyfarwydd-deb: ac mae gradd y cyfarwydd-deb yn dibynnu ar berthynas y testun â chonfensiynau llenyddol, â gweithiau llenyddol eraill, ac â 'realiti' allanol. Canolbwynt damcaniaeth Jauss ynghylch darllen llenyddiaeth yw'r cyfarwydd-deb triphlyg hwn sy'n rheoli'r modd y mae'r darllenydd yn 'diriaethu yn ystyrlon' arwyddocâd y testun.

Yr hyn sy'n glir yn namcaniaethau Iser a Jauss am ddarllen yw po fwyaf cyfarwydd y confensiynau a ddefnyddir gan adroddwr y naratif, rhwyddaf ydyw i'r darllenydd ei dderbyn a'i ddeall. Haera Roland Barthes yn ei astudiaeth strwythurol ef o stori fer Balzac, 'Sarrasine', yn y gyfrol *S/Z*, fod pob naratif yn gweithio yn ôl set o godau cyfarwydd, ac y bydd y darllenydd yn cynhyrchu ystyr y naratif 'ar hyd' y rhain.[9] Wrth ymwneud ag unrhyw naratif, mae'r darllenydd yn mynd i mewn i fyd y mae eisoes yn gyfarwydd ag ef, ac mae'r byd hwn yn gweithredu yn ôl codau y gellir eu hadnabod yn hawdd. Dewisa Barthes ganolbwyntio ar bum cod, sef y cod proairetig, y cod hermenewtaidd, y cod semaidd, y cod symbolaidd a'r cod diwylliannol. Rhychau cyfarwydd yw'r rhain, sydd wedi eu gosod gan yr hyn a ddarllenwyd eisoes (y 'déjà-lu') a'r hyn a wnaethpwyd eisoes (y 'déjà-fait'). Mae'r rhychau wedi dod mor ddiwylliannol gyfarwydd inni nes eu bod wedi dod i ymddangos bron yn naturiol, gan greu disgwyliadau penodol yn y darllenydd am yr hyn y dymunir ei ganfod mewn naratif.

Hynny yw, mae'r codau i raddau helaeth yn strwythuro'r naratif, a'n dealltwriaeth ni ohono, cyn i ysgrifennu a darllen ddechrau. Cyfeiria *S/Z* at y swm helaeth o wybodaeth fewnol – sydd yn gyfarwydd i'r darllenydd a'r awdur – a ddygir o'r dechrau i mewn i bob naratif, a haerir bod cyfarwydd-deb yr hyn a adwaenir eisoes yn rheoli pob gweithred a gysylltir gydag adrodd stori.

Felly, wrth bwysleisio agweddau penodol un naratif gall awdur gynyddu ei apêl i ddarllenwyr penodol. Er enghraifft, yn nhermau

Barthes, byddai awdur stori dditectif yn dewis pwysleisio'r cod hermenewtaidd (deongliadol) yn ei naratif, fel y gall y 'cliwiau' sydd yn y testun helpu'r darllenydd i ddatrys y naratif mewn modd deongliadol. Yn yr un modd byddai awdur *Bildungsroman* (nofel ddatblygiad), wrth fynd ar drywydd datblygiad cymeriad arbennig (fel y gwneir gan Goethe yn ei nofelau am *Wilhelm Meister*, dyweder), yn dewis rhoi blaenoriaeth i'r hyn a eilw Barthes yn god semaidd: mae'r cod hwn yn galluogi darllenwyr i gasglu gwybodaeth thematig er mwyn creu identiti cymeriadau yn eu meddwl. Hwyrach y dewisai bardd, ar y llaw arall, gynyddu ei ddefnydd o'r cod symbolaidd sy'n caniatáu nifer o ddarlleniadau symbolaidd o gerdd arbennig. Fodd bynnag, ar gyfer ein dibenion ni yn y bennod hon, defnyddiol fuasai edrych ar y modd y defnyddir y cod diwylliannol mewn naratif. Dyma'r agweddau hynny ar naratif sy'n cyfeirio at gefndir diwylliannol cyfarwydd y darllenydd. Bydd y cod hwn yn cael blaenoriaeth gan awduron sydd am apelio'n uniongyrchol at y gynulleidfa sydd wedi ei thrwytho yn rhagdybiaethau'r diwylliant y sonnir amdano.

Cyfarwydd, heb os, fydd gweithiau Robin Llywelyn i ddarllenwyr cyfoes o ran ffurf: maent wedi eu printio ar bapur, ac mae darllen yn digwydd o'r chwith i'r dde ac o'r top i'r gwaelod (hynny yw, mewn modd confensiynol, cyfarwydd). Defnyddir iaith gyfarwydd ganddo. Mae i bob naratif deitl. Fe'u rhennir yn gymalau, brawddegau a pharagraffau trefnus. Ac mae cystrawen ac atalnodi yn dilyn y drefn gyfarwydd arferol.

Fodd bynnag, hawdd iawn yw cynyddu'r ymdeimlad hwn o gyfarwydd-deb drwy gyfrwng cynnwys y naratifau: hynny yw, drwy wneud defnydd o'r cod diwylliannol y cyfeiriodd Barthes ato. Drwy gyfeirio'n aml at gefndir diwylliannol sydd fel petai yn gyfarwydd i'r awdur ac i'w ddarllenwyr, gall Robin Llywelyn fynd ati'n fwriadol i gynyddu apêl ei naratifau i'r darllenydd Cymraeg cyfoes yn benodol.

A dyna, yn wir, a wna. Mae cyfeiriadau at ddiwylliant cyfoes y Gymru Gymraeg yn britho ei naratifau, fel y sylwodd llu o ddarllenwyr. Sonia nifer fawr ohonynt am 'rywbeth cyfarwydd' mewn nifer o agweddau ar ffuglen ffantasïol Robin Llywelyn, ac mae'r ymdeimlad hwn o gyfarwydd-deb (annelwig, ar dro), yn aml yn mynd law yn llaw â phwyslais ar Gymreictod y naratifau.

Disgrifiodd Robert Rhys, er enghraifft, dirluniau *Seren Wen ar Gefndir Gwyn* fel rhai 'cyfarwydd Gymreig'.[10] Soniodd Martin Davis yn yr un ffordd fod 'yna ddigon sy'n gynefin yn y testun, yn ei gyfeiriadaeth a'i leoliadau . . . Ceir sôn am Yr Wyddfa; mae tirlun y lleoliadau'n ddigon cynefin rywsut.'[11] Ym marn Katie Gramich, er ei bod yn cydnabod mai gwaith ffantasïol yw *O'r Harbwr Gwag i'r Cefnfor Gwyn*, 'mae'r lleoedd yn adnabyddus ac yn agos iawn atom'.[12]

Ymhellach: pwysleisir Cymreictod priod-ddull Robin Llywelyn dro ar ôl tro,[13] ac mae'r ansoddair 'cartrefol' yn digwydd yn aml wrth i ddarllenwyr sôn am gyfarwydd-deb a Chymreictod ei arddull,[14] y bydoedd ffuglennol a bortreedir,[15] a'r cymeriadau sy'n trigo ynddynt.[16] Sylwa darllenwyr hefyd yn aml ar gyfeiriadau at agweddau cyfarwydd ar y diwylliant Cymraeg a ddaw i'r fei drwodd a thro yng ngwaith Robin Llywelyn, er enghraifft caneuon Dafydd Iwan, barddoniaeth Waldo Williams,[17] neu waith Ellis Wynne.[18]

Yn sicr, eu Cymreictod hydreiddiol yw un o brif nodweddion naratifau Robin Llywelyn i nifer helaeth o ddarllenwyr. Mynegir hyn yn glir, er enghraifft, gan Emyr Lewis a Twm Miall.[19] Yn aml iawn, gwelwn ddarllenwyr yn pwysleisio bod elfennau cyfatebol rhwng y naratifau ffantasïol a'r Gymru Gymraeg gyfoes. Gwelir hyn yn amlwg yn nhrafodaeth Bethan Mair Hughes ar *Seren Wen ar Gefndir Gwyn*, er enghraifft, pan ddywed fod 'yma rywbeth sy'n lled-adnabyddus; rhaid cofio bod hanfod hollol Gymreig i'r nofel ac mai nofel am Gymro ac am Gymru ydyw rhywsut'.[20] Atseinir yr un argyhoeddiad gan John Rowlands pan gyfeiria at wlad 'arwrol' y nofel: 'Mae'n hawdd gweld cyfatebiaethau rhwng y byd diarth hwn a'n byd ni . . . Ble ond Cymru yw Tir Bach?'[21] Yr un yw byrdwn Katie Gramich yn ei thrafodaeth ar ail nofel Robin Llywelyn, *O'r Harbwr Gwag i'r Cefnfor Gwyn* pan ddywed fod y ' "Gogledd Dir" yn ddarlun dychmygol o Gymru'.[22]

Archwilir yn y bennod hon y technegau bwriadus a ddefnyddir gan Robin Llywelyn i wneud bydoedd ei naratifau yn gyfarwydd i'r darllenydd Cymraeg cyfoes. Yn wir, gellid haeru bod hyn yn fodd i wrthbwyso yr 'anhawster' a grëir gan ei ddefnydd o dechnegau anghyfarwyddo (fel y trafodwyd ym mhennod 2).

Trafodir isod dair techneg gyfarwyddo sy'n rhan amlwg o waith Robin Llywelyn, sef (i) y defnydd o 'hysbysyddion', hynny yw, data dianghenraid sy'n cyfeirio at elfennau yn niwylliant y Gymru gyfoes; (ii) y modd y democrateiddir y disgwrs rhwng yr adroddwr a'i gynull-eidfa; (iii) y defnydd chwareus o'r iaith Gymraeg na all ond y darllen-ydd Cymraeg cyfoes ei werthfawrogi (yn gymdeithasol, yn faterol ac yn briod-ddulliol). Bwriedir dadansoddi yn drwyadl arddull naratif Robin Llywelyn – yn enghraifft o un arddull bosib gan awdur ffuglen Gymraeg yn y 1990au – gan ddangos y modd y defnyddia'r *disgwrs* yn ei naratifau yn gyfrwng heb-ei-debyg ar gyfer argyhoeddi'r darllenydd o ddilysrwydd y bydoedd a bortreedir ynddynt.

Sylfaen y dadansoddiad hwn yw'r ddeuoliaeth y cyfeiriodd Tzvetan Todorov ati, sef deuoliaeth y 'stori' ('histoire') a'r disgwrs ('discours').[23] (Mae'n ddeuoliaeth sy'n cyfateb yn agos i ddeuoliaeth *sjuzet-fabula* Ffurfiolwyr Rwsia.) Yn ôl Todorov, y 'stori' yw 'dadl' y gwaith llenyddol, ac mae'n cynnwys cyfres o ddigwyddiadau sydd fel arfer yn symud mewn trefn resymegol-amserol; mae'n cynnwys hefyd gymeriadau a ddatblygir yn ôl 'cystrawen' arbennig. Yn groes i hynny, y 'disgwrs' yw'r ffordd a ddewisodd yr adroddwr ar gyfer dweud y stori: hyn yw sgwrs yr adroddwr gyda'r darllenydd. Hyn sy'n rhoi i'r gwaith ei gymeriad arbennig. Nid yw'r disgwrs, fe bwysleisir, yn effeithio ar ddadl y gwaith.

Soniodd Roland Barthes hefyd am ddeuoliaeth debyg: disgrifia ef y 'stori' fel echel lorweddol gwaith llenyddol; daw'r disgwrs, felly, ar yr echel fertigol. Mae'r ddwy echel yn bresennol i raddau amrywiol o fewn pob naratif, a'r hyn yw darllen, ym marn Barthes, yw symud ar hyd y ddwy echel yr un pryd: 'To read (to listen to) a narrative is not merely to move from one word to the next, it is also to move from one level to the next.'[24]

Yr hyn a welir yn y drafodaeth sy'n dilyn yw'r modd y gweithreda technegau cyfarwyddo Robin Llywelyn ar lefel ddisgyrsaidd y naratifau. Mae'r naratifau hyn – waeth pa mor ffantasïol bynnag y bônt – yn frith o gyfeiriadau at god diwylliannol cyfarwydd y darllenydd Cymraeg cyfoes (gan gynnwys cyfeiriadau at yr iaith Gymraeg gyfoes ac at bresenoldeb y darllenydd fel yr un sy'n 'derbyn' y gwaith). Ychydig – os o gwbl – y mae'r cyfeiriadau hyn yn ei gyfrannu at 'stori' neu 'ddadl' y naratif bob tro. Yn hytrach, fe'u defnyddir i osod y naratif – o safbwynt amser, lle, diwylliant ac iaith – ym myd cyfarwydd y darllenydd Cymraeg cyfoes. Ceisiant dynnu sylw y darllenydd Cymraeg cyfoes at y naratif, cynnal y sylw hwnnw drwy gydol y naratif, a sicrhau bod y darllenydd yn dod yn rhan ganolog (ond dan reolaeth o hyd) o'r disgwrs gyda'r awdur.

Canolbwyntir gan mwyaf ar y storïau byrion gan Robin Llywelyn a gynhwysir yn y gyfrol *Y Dŵr Mawr Llwyd* gan mai yma y mae llais yr adroddwr fwyaf croyw, a chan mai yma y mae'r disgwrs rhwng yr adroddwr a'r darllenydd hefyd ar ei fwyaf amlwg.

Cyn cychwyn ar y dadansoddiad, fodd bynnag, dylid nodi mai'r hyn a olygir gan 'ddarllenydd Cymraeg cyfoes' yw'r 'gymuned ddehongli' Gymraeg yn ôl patrwm Stanley Fish o 'interpretive communities'.[25] Sonia Fish am 'gymuned ddehongli' fel endid torfol sy'n bodoli mewn amser. Yn ôl Fish, mae disgwyliadau a chyfarpar llenyddol pob cymuned ddehongli wedi'u seilio ar estyniad o'r hyn a alwodd Noam Chomsky yn 'competence'; ond maent hefyd wedi'u hydreiddio gan ystyriaethau yn ymwneud â thraddodiad, diwylliant, cymdeithas, dysg ac yn y blaen.[26] Hyn a arweiniodd Fish i haeru nad ystyr trosgynnol sydd i weithiau llenyddol, eithr ystyr 'sefydliadol'.[27] Hyn hefyd a'i harweiniodd i haeru mai perthynas cymuned ddeongliadol â'r testun, yr 'actualization',[28] yw'r hyn a olygir gan 'ystyr' gwaith llenyddol.

Gellid dweud bod y drafodaeth ar 'gyfarwyddo' ac 'anghyfarwyddo' a geir yn y gyfrol hon, felly, yn ymwneud â'r berthynas rhwng y testun a ffiniau traddodiadol y gymuned ddehongli Gymraeg (gan gydnabod yr un pryd nad endid unffurf ydyw, a chan ganiatáu amrywiaeth deongliadol gan wahanol lefelau'r gymuned).

Hysbysyddion

Yn ei ysgrif, 'Introduction to the Structural Analysis of Narratives', y soniwyd amdani ym mhennod 2, datblyga Roland Barthes ei syniad o 'hysbysyddion' naratif. Dyma gyfeiriadau amserol, lleol neu lenyddol sy'n creu munudau o gyfarwydd-deb i'r darllenydd wrth ymwneud â'r naratif. (Y rhain, yn rhannol, sy'n cynysgaeddu'r cod diwylliannol y sonia Barthes amdano yn S/Z.) Fel data realaidd, mae hysbysyddion yn gweithredu ar lefel ddisgyrsaidd naratif, gan ei wreiddio mewn amser a lle sy'n gyfarwydd i'r darllenydd. Fel yr eglura Barthes, mae hysbys-yddion yn gatalyddion i 'niwclei' y stori. Dônt â gwybodaeth barod i mewn i'r naratif, 'always serv[ing] to authenticate the reality of the referent, to embed fiction in the real world'.[29] Yn naratifau Robin Llywelyn, mae hysbysyddion yn tynnu ar wybodaeth barod y darllen-ydd Cymraeg cyfoes, gan gyfeirio at leoedd, amser a diwylliant cyfarwydd. Crëir ganddynt ymdeimlad o gyfarwydd-deb 'cartrefol' mewn naratifau sy'n aml yn ffantasïol estron. Gweithredant, felly, fel dulliau ymgyfeirio ar gyfer y darllenydd, a chyfrannant at wneud 'dadl' y naratif – ynghyd â'r anghyfarwyddo sy'n rhan annatod o'r ddadl honno (fel y gwelwyd ym mhennod 2) – yn fwy perthnasol, ac yn fwy derbyniol, i'r gynulleidfa Gymraeg gyfoes. Mae iddynt swyddogaeth ddisgyrsaidd debyg i gyfeiriadaeth lenyddol am eu bod yn cynnig elfennau cyfarwydd i'r darllenydd nad ydynt fel y cyfryw yn effeithio ar ddadl y stori. Felly, yn sicr, y disgrifir swyddogaeth cyfeiriadaeth o'r fath gan Robin Llywelyn ei hun:

Swyddogaeth cyfeiriadaeth ydi ysgogi ymateb yn y darllenydd sydd yn gyfarwydd â'r cyfeiriad. . . . Byddaf yn ceisio fy ngorau i sicrhau nad oes raid i'r un darllenydd ganfod na deall dim o'r cyfeiriadau er mwyn deall y stori.[30]

Ond yn hytrach na chyfeiriadau haniaethol eu natur at god llenyddol – yr hyn y daethpwyd i'w adnabod dros y degawdau diwethaf fel 'rhyngdestunoldeb' – lle gall un awdur ddewis atsain llais awdur arall er mwyn pwysleisio ymdeimlad o gynghrair, yr hyn a geir yn aml gyda hysbysyddion yw cyfeiriadau at ffeithiau neu elfennau materol sy'n ymwneud, er enghraifft, â diwylliant, iaith neu ddaearyddiaeth.

Ceir nifer fawr o *hysbysyddion lleol* yn naratifau Robin Llywelyn. Fe'u defnyddir, fel y gellid disgwyl, i wneud lleoliad daearyddol y naratifau yn gyfarwydd i'r darllenydd Cymraeg cyfoes. Mae agoriad y stori 'Cartoffl', sef y stori gyntaf yn y gyfrol *Y Dŵr Mawr Llwyd*, yn enghraifft dda o'r modd y defnyddia Robin Llywelyn hysbysyddion lleol er mwyn creu ymdeimlad o gynghrair ddaearyddol-ddiwylliannol rhwng y darllenydd Cymraeg cyfoes ac arwr grotésg, braidd (hanner gwiwer, hanner llwynog), y naratif ffantasïol.

Ym mharagraff agoriadol y stori gwelir sut y pwysleisia'r adroddwr fod y stori yn digwydd 'yn ddwfn . . . . yng Nghymru'.[31] Drwy gyfrwng cyfres o negyddion (a drafodwyd eisoes ym mhennod 2), dangosir bod lleoli'r naratif yng Nghymru yn ddewis ymwybodol ar ran yr adroddwr. O'r dechrau cyntaf, pwysleisir lleoliad y naratif. Negyddir pedwar lleoliad arall mewn cyfres o gymalau cyfochrog, gyda phob un yn dechrau â'r negydd 'nid'. Siglir y darllenydd rhwng 'Canol Ewrop' a'i 'gyrion', rhwng 'y paith Hwngaraidd' ac 'aberoedd tywodlyd y Gorllewin'. Enwir lleoedd, ac yna fe'u negyddir: mae yma broses ddisgyrsaidd ar waith wrth i'r adroddwr gyflwyno gerbron y darllenydd y data dianghenraid y soniodd Roland Barthes amdanynt. Tanlinellir bod y stori'n digwydd – ar draul pob dewis posib arall – yng '[Ngh]oed y Graig Lwyd yng Nghymru' (atseiniad o lên yr Oesoedd Canol); yn wir, cawn glywed bod cartref Cartoffl mewn coeden 'a'i gwreiddiau'n ddwfn ym mherfeddion y tir hwnnw'. Wrth negyddu pedwar lle arall, mae dewis Cymru yn lleoliad y stori yn beth ymwybodol a phwysleisiol, a daw'r gynghrair ddiwylliannol rhwng y darllenydd ac arwr y stori yn amlwg.

Yn ddiweddarach yn y naratif, enwir gwledydd 'estron' a phell mewn perthynas â chasgliad stampiau Horlics y Post. Dyma wledydd sydd nid yn unig yn bell o Gymru, ond gwledydd hefyd y gall fod eu henwau yn 'swnio' yn anghyfarwydd i drigolion gorllewin Ewrop, rhai megis cyn-wladwriaethau'r Undeb Sofietaidd ('Tsietsienia' a 'Lithwania'), ynghyd â gwledydd daearyddol a diwylliannol bellennig megis 'Tibet' a 'Mongolia'. Nid oes swyddogaeth o unrhyw fath i'r rhain o fewn dadl y naratif. I'r gwrthwyneb, gweithredant ar y lefel ddisgyrsaidd, drwy bwysleisio cyfarwydd-deb lleoliad y stori hon – sef Cymru – ar gyfer y gynulleidfa Gymraeg.

Y mae'n gwbl arwyddocaol y ceir defnydd tebyg o hysbysyddion lleol yn un o naratifau Robin Llywelyn sy'n digwydd filoedd o filltiroedd i ffwrdd o Gymru, sef yn yr Ariannin. Yn y stori 'Y Parch a'r Het' trawsnewidir yr Ariannin bell yn ficrocosm o'r Gymru Gymraeg gyfoes, a gwneir hyn drwy gyfrwng hysbysyddion. Nid cyd-ddigwyddiad mohono mai union leoliad y naratif yw Patagonia, sef cyn-drefedigaeth Gymraeg. Gan adeiladu ar y cysylltiad hanesyddol sy'n bodoli eisoes rhwng Cymru a Phatagonia, gwneir y drefedigaeth hon yn gyfarwydd (hynny yw, fe'i hail-drefedigaethir) drwy gyfrwng cwlwm o hysbysyddion lleol.

Ar ôl paragraff agoriadol sy'n gosod y cefndir ar gyfer digwyddiadau'r stori, fe'n cyflwynir gan yr adroddwr i gymeriad cyntaf y stori fel a ganlyn:

> 'Esgusodwch fi,' meddai dyn bach wedi ei wisgo fel arloeswr tiroedd anghyfannedd, o fwrdd cyfagos. 'A glywais i chi'n sôn am Buenos Aires?' Roedd helmet wen am ei ben a gwallt mawr gwyn fel cnu dafad yn ymwthio ohoni. 'Lle diddorol iawn,' meddai'n fyfyrgar. 'Wyddech chi mai o'r Llydaweg *Buan hag Aes* y daw'r enw? Wel, a dweud y gwir, y fi enwodd y lle.' Siaradai'r dieithryn braidd heb agor ei geg, fel tafleisydd.[32]

Ymddengys yr hysbysydd 'Buenos Aires' ar ddechrau'r stori. Dyma gyfeiriad at leoliad y gellid dweud ei fod yn lled-anghyfarwydd i'r gynulleidfa Gymraeg. Fodd bynnag, cyfarwyddir y lleoliad hwn drwy ymddangosiad yr Athro Llydewig, Devet E. Lostig MA, sef personoliad eironig o'r broses o ail-drefedigaethu Patagonia sy'n digwydd yn y naratif. Yn arwyddocaol, cawn glywed bod yr Athro 'wedi ei wisgo fel arloeswr tiroedd anghyfannedd'. Yn wir, cadarnheir hyn wrth i Lostig ei ddisgrifio ei hun fel 'arloeswr tiroedd anghyfannedd yn fy amser hamdden'. Ymhellach, cymherir ansawdd ei wallt â ffenomen nodweddiadol Gymreig, sef 'cnu dafad'. Honna Devet E. Lostig fod yr enw 'Buenos Aires' yn dod o'r Llydaweg; hynny yw, hawlia berchnogaeth dros yr enw ar ran chwaer iaith y Gymraeg. Yn wir, yn fuan wedyn honna fod ganddo awdurdod llawn dros yr enw, wrth iddo frolio: 'a dweud y gwir, y fi enwodd y lle'.

O chwilio drwy naratifau Robin Llywelyn, gwelir cynifer o hysbysyddion lleol a ddefnyddir ganddo er mwyn pwysleisio eu bod wedi eu lleoli yng Nghymru, ac er mwyn helpu'r darllenydd i ymgyfeirio yn y bydoedd ffantasïol (ac abswrd, weithiau), a bortreedir. Er enghraifft, yn y stori anarchaidd 'Vatilan, Lleidr Llestri', dywedir mai set o lestri o 'Lanelli' yn benodol a ddygir ganddo,[33] cyfeiriad sy'n gwbl ddianghenraid o safbwynt datblygiad 'dadl' y naratif.

Pan enwir lleoedd y tu hwnt i Gymru yn y naratifau hyn fe'u gwneir yn gyfarwydd drwy un o bedair ffordd: (i) yn y ffaith fod ganddynt gysylltiad diwylliannol neu hanesyddol â Chymru, fel Patagonia (uchod); (ii) yn y defnydd o'r enw Cymraeg arnynt, fel yn achos Efrog Newydd;[34] (iii) yn y defnydd o ôl-ddodiad Cymraeg ar enwau estron, fel yn achos 'San Marcos de la Compostella Uchaf',[35] a 'Manhattan Isa';[36] a (iv) yn y ffaith eu bod yn lleoedd mewn gwledydd Celtaidd eraill, megis yn Llydaw neu Iwerddon, er enghraifft 'Kemper',[37] 'Brest' a 'Dulyn'.[38] Gwelir hysbysyddion ar waith hefyd fel elfennau mewn enwau, ymadroddion a diarhebion, megis yn 'o Fôn i Fynwy', 'Eco'r Wyddfa', 'Hogiau'r Wyddfa' a 'cyn codi cŵn Caer'. Gallant fod yn rhan o gyfeiriadaeth lenyddol (gyda'r cyfarwydd-deb dwbl o fod yn hysbysydd lleol ac yn gyfeiriadaeth at god llenyddol cyfarwydd), fel yn y cyfeiriad at 'Eifionydd' a 'phigau'r sêr' yn y stori 'Amser y Gwcw yw Ebrill a Mai'. Mae'r naill yn cyfeirio at ardal yng Nghymru ac yn galw i gof gerdd R. Williams Parry, 'Eifionydd', a'r llall yn cyfeirio at enw afon yn Eifionydd, yn ogystal ag at hunangofiant J. G. Williams am ei blentyndod yn yr ardal honno.

Yr un modd ceir lliaws o *hysbysyddion diwylliannol* ar waith ar y lefel ddisgyrsaidd yn naratifau Robin Llywelyn. Dyma gyfeiriadau – dianghenraid, unwaith eto, o safbwynt datblygiad 'dadl' y stori – at ddiwylliant bob dydd y Gymru gyfoes. Gwelir bod i'r hysbysyddion diwylliannol hyn effaith fathetig yn aml, wrth iddynt gyflwyno i fydoedd ffuglennol y naratifau elfennau – di-swyn, o bosib – ein diwylliant cyfoes materol. Sonnir bod y sarjant yn y stori 'Vatilan, Lleidr Llestri', er enghraifft, yn ffan o'r gyfres deledu *'Glas y Dorlan'*.[39] Yng nghanol byd ffantasïol *Seren Wen ar Gefndir Gwyn* ceir cyfeiriad at y gwaith cerddorol, 'cyfaddawd y seindorf'.[40] Yng nghanol buchedd y sant yn y stori 'Cyfraniad at Gofiant yr Hybarch Frawd Stotig Isgis', ceir cyfeiriad at gêm o 'OXO'.[41] A chawn glywed bod arwyr y stori 'Vatilan, Lleidr Llestri' yn dianc ar '*Concorde*' i Efrog Newydd, 'gan esgus eu bod yn swyddogion i un o gwangos Cymru'.[42]

Mewn lleoedd annisgwyl (ac anaddas, ar dro), ceir cyfeiriadau at gyhoeddiadau Cymraeg fel *Enwau Cymraeg i Blant* a *Geiriadur Termau*,[43] ac at *Ysgrifau Beirniadol*,[44] a sonnir yn y stori 'Bant â'r Cawr' y buasai disgrifio budreddi'r cawr yn gofyn 'argraffu chwaer gyfrol i'r *Bywgraff-iadur* ond hefo sgwennu llai'.[45]

Gan ddychwelyd at y stori 'Y Parch a'r Het', a drafodwyd o safbwynt hysbysyddion lleol uchod, hwyrach mai yn hon y gwelir egluraf hefyd ddefnydd yr awdur o hysbysyddion diwylliannol. Cawn glywed bod y ddau brif gymeriad, sef 'y parch', John F. Thomas, a'r 'het', Gloria Wilderbeest-Evans, wedi ennill gwyliau i Batagonia 'am wylio S4C'.[46] Gwerthoedd trefedigaethol Cymreig a Phrydeinig a ddefnyddir gan y ddau wrth ymwneud â'r diwylliant brodorol hefyd. Dim ond ar ôl sicrhau nad yw'r Athro Llydewig, Devet E. Lostig, yn aelod o'r 'hen gorff' y mentra'r Parchedig John F. Thomas ei helpu ei hun i fwy o *Pimms*. Ac ar nodweddion Cymreig diwylliant Patagonia yn unig y sylwa wrth gyfeirio, er enghraifft, at 'werin Arllechwedd' a '[ch]ronfa capeli'r Wladfa'. Wedi ei herwgipio gan y dihiryn, Ffawd Higgins, myn Gloria Wilderbeest-Evans wybod faint yw'r pridwerth 'mewn punnoedd Lloegr, cofiwch', ac yn ddiweddarach fe'i gwelwn yn bygwth Ffawd Higgins drwy ddweud mai 'adroddiad anffafriol iawn gaiff y *WI* amdanoch pan af adref'. Gwelwn sut mae Marguerita Mimosa, perchennog y caffi 'Casa Marguerita' ar y paith, yn siarad gydag acen sydd 'yn gorwedd rhywle rhwng Gwauncaegurwen a Santiago'. Yn wir, daw 'Casa Marguerita' yn ficrocosm o'r Gymru Gymraeg draddodiadol wrth gynnig 'te Cymreig' i'r gwesteion 'mewn cwpan tseina eiddil' a chyda '[ph]ic-ar-y-maen'. Drwy gyfrwng yr hysbysyddion diwylliannol hyn, dyma wneud Patagonia yn Gymru Gymraeg ar ochr arall y byd.

Democrateiddio disgwrs yr adroddwr a'r darllenydd

Drwy 'ddemocrateiddio' disgwrs yr adroddwr, gall yr awdur ei gwneud yn ymddangosiadol haws i'r darllenydd dderbyn gwirioneddau'r naratif. Dyma ffordd ardderchog i dynnu'r darllenydd i mewn i fyd y naratif, gan roi'r argraff bod gan y darllenydd gryn dipyn o rym o fewn mecanwaith y naratif. Y mae'n dechneg gyfarwyddo effeithiol tu hwnt. Fodd bynnag, dylid cofio nad oes yma berthynas ddemocrataidd go-iawn rhwng yr adroddwr a'r darllenydd. Yr adroddwr, yn y pen draw, sy'n adrodd y naratif; llais yr adroddwr sy'n hyglyw gan amlaf, ac er y daw llais y darllenydd fel petai i'r fei bob hyn a hyn, y mae drwodd a thro o dan awdurdod yr adroddwr. Trafodir yma bedair techneg a ddefnyddir gan Robin Llywelyn er mwyn rhoi'r argraff o ddemocrateiddio disgwrs yr adroddwr a'r darllenydd.

Defnyddio'r rhagenw 'ti'

Gwelir bod nifer o naratifau Robin Llywelyn ar ffurf deialog rhwng adroddwr sy'n llefaru yn y person cyntaf a chyd-sgwrsiwr a gyferchir yn yr ail berson cyfarwydd, 'ti'. Yn un o'r darnau a elwir yn 'Sbarion' ar ddiwedd *Y Dŵr Mawr Llwyd*, er enghraifft, gwelir mai mynydd (sef yr Wyddfa), yw'r adroddwr. Mae'n cyfarch ei gyd-sgwrsiwr yn yr ail berson gan ddefnyddio'r rhagenw 'ti', fel a ganlyn:

> Mae gan hyd yn oed fynyddoedd deimladau, 'sti. Meddylia amdano fo – goro sefyll allan dan bob tywydd a dim ond effing defaid yn gwmpeini . . . Sut hoffet ti gael dynion blewog mewn sanau cochion yn piso ar dy ben? Fawr o daro, mwn. Sut deimlet ti ynglŷn â chynnwys caffi tu nôl i dy glust? A rheilffordd i gyrraedd at dy glust?[47]

Pwysleisir y defnydd o'r 'ti' cyfarwydd drwy ei ddefnydd o ymadroddion sgyrsiol fel 'sti', o'r gorchymyn 'meddylia amdano fo', ac o'r cwestiynau, 'sut hoffet ti?' a 'sut deimlet ti?'. Mae'r cyfarwydd-deb hwn o fewn y testun nid yn unig yn fodd i greu ymdeimlad o gyfarwydd-deb o safbwynt y darllenydd, ond hefyd yn fodd i gynyddu hygrededd y mynydd sy'n siarad. Hynny yw, y mae'r mynydd yn ei greu ei hun yn adroddwr credadwy drwy gyfarch y 'ti'. Y sgwrs ei hun sy'n dangos ei awdurdod. Ac mae'r ddemocratiaeth ymddangosiadol yn cynyddu ymdeimlad o bwysigrwydd y darllenydd fel derbynnydd stori'r mynydd, yn ogystal â phwysigrwydd y mynydd fel ei hadroddwr annhebygol. Y defnydd o'r rhagenw yw'r prif fodd a ddefnyddir gan yr awdur er mwyn sicrhau hygrededd naratifol y darn hwn o ryddiaith.

Y defnydd o'r rhagenw 'ti' sy'n rhoi presenoldeb a grym i un o'r darnau eraill ymhlith y 'Sbarion' ar ddiwedd *Y Dŵr Mawr Llwyd* hefyd. Dyma ei ddyfynnu yn ei gyfanrwydd yma:

> Dim ond ymyl ei gwefus yn codi. Efallai ystum o'i phen. Dyna'r unig bethau a'i gwnaeth hi'n wahanol. Ond roedd fel rhwygo o'r ffenest ddarn

o'r llen. Yn symud ei gwefusau roedd chwaon cynnes y môr. Roedd hi'n fy nghyhuddo. Dwi'n cofio ymddiheuro. Mae'n rhaid fy mod i'n syllu. A chlywais wres y gwrid yn lledu, pesychais; troist dithau dy ben.[48]

Yr hyn a geir yma yw adroddwr yn y person cyntaf yn disgrifio rhywun arall yn y trydydd person. Mae'r defnydd o'r trydydd person yn creu ymdeimlad o bellter, neu anghyfarwydd-deb, rhwng yr adroddwr a'r gwrthrych (ac yn sgil hynny rhwng y darllenydd a'r gwrthrych).

Fodd bynnag, ar ddiwedd y darn hwn fe newidir y rhagenw. Symudir o'r trydydd person anghyfarwydd, 'hi', i'r ail berson cyfarwydd, 'ti' (neu 'dithau'). Mae newid y rhagenw yn newid gogwydd y naratif yn llwyr; yn wir, mae R. M. Jones wedi cyfeirio at y modd y gall newid rhagenwau fel hyn 'newid safbwynt storïol, agosáu neu bellhau'.[49] Wrth i'r 'ti' droi ei ben neu ei phen, newidir fframwaith y naratif: mennir ar awdurdod gwreiddiol yr adroddwr a daw'r 'ti' (a'r darllenydd o hirbell) yn weithredol yn y naratif.

Defnyddir y rhagenw 'ti' gan Robin Llywelyn hefyd er mwyn gwneud y berthynas rhwng yr adroddwr a'r darllenydd yn un amwys. Ar ganol y stori *'Reptiles Welcome'*, er enghraifft, ceir y ddeialog ganlynol rhwng yr adroddwr a'r gwrandawr:

> Ac mi'r aeth rheini'n gwpwl o beints wedyn – wyddost ti fel mae hi – ac erbyn daeth y locals i mewn gyda'r nos roedd y ddau ohonom yn dawnsio ar ganol y bwrdd pŵl. Nacia wir, dim byd hoyw, dynas armadilo ydwi yli, Belinda 'di'r enw. Be ddeudist ti oedd d'enw di? Cartoffl? Enw Cymraeg da. Y wiwer goch ola' ddeudist ti?[50]

Yn yr achos hwn, gwelir sut y tyn y sgwrs ein sylw at y ffaith fod Belinda yr armadilo yn adrodd ei stori wrth wrandawr. Mae'n cyfarch y gwrandawr gyda'r rhagnew 'ti', a thrwy adael i'r 'ti' hwn gael llais – hyglyw, bron – yn y stori, democrateiddir (yn ymddangosiadol) y disgwrs rhwng yr adroddwr a'r gynulleidfa. Rhoddir gradd o annibyniaeth i'r gwrandawr fel hyn; yn wir, mae hyn yn arbennig o wir yn y ffaith mai arwr un o storïau eraill Robin Llywelyn, Cartoffl, yw'r gwrandawr yn y stori hon. Fodd bynnag, fel yr awgrymwyd uchod, pwysig yw cofio nad democrataidd mo'r berthynas hon go-iawn. Gan Belinda, yr adroddwr gwreiddiol, y mae'r awdurdod mwyaf yn y pen draw, fel y gwelir yn y modd y gall ddweud wrth y gwrandawr: 'O, taw â dy lol wirion . . . Gwranda';[51] yn ddiweddarach, fe'i gorchmynna unwaith eto i dewi er mwyn gadael iddi hi ei hun gael rhwydd hynt i

barhau fel adroddwr: 'Ond taw am funud, imi gael gorffan y stori.'[52]
Belinda yr adroddwr sydd, fel petai, â'r 'gair olaf' ar y diwedd.

Defnyddio'r rhagenw 'ni'

Effaith ymddangosiadol ddemocrateiddiol a geir hefyd drwy'r defnydd
o'r rhagenw lluosog 'ni'. Gwelwyd eisoes ar ddechrau'r bennod hon sut
y cyfeiriodd Tony Bianchi at ddefnydd cydweithrediadol ('collab-
orative') Gwenallt o'r rhagenw hwn, yn fodd i greu ymdeimlad o
gynghrair rhwng yr adroddwr a'i wrandawr (ac felly y darllenydd o
hirbell). Gwelir y defnydd o'r 'ni' ar ei fwyaf trawiadol yn y stori
'Cartoffl'. Ceir newid amlwg yn y defnydd o ragenwau yn y stori hon.
Ar ddechrau'r stori cyfeirir at 'y darllenydd' yn y trydydd person. Yna
defnyddir yr ail berson ffurfiol 'chi' ('nad ar chwarae bach y dylech
wthio'ch pig i'r llith a ganlyn'). Crëir pellter eto gyda chyfeiriad yn y
trydydd person at 'y darllenydd gwiw' ymhellach ymlaen. Fodd
bynnag, erbyn diwedd y stori, gwelir bod y rhagenw a ddefnyddir gan
yr adroddwr er mwyn cyfleu presenoldeb y gwrandawr/darllenydd yn
y testun wedi newid i'r 'ni' cynghreiriol, cyfarwyddol. Drwy gyfrwng y
'ni' hwn, a ailadroddir yn bwysleisiol mewn cyfres o gymalau
cyfochrog, dygir y gynulleidfa ar ei gwaethaf i mewn i fecanwaith y
naratif ac at safbwynt yr adroddwr: nid oes gan y gwrandawr/
darllenydd ddewis ond ymroi i'r berthynas o gyfarwydd-deb sy'n cael
ei gwthio gan yr adroddwr.

Cwestiynau rhethregol

Mae cwestiynau rhethregol hefyd fel petaent yn democrateiddio'r
disgwrs rhwng yr adroddwr a'i gynulleidfa. Awgrymir bod yr adroddwr
yn gofyn barn y gwrandawr/darllenydd am rai materion yn ymwneud
â'r naratif. Ond yr hyn a wna cwestiynau rhethregol yn eu hanfod yw
cymryd ateb penodol yn ganiataol (gan felly danseilio'r ddemocratiaeth
honedig). Dyna'r cwestiwn a ofynnir gan yr adroddwr rhagfarnllyd yn y
stori 'Nid Twrci mo Ifan', er enghraifft, sydd am i'r gynulleidfa gytuno
fod yr erlid ar Ifan gan y bobl leol yn erlid cyfiawn: 'Tydi o'n ddigon ei
fod o'n hen gingroen anghynnes a nhwythau wedi arfer ei gasáu o
erioed?'[53] Er yr ymddengys yma fod gan y gwrandawr/darllenydd
ddweud yn y mater, yn y pen draw cymerir yn ganiataol y bydd yn cyd-
synio â'r adroddwr. Mae'n gwbl arferol – ond ar yr un pryd yn arwydd-
ocaol – nad yw'r ateb i'r cwestiwn rhethregol hwn i'w glywed o gwbl.

Ar dro gwelir hefyd sut y mae rhai o adroddwyr storïau Robin Llywelyn yn ateb eu cwestiynau rhethregol eu hunain, gan wneud hyn er mwyn troi cwrs y naratif i ryw gyfeiriad arbennig. Yn y stori, 'Cyfraniad at Gofiant yr Hybarch Frawd Stotig Isgis', er enghraifft, gwelir yr adroddwr yn defnyddio'r dechneg er mwyn rhoi'r argraff ei fod yn fodlon – yn ddemocrataidd – derbyn anghytuno: 'Ai dyma'r unig dystiolaeth sy'n aros o'r gyfathrach agos fu rhyngom? Nage . . . '.[54] Fodd bynnag, effaith y gwrth-ddweud hwn yn y bôn yw pwysleisio ei gyfarwydd-deb ag arwr y stori, a 'siarad ar draws' unrhyw lais arall sy'n dymuno ymateb i'r cwestiwn rhethregol. Nid oes democratiaeth go-iawn yma o gwbl.

Yr adroddwr di-glem

Dro ar ôl tro gwelir sut y defnyddia Robin Llywelyn ffigwr yr adroddwr ymddangosiadol ddi-glem er mwyn lleihau awdurdod yr adroddwr a gwneud mwy o le i 'awdurdod' y gwrandawr/darllenydd o fewn fframwaith y naratif. Drwodd a thro gwelir cyffesiadau gan yr adroddwr di-glem am fethu â chofio, neu am ddrysu. Gwelir Belinda yr armadilo, er enghraifft, yn y stori 'Reptiles Welcome' yn methu â chofio ffeithiau perthnasol, gan ofyn i'w chynulleidfa ei helpu gyda datblygiad y naratif: 'rŵan, lle'r oeddwn i?'[55] Y mae hefyd yn amau dibynadwyedd ei chof ei hun: anghofia roi'r manylion perthnasol ar yr adegau iawn, gan ddweud, 'O ia, anghofiais i ddeud, Walter Harris ydi'i enw fo'.[56] Fe'i gwelwn, fel y trafodwyd uchod, yn sgwrsio yn bersonol, agored gyda'r gwrandawr, gan grwydro oddi wrth gwrs ei stori; fe ddengys hefyd ei hansicrwydd ei hun drwy gyfaddef bod gwahaniaeth rhwng ei hystâd fewnol ac allanol, fel, 'roeddwn i'n trio torri cýt . . . Smalio mod i wedi hen arfer a ballu. Trio chwerthin yn ges i gyd.'[57] A chan ddefnyddio ymadroddion fel 'dwi'n deud dim llai',[58] dengys fel y cais wneud iawn am ei diffyg hyder mewn geiriau.

Gwelir yr adroddwr di-glem ar waith hefyd yn ei anallu i ddefnyddio geiriau yn y ffordd gywir. Er enghraifft, yn y stori 'Y Parch a'r Het' gwelir yr adroddwr yn defnyddio ailadroddiadau chwithig fel 'ymbiliodd yn ymbilgar' mewn ymgais wan i ddramateiddio ei stori,[59] ac yn y stori 'Nid Twrci mo Ifan' gwelir yr adroddwr yn rhoi ychwanegiadau mewn cromfachau ar ôl rhai datganiadau lle na byddai adroddwr stori fel arfer yn eu rhoi. Mae fel petai yn ansicr o'i swyddogaeth ei hun: 'Siaradais yn bersonol (eithr nid yn orbersonol)',[60] a 'Duw a ŵyr, mi wnes y peth iawn (dwi'n meddwl)'.[61]

Pwysleisio cyfyngder eu gwybodaeth a wna adroddwyr di-glem eraill gan Robin Llywelyn, megis adroddwr y stori 'Amser y Gwcw yw Ebrill a Mai' sy'n cydnabod, 'doeddwn i ddim yn dallt ond mi smaliais fy mod i',[62] ac adroddwr y stori 'Vatilan Lleidr Llestri' sy'n gofyn i'r gwrandawr/darllenydd fodloni ar yr wybodaeth annigonol sydd ganddo yn ei feddiant: 'dwi'm yn cofio beth oedd ymateb y siopwr ond dwi'n gobeithio bod hon yn enghraifft ddigonol o gyfrwystra'r lleidr.'[63] Yn yr un modd, gwelir nad oes gwybodaeth ddigonol ar gael gan adroddwr er mwyn gallu cwblhau'r naratif yn y stori 'Cyfraniad at Gofiant yr Hybarch Frawd Stotig Isgis', lle y dywedir fel a ganlyn: 'Gresyn gennyf na chlywais gan y Brawd Stotig weddill yr hanes.'[64] Yn wir, ar ddiwedd y stori cyfeddyf yr adroddwr di-glem hwn iddo ystyried 'rhoi'r gorau i'r holl syniad o sgwennu cofiant yr Hybarch Frawd Stotig Isgis'.[65]

Gall adroddwr di-glem hefyd fod yn anghyfarwydd â chonfensiynau naratif. Dyna a welir yn y stori anarchaidd, 'Bant â'r Cawr', lle gwelir y cymeriadau yn methu ag ymddangos ar yr adegau addas yn natblygiad y naratif. Mae'r Widdon Lwyd a Bluegroser, er enghraifft, yn ymddangos a diflannu yn afrosgo.[66] Nid yw'r adroddwr yn llwyddo i ddatblygu'r plot yn ddeheuig o gwbl: rhaid iddo ddefnyddio ymadroddion sy'n mynegi cyd-ddigwyddiadau trwsgl megis 'fel mae'n digwydd bod',[67] ac 'yn digwydd bod'.[68] A chawn glywed ar ddiwedd y stori i'r adroddwr roi'r dafodiaith anghywir i'r cymeriadau.

Megis gyda holl adroddwyr di-glem Robin Llywelyn, yr hyn a wna'r gwendidau hyn yw mennu ar awdurdod ymddangosiadol yr adroddwr bob tro, gan roi'r argraff – dwyllodrus – fod mwy o le, felly, i awdurdod y gwrandawr/darllenydd o fewn mecanwaith y naratif.

Chwarae ag elfennau iaith

Defnyddir sawl agwedd ar yr iaith Gymraeg gyfoes gan Robin Llywelyn yn fodd i apelio at god diwylliannol y darllenydd Cymraeg cyfoes; hynny yw, fe'i trinnir ac fe'i trafodir mewn modd na all ond y gynulleidfa Gymraeg gyfoes fod yn gyfarwydd ag ef, sef (i) yn gymdeithasol (o safbwynt geiriau benthyg a dwyieithrwydd); (ii) yn faterol (o safbwynt soniaredd iaith); a (iii) yn briod-ddulliol (o safbwynt dulliau ymadrodd sy'n gynhenid Gymraeg). Trafodir isod y tri dull a ddefnyddia Robin Llywelyn er mwyn chwarae â'r berthynas gyfarwydd rhwng adroddwr, ei gynulleidfa a chyweiriau'r iaith Gymraeg, cyfrwng eu perthynas yn y lle cyntaf.

Apelio at god diwylliannol soffistigedig y darllenydd Cymraeg cyfoes a wna Robin Llywelyn yma. Darllenydd dwyieithog (o leiaf) yw'r darllenydd Cymraeg cyfoes, wrth reswm, ac un sydd yn gyfarwydd â'r tensiwn dyddiol sy'n bodoli rhwng y Gymraeg a'i chymdoges rymus, yr iaith Saesneg. Yn nifer fawr o naratifau Robin Llywelyn, dangosir sut y mae iaith y gymdeithas Gymraeg gyfoes – yr iaith lafar yn enwedig – yn benthyg geiriau o'r Saesneg ac yn eu Cymreigio yn ôl rheolau morffoleg a ffonoleg y Gymraeg. Mae cyfeirio at hyn yn fodd i apelio'n chwareus at wybodaeth ieithyddol barod y darllenydd Cymraeg, gan wneud i iaith a sgwrs y naratifau ymddangos yn fwy realaidd, gyfarwydd.

Yn anaml y gwelir benthyciadau o'r Saesneg sydd heb eu Cymreigio yn y naratifau. Un eithriad yw'r defnydd o'r gair 'quaint' yn y nofel *O'r Harbwr Gwag i'r Cefnfor Gwyn*, lle defnyddir y gair Saesneg hwn wrth i Iwerydd fynegi agwedd yr estroniaid tuag ati hi a'i byd. Yn wir, pwysleisir natur estron y gair yn y naratif wrth i'r adroddwr gyfeirio at y modd y'i hyngenir ganddi: 'Hithau'n gwneud ceg tin iâr i gael y gair allan yn iawn.'[69] Defnydd strategol tebyg o fenthyciad o'r Saesneg sydd heb ei Gymreigio a geir yn y stori '*Reptiles Welcome*': mae'r ddadl ynghylch sut orau i fynegi 'reptile' yn Gymraeg fel petai yn symptom o'r gwrthdaro (ieithyddol a diwylliannol), sy'n un o themâu pwysicaf y stori.[70]

Fel arfer, fodd bynnag, Cymreigir y benthyciadau o'r Saesneg gan Robin Llywelyn. Fe ddigwydd drwy drawslythrennu geiriau benthyg o'r Saesneg i'r Gymraeg. Anaml y digwydd y benthyciadau hyn ar hap, fodd bynnag: fe'u defnyddir gan mwyaf er mwyn creu effaith arbennig yn y naratif dan sylw. Er enghraifft, yn y stori 'Y Parch a'r Het', cawn ein cyflwyno i ŵr o'r enw Anffawd Morgan, sef gŵr o Batagonia. Sbaeneg yw ei brif iaith, ond pan dry i siarad Cymraeg fe'i gwelwn yn defnyddio benthyciadau o'r Saesneg wedi eu trawslythrennu i'r Gymraeg, megis 'blydi hoples'.[71] Dyma fodd i gyfarwyddo'r darllenydd â'r cymeriad, a modd heb ei ail hefyd i greu hiwmor yn y stori fwrlésg hon.

Er mwyn creu hiwmor hefyd gwelir sut y gosodir geiriau Cymraeg brodorol ochr yn ochr â'r ffurfiau Saesneg a fenthyciwyd, megis yn y cyfosod rhwng 'trawswch' a 'mwstas', a 'gweinydd' a 'weityr'. Gwelir yn y stori 'Cyfraniad at Gofiant yr Hybarch Frawd Stotig Isgis' sut y defnyddir benthyciadau wedi eu Cymreigio er mwyn creu hiwmor bathetig: felly, yn britho'r eirfa Gymraeg sy'n Feiblaidd aruchel mae geiriau ac ymadroddion Seisnig fel 'lysh', 'sori', 'y feri peth' a 'crap'. Drwy fritho'r naratifau â'r benthyciadau hyn o'r Saesneg cyfeirir at rychwant cod diwylliannol-ieithyddol y darllenydd Cymraeg cyfoes, ac fe chwaraea Robin Llywelyn â'r cod hwnnw er mwyn pwysleisio'r syniad o gyfarwydd-deb rhwng y darllenydd a'r testun, ac er mwyn cynyddu'r ymdeimlad o realaeth gyfarwydd byd y naratifau.

Yr ail ffordd a ddefnyddir gan Robin Llywelyn i Gymreigio'r benthyciadau o'r Saesneg yw drwy drin y benthyciadau yn unol â rheolau morffolegol gramadeg y Gymraeg. Fe'i gwelir, er enghraifft, yn y modd y gosodir terfyniad berfol Cymraeg ar fôn Saesneg, fel ag y gwneir yn yr iaith lafar: dyna a welir yn achos 'hwrjio', 'landio', 'fflio', 'sticio', 'galifantio', 'sgrwnsio', ac yn y blaen. Mewn modd tebyg y Cymreigir hefyd y ferf Saesneg 'to wait', gan roi'r ffurf Gymraeg (gyffredin, ar lafar), 'gwitsiad'. Yn yr un modd, ceir y ffurfiau berfol Cymreig a fenthycwyd o'r Saesneg fel 'prepian' a 'slofi'. Gwelir sut y gosodir terfyniad benywaidd Cymraeg ar air sydd wedi ei fenthyg o'r Saesneg – o 'barman' ceir gan Robin Llywelyn y ffurf (wrthosodiadol), 'barmones' – er mwyn ei Gymreigio ac er mwyn creu hiwmor.

Yr un yw effaith y Cymreigio morffolegol a welir pan fenthycir y terfyniad lluosog Saesneg '-s' a'i osod ar derfyn geiriau Cymraeg i'w lluosogi (unwaith eto, mae hyn yn rhywbeth sy'n digwydd yn gyffredin yn yr iaith lafar). Mae'n digwydd dro ar ôl tro yn y naratifau, gan roi ffurfiau fel 'batris', 'sbrowts', 'sardins', 'mins-peis', ac mae'n arbennig o gyffredin yn achos gweithredyddion megis 'llongwrs', 'chwarelwrs', 'heliwrs', 'gwthiwrs' a 'sugnwrs'. Chwareus – a chyfarwydd – tu hwnt yw'r modd yr arweinia'r tueddiad hwn at greu ffurfiau lluosog dwbl, ar dro, fel yn achos 'byddigions', 'cachgwns' a 'mwncwns', heb sôn am luosogi ffurfiau benthyg o'r Saesneg sydd eisoes yn lluosog, fel 'drorsys' a 'jobsys'.

Ffynhonnell yr holl chwarae ieithyddol-ddiwylliannol hwn yw'r diwylliant dwyieithog y bodola'r darllenydd Cymraeg cyfoes ynddo. Drwy dynnu ar y dwyieithrwydd hwn gall Robin Llywelyn chwarae yn ddeheuig ag iaith, apelio at god ieithyddol ei gynulleidfa ragdybiedig a chynyddu realaeth ieithyddol y naratifau. Hynny yw, y darllenydd Cymraeg 'eneiniedig' ddwyieithog yn unig a fydd yn gallu gwerthfawrogi amcan y chwarae. Mynegodd Jane Aaron, er enghraifft, wrth adolygu storïau byrion Robin Llywelyn, mai 'yn ei ddeunydd o'r iaith ei hun mae gwir ysblander y gyfrol', a bod yr 'iaith yn sgleinio o'r newydd dan y fath driniaeth'.[72]

Ceir llu o gyfieithiadau llythrennol o'r Saesneg i'r Gymraeg hefyd, sef cyfeiriadaeth ieithyddol na all ond y darllenydd dwyieithog ei gwerthfawrogi. Portreedir hunanbwysigrwydd yr heddwas, PC Llong, yn 'Vatilan, Lleidr Llestri', drwy ddangos bod ei ymadroddion wedi eu cyfieithu'n llythrennol o'r Saesneg, megis 'achos yn y bag', 'cymryd i dasg' ac 'ar dy feic'. Defnyddia ymadrodd deublyg o'r Saesneg hefyd, sef 'job o waith', gan ymgelu y tu ôl i iaith aneglur pan fo mewn sefyllfaoedd anodd.

Ceir nifer fawr o gyfeiriadau at gamynganu'r iaith Gymraeg gan ddysgwyr yr iaith hefyd, sef math o ddychan sy'n dibynnu ar gyfarwydd-deb y darllenydd â ffenomen gymdeithasegol y dysgwr. Yn y stori 'Cartoffl', er enghraifft, gellid honni bod y cymeriad Iorwg y Gynffon bron yn bersonoliad o'r Cymraeg Seisnigedig hwn. Cawn glywed ei fod yn siarad Cymraeg fel petai o lyfr, a defnyddia ymadroddion trwsgl, llenyddol sydd fel petaent wedi dod yn syth o lyfr dysgu iaith, megis 'Dyma ef y Postmon, beth sydd ganddo i ni heddiw'. Defnyddia arddodiaid anghywir gyda berfau, er enghraifft, 'dweud peth i ti' a 'dod o amgylch y cynffon'; mae'n cael trafferth gyda'i dreigladau, ac fe'i gwelwn hefyd yn cymysgu rhwng rhagenwau ffurfiol ac anffurfiol: 'Doswch neu mae'n poenus gennyf fi beth fi'n gneud i ti.' Yr un chwarae â ffenomen ddwyieithog y dysgwr a welir hefyd ym mhortread Robin Llywelyn o'r Cyrff heb Enaid yn y nofel *Seren Wen ar Gefndir Gwyn*.

Materol

Yn ogystal â'i gwedd gymdeithasegol, defnyddia Robin Llywelyn hefyd wedd faterol iaith er mwyn cynyddu apêl ei naratifau ar gyfer y darllenydd Cymraeg. Mae'r elfen soniarus yn iaith ei naratifau yn hollbwysig: fe'i defnyddir ganddo er mwyn suo'r darllenydd, fel petai, i dderbyn gwirioneddau'r naratif yn y broses o droi iaith a dychymyg yn gyfarwydd. Mae manteisio ar synwyrusrwydd iaith, wrth gwrs, yn rhan annatod o waith pob bardd a llenor, fel y noda R. M. Jones:

> Rhan hanfodol o'i natur hi [iaith] yw ei bod yn cael ei hallanoli; ac wrth wneud hynny y mae'n dod yn fwy corfforol amlwg. A phan fo'r corff yn dechrau cael lle yn y proses hwn o lenydda, fe ddisgwyliwn y bydd y teimladau'n dechrau ymyrryd a mynnu iddynt eu hun le yn y gwaith o greu byd-ddarlun . . . Mae gan y llenor a'i ddarllenydd berthynas arbennig â'r diriaethol.[73]

Felly drwy greu patrymau seiniol arbennig, gall yr awdur neu'r bardd gynyddu apêl geiriau i'r darllenydd wrth i'r geiriau ddod yn rhan o ryw swyn-gân gyfarwydd.

Gwelir hyn ar waith yn aml yng ngwaith Robin Llywelyn. Mae cyflythrennu, er enghraifft, yn elfen bwysig iawn yn ei waith: drwodd a thro ceir cyfosodiadau geiriol ganddo lle mae dau air yn dechrau â'r un sain neu seiniau, er enghraifft 'pynnau penyd', 'llygad y lleuad', 'fflachio yn fflamau'r tân', 'hanes hynod', 'finnau fatha rhyw Fendigeidfran o foi', 'sŵn suo a sisial wrth sgubo'. Mae amlder y patrymau hyn yn drawiadol. Pwysig hefyd ganddo yw'r defnydd o odl (ail elfen cynghanedd, ynghyd â chyflythrennu). Defnyddir odlau a lled-odlau (gan gynnwys proest) ganddo dro ar ôl tro er mwyn cynyddu soniaredd y rhyddiaith. Gwelir hyn yn aml, er enghraifft, pan gyfosodir dau ferfenw, megis 'trio cofio', 'trio chwincio' a 'licio cicio'. Ceir odl broest mewn cyfosodiadau fel 'gerrig miniog', 'boeth odiaeth' a 'cris croes'. Ac mae odlau mewnol hefyd yn digwydd yn ddigon mynych i dynnu sylw atynt eu huanin, fel yn achos 'yn ddyn boliog iach a llond sach o chwerthin', 'llinell bell', 'a fynta'r cynta'r wythnos yma' a 'statws i datws'.

Yn yr un modd, ailadroddir yr un geiriau yn aml er mwyn creu patrwm rhythmig a seiniol sy'n apelio at glust y darllenydd: mae'r dull Cymraeg o ailadrodd er mwyn pwyslais yn hynod effeithiol iddo fel awdur yn hyn o beth, ac fe'i gwelwn yn aml: 'yn bell bell', 'hwyr hwyr', 'drwg drwg', 'fawr fawr' 'yn ddrwg ddrwg' ac 'ysgafn ysgafn'. Digwydd ailadrodd yn aml hefyd wrth iddo gyfosod datganiadau cyfochrog sy'n dechrau gyda'r un gair.[74] Yn achos yr holl ailadrodd (seiniol, geiriol) hyn, gwelir sut y manteisir ar fater yr iaith Gymraeg gan Robin Llywelyn er mwyn cynyddu yn rhethregol effaith y dweud, a chreu patrymau soniarus pleserus a chyfarwydd yng nghlust fewnol y sawl sy'n darllen, a chan rwyddhau'r broses o greu a derbyn ystyr.

Priod-ddulliol

Mae priod-ddulliau yn rhan annatod o gynhysgaeth unrhyw iaith: dyma'r ymadroddion brodorol – unigryw, yn aml – sydd fel petaent yn frics yn adeiladau'r iaith. Yn aml, mae eu hystyr yn wahanol iawn i ystyr llythrennol yr elfennau sy'n rhan ohonynt, gan eu gwneud, felly, yn bethau anodd iawn i'w cyfleu mewn iaith arall. O ddisgrifio iaith yn un 'idiomatig', golygir bod yma gyfosodiadau ieithyddol sy'n ymddangos ac yn teimlo'n 'naturiol', yn gyfarwydd ac yn ystyrlon i siaradwyr brodorol yr iaith honno. Nododd John Morris-Jones, yn ei gyfrol *Cerdd Dafod*, fod y priod-ddulliau hyn yn rhan hanfodol ac unigryw o'r iaith Gymraeg, a chymhellodd feirdd ac awduron Cymraeg i wneud defnydd helaeth ohonynt.

Fe welwn Robin Llywelyn yn defnyddio nifer fawr o briod-ddulliau yn ei naratifau. Fe'u defnyddir ganddo er mwyn dangos ei ymrwymiad i'r iaith lafar, lle gwelir priod-ddulliau fwyaf cyffredin (gweler pennod 5), er mwyn pwysleisio Cymreictod ei naratifau (a gwrthbwyso effaith 'estron' y defnydd o ffantasi), ac er mwyn creu unedau ystyr ac unedau geiriol sy'n gyfarwydd i'r darllenydd Cymraeg. Yn wir, mewn erthygl ar 'Geltigrwydd' a gyhoeddwyd yn y cylchgrawn *Llais Llyfrau*, fe'i gwelir yn cydnabod ei hoffter o'r iaith Wyddeleg oherwydd y nifer fawr o briod-ddulliau a ddefnyddir yn yr iaith honno (a bod hyn yn cymharu'n ffafriol â'r dirywiad mewn iaith idiomatig yn y Gymraeg):

> Fy niddordeb mawr yn yr Wyddeleg yw ei phriod-ddulliau, ei hymadroddion grymus, ei delweddau llachar – rhuddin yr iaith. A'n Cymraeg treuliedig Seisnigaidd ninnau i'w gweld mor glytiog a thila ochr yn ochr â hi. Ond yr un yn y bôn yw teithi'r ddwy iaith ac fe ddysgais lawer am y Gymraeg yn sgil fy nhipyn astudio ar yr iaith Wyddeleg, a dysgu parch at eiriau bach.[75]

Ofer fuasai ceisio mynd ati i restru'r holl briod-ddulliau a ddefnyddir gan adroddwyr naratifau Robin Llywelyn, ond gellid cyfeirio at sawl achlysur lle mae'r pentyrru priod-ddulliau yn drawiadol. Yn y stori 'Nid Twrci mo Ifan', er enghraifft, ceir un frawddeg lle defnyddia'r adroddwr (yn chwareus) dri phriod-ddull, un ar ôl y llall: 'Tyrrai'r werin bobl o bell ac agos, o bant i bentan ac o Fôn i Fynwy i fynychu'r achlysur hwyliog hwn.' Rhan bwysig o effaith ddramatig llais yr adroddwr yn y stori 'Y Dŵr Mawr Llwyd' yw'r modd y crëir ymdeimlad o gyfarwydd-deb rhwng yr adroddwr a'i gynulleidfa wrth iddo ddefnyddio iaith sgyrsiol sy'n llawn priod-ddulliau anffurfiol fel 'ddim ar gyfyl', 'pob twll a chongl', 'rownd y bedlam', 'ers oes Adda' ac 'yn llygad yr haul': cynyddu agosrwydd y darllenydd a'r adroddwr a wneir yma. A hwyrach y deillia o hyn awgrym y bydd y darllenydd yn rhannu'r un ffawd apocalyptaidd â thranc adroddwr y stori dan y dŵr mawr llwyd.

Ymhellach: yn y stori 'Amser y Gwcw yw Ebrill a Mai' gwelir defnydd helaeth o ddiarhebion (ffurf y gellid ei hystyried yn gyfres o gyfosodiadau idiomatig estynedig). Chwaraeir â'r diarhebion yn y stori hon wrth i'r ddau brif gymeriad eu drysu a'u cyboli a chreu cyfosodiadau a diarhebion newydd, disynnwyr fel '[d]igon o bwdin a dagith chwech o gŵn'. Deillia effaith gyfarwyddol y chwarae hwn â phriodddulliau a diarhebion o'r ffaith mai'r darllenydd Cymraeg sydd eisoes yn gyfarwydd â'r cyfosodiadau yn eu ffurfiau gwreiddiol yn unig a all werthfawrogi y modd y'u trinnir ac y'u trafodir yn chwareus yn y naratifau.

Mae'n gwbl amlwg fod yr iaith Gymraeg ei hun, felly, yn fodd heb ei ail i Robin Llywelyn gynyddu Cymreictod ei naratifau a'u hapêl i'r darllenydd Cymraeg cyfoes, i arddangos ei fedrusrwydd ef ei hun fel awdur wrth ymdrin â'r iaith honno, ond fwyaf oll, wrth ei thrin a'i thrafod yn chwareus yn ei holl gyweiriau a chyd-destunau, daw'n fodd iddo ddangos bod cynghrair yn bodoli rhwng y naratifau a diwylliant cyfarwydd y darllenydd Cymraeg cyfoes.

Diddorol yw sylwi, o gofio am bwyslais y bennod hon ar 'gyfarwyddo', mai Robin Llywelyn yn anad un awdur cyfoes arall yn y Gymraeg, a gysylltir â'r hen enw am y storïwr traddodiadol Cymraeg, sef 'cyfarwydd'. 'Pwy yw'r cyfarwydd medrus hwn?' holodd M. Wynn Thomas.[76] 'Mae ganddo grefft y cyfarwydd,' meddai Dafydd Elis Thomas.[77] '"Gorau cyfarwydd yn y byd" ydyw yn gyntaf oll,' yn ôl John Rowlands.[78] 'Dyma gyfarwydd wrth ei waith,' meddai Angharad Tomos, gan fynd â'r gyfeiriadaeth at hen draddodiad y Mabinogi ymhellach wrth haeru: 'fyddwn i'n synnu dim petawn i'n cael clywed fod Robin wedi bod ar y byd 'ma o'r blaen, a'i fod wedi eistedd wrth draed Gwydion cyn dyddiau Cred.'[79]

Yn sicr, mae'n berthnasol i'n trafodaeth ni mai fel ansoddair sy'n golygu rhywbeth yn debyg i 'cynefin' y defnyddir y gair 'cyfarwydd', erbyn heddiw. Ond sylwer hefyd ar y llu diffiniadau eraill a geir yn *Geiriadur Prifysgol Cymru*, yn eu plith, gwelir bod y ferf 'cyfarwyddo' yn gallu golygu 'arwain', 'tywys', 'hyfforddi', 'dysgu' a 'chynghori'.[80]

Yn yr Oesoedd Canol, yn ôl Sioned Davies, roedd y 'cyfarwydd' yn storïwr proffesiynol a adroddai naratifau mewn rhyddiaith. Prif swyddogaeth y cyfarwyddiaid, yn ddiau, oedd 'diddanu'. Ond fel y datgan hithau: 'Awgryma tystiolaeth ddiweddarach . . . mai hwy oedd ceidwaid y cyfarwyddyd, sef y ddysg neu'r wybodaeth draddodiadol.'[81] Drwy dynnu ar god diwylliannol y gymdeithas, roedd y cyfarwydd felly yn geidwad ac yn lledaenwr y ddysg draddodiadol. Byddai cynnwys y 'ddysg draddodiadol' yn y cyfarwyddyd yn rhwym o greu ymdeimlad o gynghrair ddiwylliannol rhwng yr adroddwr a'i gynulleidfa; a'r rhai eneiniedig yn unig a allai werthfawrogi'n llawn gynhysgaeth y storïau.

Nid rhyfedd, felly, yr honiadau mai Robin Llywelyn yw'r cyfarwydd cyfoes. Mae'r technegau cyfarwyddo disgyrsaidd sy'n rhan ganolog o'i arddull naratif, fel y gwelwyd yn y bennod hon, yn adlewyrchiad da o swyddogaeth yr hen gyfarwydd, sef 'dysgu' a 'diddanu' ei gynulleidfa gyfoes, a'i 'thywys' at Gymreictod cyfarwydd sydd – er hynny – yn newydd o hyd.

Nodiadau

1   Genesis 1: 3–5.
2   Tony Curtis (gol.), *Wales: The Imagined Nation* (Pen-y-bont ar Ogwr, 1986), 82.
3   Ibid.
4   Wolfgang Iser, *The Act of Reading: A Theory of Aesthetic Response* (Baltimore, Llundain, 1978), 69.
5   Ibid., 56.
6   Ibid., 69.
7   Ibid., 106 ymlaen.
8   Hans Robert Jauss, *Towards an Aesthetic of Reception*, cyf. gan Timothy Bahti (Brighton, 1982), 23.
9   Roland Barthes, *S/Z*, cyf. gan Richard Miller (Rhydychen, Cambridge, Massachusetts, 1990), v.
10 W. J. Jones (gol.), *Cyfansoddiadau a Beirniadaethau Eisteddfod Genedlaethol Ceredigion, Aberystwyth, 1992* (Llandybïe, 1992), 134.
11 Martin Davis, 'Bwrw golwg gam ar realiti', *Taliesin*, 80 (Ionawr/Chwefror 1993), 102.
12 Katie Gramich, 'O'r seren wen i'r cefnfor gwyn', *Taliesin*, 87 (Hydref 1994), 105.
13 M. Wynn Thomas, 'Dadeni gwefreiddiol a chwarae bach', *Golwg* (20 Awst 1993), 21. Martin Davis, 'Bwrw golwg gam ar realiti', 102.
14 Angharad Tomos, 'Llwyd yn lle gwyn', *Taliesin* 92 (Gaeaf 1995), 132.
15 Martin Davis, 'Bwrw golwg gam ar realiti', 102.
16 M. Wynn Thomas, 'Dadeni gwefreiddiol a chwarae bach', 20.
17 John Rowlands, Adolygiad ar *Seren Wen ar Gefndir Gwyn*, *Llais Llyfrau* (Gaeaf 1992), 15.
18 *Cyfansoddiadau a Beirniadaethau Eisteddfod Genedlaethol Ceredigion, Aberystwyth, 1992*, 139.
19 Emyr Lewis a Twm Miall yn 'Llyfrau '92', *Taliesin*, 81 (Ebrill 1993), 21–23.
20 Bethan Mair Hughes, 'Nid gêm Nintendo yw hyn, ond bywyd!', *Tu Chwith*, 1 (Ebrill/Mai 1993), 44.
21 John Rowlands, Adolygiad ar *Seren Wen ar Gefndir Gwyn*, 15.
22 Katie Gramich, 'O'r seren wen i'r cefnfor gwyn', 105.
23 Tzvetan Todorov, *The Poetics of Prose*, cyf. gan Richard Howard (Rhydychen, 1977), 127, 138 ymlaen.

[24] Roland Barthes, *Selected Writings*, gol. Susan Sontag (Llundain, 1983), 259.
[25] Diolch i Jerry Hunter am awgrymu perthnasedd damcaniaethau Stanley Fish yn y cyd-destun hwn.
[26] Stanely Fish, *Is There a Text in This Class? The Authority of Interpretive Communities* (Cambridge, Massachusetts, Llundain, 1980), 5.
[27] Ibid., 306.
[28] Ibid., 2.
[29] Roland Barthes, *Selected Writings*, 269.
[30] Robin Llywelyn, 'Deg ateb i ddeg cwestiwn', *Taliesin*, 98 (Haf 1997), 10.
[31] Robin Llywelyn, *Y Dŵr Mawr Llwyd* (Llandysul, 1995), 9.
[32] Ibid., 79.
[33] Ibid., 121.
[34] Ibid.
[35] Ibid., 81.
[36] Robin Llywelyn, *O'r Harbwr Gwag i'r Cefnfor Gwyn* (Llandysul, 1994), 190.
[37] Robin Llywelyn, *Y Dŵr Mawr Llwyd*, 109.
[38] Ibid., 94.
[39] Ibid., 121.
[40] Robin Llywelyn, *Seren Wen ar Gefndir Gwyn* (Llandysul, 1992), 64.
[41] Robin Llywelyn, *Y Dŵr Mawr Llwyd*, 63.
[42] Ibid., 121.
[43] Ibid., 17.
[44] Ibid., 93.
[45] Ibid., 94.
[46] Ibid., 84.
[47] Ibid., 136.
[48] Ibid., 132 ymlaen.
[49] R. M. Jones, *Seiliau Beirniadaeth, cyfrolau 1–4* (Aberystwyth, 1984–8), 498.
[50] Robin Llywelyn, *Y Dŵr Mawr Llwyd*, 67.
[51] Ibid.
[52] Ibid., 70.
[53] Ibid., 28 ymlaen.
[54] Ibid., 48 ymlaen
[55] Ibid., 67.
[56] Ibid.
[57] Ibid., 66 ymlaen.
[58] Ibid.
[59] Ibid., 87.
[60] Ibid., 27.
[61] Ibid., 28.
[62] Ibid., 128.
[63] Ibid., 110.
[64] Ibid., 50.
[65] Ibid., 64.
[66] Ibid., 95.
[67] Ibid.
[68] Ibid., 96.
[69] Robin Llywelyn, *O'r Harbwr Gwag i'r Cefnfor Gwyn*, 116.

70 Robin Llywelyn, *Y Dŵr Mawr Llwyd*, 65.
71 Ibid., 83.
72 Jane Aaron, 'Lliwgar vs llwyd, *Barn*, 392 (Medi 1995), 39.
73 R. M. Jones, *Seiliau Beirniadaeth, cyfrolau 1–4*, 30.
74 Fe'i gwelir yng nghyfochredd y datganiadau sy'n dechrau â'r geiriau canlynol: 'cofio' (Robin Llywelyn, *Y Dŵr Mawr Llwyd*, 103), 'awn' (ibid.), 'dim' (ibid.); 'mi' (ibid., 107); 'hwyrach' (ibid.); 'yn rhydd' (ibid.); 'nid' (ibid., 9); 'ni' (ibid., 20); 'peth' (ibid., 123); 'amlwg' (ibid., 126); 'haws' (ibid.); 'digon' (ibid.).
75 Robin Llywelyn, 'Celtigrwydd', *Llais Llyfrau* (Gwanwyn 1998), 5.
76 M. Wynn Thomas, 'Chwarae â chwedlau', *Barn*, 357 (Hydref 1992), 41.
77 Dafydd Elis Thomas yn 'Seren wib? Holi Robin Llywelyn', *Golwg* (20 Awst 1992), 23.
78 John Rowlands, Adolygiad ar *O'r Harbwr Gwag i'r Cefnfor Gwyn*, *Llais Llyfrau* (Gaeaf 1994), 11.
79 Angharad Tomos, 'Llwyd yn lle gwyn', 132.
80 *Geiriadur Prifysgol Cymru*, I (Caerdydd, 1967), 685.
81 Sioned Davies, *Crefft y Cyfarwydd* (Caerdydd, 1995), 3.

4

Rhwng Gwyn a Du: Ffantasi

[M]ae'n gas gen i glywed pobl yn 'adrodd' eu breuddwydion, sydd, bron heb eithriad, yn nonsens i gyd, a does dim byd mwy *boring*. Mae'n gas gen i ffuglen sy'n seiliedig ar freuddwydion hefyd (ac eithrio hunllefau gweledigaethol Kafka a 'Breuddwyd Rhonabwy'). Mewn ffuglen fel'na mae popeth yn bosibl; does dim rheolau, dim rhesymeg ac mae 'na duedd i'r iaith fod yn 'delynegol' ac yn 'farddonol'. Ych-a-fi.[1]

Geiriau adroddwr stori 'Y Seiffr', gan Mihangel Morgan, yn cwyno am *genre* y naratif breuddwyd. Dyma *genre* canolog yng ngwaith Robin Llywelyn. A defnyddir delwedd y breuddwyd yn fynych gan ddarllenwyr i gyfleu'r siglo rhwng ffantasi a'r byd go-iawn sy'n echel i gynifer o'i naratifau.

'Rhyw fath o freuddwydio ydi llenydda i Robin Llywelyn,' meddai John Rowlands yn ei adolygiad ef ar y gyfrol *Y Dŵr Mawr Llwyd*. Cyfeiria ymhellach at 'y dychymyg hwnnw sy'n peri iddo freuddwydio'i storïau, a gwneud i ninnau rwbio'n llygaid ar ôl eu darllen'. Disgrifia ddwy o storïau *Y Dŵr Mawr Llwyd* yn nhermau breuddwydion: mae 'Amser y Gwcw yw Ebrill a Mai' yn 'stori serch wawnaidd o freuddwydiol', ac mae 'Llawn Iawn yw'r Môr' yn '[f]reuddwyd gyfareddol'.[2]

Wrth adolygu *O'r Harbwr Gwag i'r Cefnfor Gwyn*, sylwodd Katie Gramich hithau ar bwysigrwydd breuddwydion yn y nofel, gan ddatgan: 'Mae 'na *continuum* didoriad rhwng y chwedlau a'r stori a'r breuddwydion.'[3] A noda Bethan Mair Hughes fod swyddogaeth hollbwysig i freuddwydion yng ngwneuthuriad y nofel: 'Rhaid ymollwng yn llwyr i'r stori, a rhaid credu popeth – nid oes modd amau dim yma. . . Yn wir, dibynna'r stori ar y ffaith fod diriaethau pendant yn dod o freuddwydion.'[4]

Nid ar hap y defnyddir delwedd y breuddwyd dro ar ôl tro gan ddarllenwyr a beirniaid wrth drafod y naratifau hyn. Adlewyrchu y mae bwysigrwydd breuddwydion yn nifer o naratifau Robin Llywelyn. Breuddwyd, yn amlach na heb, yw llestr yr elfennau ffantasïol sy'n rhan mor hanfodol o'i waith, wrth i freuddwydion gael eu gosod ar yr un lefel epistemegol â 'realiti'.[5]

Yn wir, mae Robin Llywelyn ei hun wedi cymharu'r weithred o ysgrifennu â breuddwydio. Wrth drafod cynhysgaeth rhai o'r elfennau ffantasïol yn ei nofel gyntaf, dywedodd wrth R. Gerallt Jones:

> Mi oedd y broses i mi'n debyg mewn ffordd i freuddwydio. Roedd yna brofiada roeddwn i'n gwybod yn union beth oedd eu harwyddocâd nhw ar y pryd – o ran emosiwn a theimlad ac yn y blaen. Ond pan ddeuwn yn ôl i'w darllen nhw wedyn, roedd hynny wedyn wedi mynd dros gof.[6]

Ymhellach, gwelir bod ei ymwneud â breuddwydio a'i ddiddordeb mewn breuddwydion yn mynd yn ôl yn bell. Mewn cyfweliad radio soniodd wrth yr holwraig, Beti George, am y modd y cymhellid ef a'i chwiorydd pan oeddent yn blant i drafod eu breuddwydion dros y bwrdd brecwast: mae *adrodd* cynnwys breuddwydion, felly, yn hen arfer ganddo. Dyma weithred a gyflawna o hyd, fel y soniodd eto yn yr un cyfweliad radio, gan ei fod yn cadw 'nosiadur', dyddiadur breuddwydion, yn ogystal â 'dyddiadur' confensiynol.[7]

Felly, gan mor amlwg yw rôl breuddwydion yng ngwaith Robin Llywelyn, maent yn rhoi gerbron y darllenydd ddelwedd barod i'w defnyddio er mwyn cyfleu'r profiad o siglo rhwng realaeth ac afrealaeth yn ei naratifau. Breuddwydion yw cynnwys nifer o'i naratifau. Strwythur breuddwydion sydd i eraill.

Yn y stori 'Amser y Gwcw yw Ebrill a Mai', er enghraifft, gwelir mecanwaith breuddwyd ar waith. Ar ddechrau'r stori gwelir yr adroddwr yn hel meddyliau dryslyd. Mae'n gweledigaethu'n swrrealaidd, yn breuddwydio liw dydd, ac yn gweld 'grawnwin poethion sy'n suddo . . . drwy'r cwmwl ar y gorwel'. Nodweddiadol o freuddwyd hefyd (yn ôl Sigmund Freud), yw pwyslais gweledol paragraff agoriadol y stori hon.[8] Gwelir yr 'haul yn chwarae yn y dail', y 'grawnwin poethion', a 'neb yn crwydro'r traeth islaw'; syllir ar yr 'haul yn trio chwincio . . . dan odre'r cwmwl'; ac mae golwg yr adroddwr 'dan y brigau ar erwau'r tywod' sydd heb 'chwyn yn tyfu arno nac olion cestyll yn suddo iddo'.[9]

'Breuddwydiol,' ymhellach, yw dyfodiad hudolaidd y cymeriad benywaidd, a'r adroddwr heb ei gweld yn dod; a breuddwydiol yn yr un modd yw naws y digwyddiadau afreal, ffantasïol sydd ynghlwm wrth y dyfodiad hwnnw. (Mae yma gyfeiriadau at noethni, rhyw, meddwdod a gwrthryfela gwleidyddol yn erbyn y 'Sais Tŷ Ha'.)

Yn yr un modd, gwelir yn y stori 'Y Dŵr Mawr Llwyd' anallu yr adroddwr i symud rhag llif y dŵr sy'n graddol foddi ei fyd: eto, dyma brofiad o ddisymudedd anwirfoddol y soniodd Sigmund Freud amdano fel nodwedd ganolog un math pwysig o freuddwyd.[10]

Yn y pen draw, wrth gwrs, mae ysgrifennu gweithiau llenyddol yn gofyn ymdrech ymwybodol. Nid felly breuddwydio. Ac fel y noda Terry Eagleton, 'in this sense [literary works] resemble dreams less than they resemble jokes'.[11] Ond o fwrw golwg ar holl waith Robin Llywelyn mae'n glir fod mecanwaith breuddwydio (yn enwedig cywasgu delweddau a dadleoli ymwybyddiaeth), wedi bod o ddefnydd holl-bwysig yn ei ffuglen.

Hawdd yw gweld cyfwerthedd breuddwydion a realiti yn ei waith o fwrw golwg ar y stori 'Llawn Iawn yw'r Môr'. Noda John Rowlands fod y stori yn niwlogi'r 'ffin rhwng ffaith a ffug'.[12] Diffinia ef oblyg-iadau hyn mewn termau negyddol: mae'r stori'n gwneud i 'realiti'r dydd ymddangos mor *afreal* â dychmygion y nos' (pwyslais wedi'i ychwanegu).[13] Ond o gofio am bwysigrwydd ffantasi yng ngwaith Robin Llywelyn, efallai y byddai'n fwy defnyddiol troi haeriad John Rowlands â'i ben i lawr, ac ystyried 'Llawn Iawn yw'r Môr' yn fynegiant o'r syniad bod dychmygion y nos mor *real* â realiti'r dydd.

Yn y stori hon mae un cymeriad (Z), yn adrodd cynnwys breuddwyd wrth gymeriad arall (X).[14] X yw prif adroddwr y stori. X sy'n llywio ymateb y darllenydd i'r naratif-breuddwyd wrth iddo fynd rhagddo. Wrth i Z sôn am y modd y taflodd X ei siaced a'i 'sibŵts' i'r môr, ceir rhychwant o ymatebion: tynerwch, chwilfrydedd, diffyg amynedd, dicter, ac yn olaf nacâd llwyr.

Ar y diwedd y daw cic y stori. Gan geisio profi nad yw'r naratif breuddwyd yn wirionedd dilys, â X i nôl y dillad a'r esgidiau dan sylw: prawf empiraidd na chawsant eu taflu i'r môr. Er mawr siom i X, nid oes golwg ohonynt. Mae'n dychwelyd at Z mewn dryswch. Eto, cred o hyd mai ef (X) biau'r gwir. Ond wrth blygu i lawr i gusanu Z ar y diwedd gwêl yn syfrdan fod gwallt Z yn llawn gronynnau tywod. Dyma brawf diymwad o wirionedd y naratif breuddwyd.

Mae syndod mud X ar y diwedd yn adlewyrchu'n dda syndod y darllenydd o ganfod bod holl safbwynt y naratif hyd yn hyn – sef safbwynt rhesymol a rhesymegol X – wedi ei danseilio. Tanseilir ffydd y darllenydd yn safbwynt yr adroddwr. Rhaid ailasesu natur 'gwirionedd' yn y stori. Ac fe'n gorfodir ninnau'r darllenwyr gan y newid epistem-egol i ddarllen y stori o'r dechrau eto.

Fel y trafodwyd ym mhennod 2, dibynna deinameg y stori ar y modd y chwaraeir â threfn resymegol-amserol naratif. Manteisiol fyddai bwrw golwg fanylach ar strwythur y stori, a dangos sut y datgenir ynddi gyfwerthedd realiti 'golau dydd' ac afrealiti breuddwydion 'y nos'.

Egyr y stori gyda datganiad uniongyrchol gan Z. Cwestiwn sydd yma, a'r cwestiwn hwnnw'n cyfeirio at ddigwyddiad yn y gorffennol: '"I be oeddach di isio taflyd fy mhethau i gyd i'r môr?" medda chdi.'[15] Dyma ein bwrw i ganol naratif na wyddom ddim amdano eto.

Mae yma ddau adroddwr person-cyntaf, a'r ddau yn siarad gyda'i gilydd (gan ddweud 'chdi'): un yn gofyn y cwestiwn (Z), a'r llall yn brif adroddwr sy'n gosod y stori mewn lle ac amser penodol (X). Gan X, felly, y cawn yr wybodaeth am amser a lle datganiad Z: 'Roedd hi'n noson loergan leuad a'r lleufer drwy'r ffenest agored yn sgleinio yn dy lygaid.' Diriaethir sefyllfa'r naratif ganddo, a phwysleisia drefn resymegol-amserol y naratif, gan ddweud: 'Ar wawrio oedd hi.'

Oherwydd ei hollwybodusrwydd, a'i resymeg naratifol, safbwynt X fydd y safbwynt a fabwysiedir gan y darllenydd. Mae X yn cyfar-wyddo'r darllenydd â byd y stori drwy ddefnyddio'r fannod ddwy-waith yn ddangosol (deictic) yn y llinell, 'roedd brefu'r defaid i'w glywed o'r glastraeth'. Defnyddia'r gair 'achos' i ddanlinellu ei resymeg. Hynny yw, o'r dechrau, cymhellir y darllenydd i dderbyn portread X ohono'i hun fel adroddwr hollwybodus, dibynadwy, sy'n deilwng o ffydd y darllenydd ynddo.

Cynyddu wna hyn gyda dechrau'r ail baragraff. Ceir eglurhad (ymddangosiadol) gan X am ddatganiad rhyfedd Z ar ddechrau'r stori. Eglura mai siarad yn ei chwsg y mae Z; a chawn ar ddeall fod hyn wedi digwydd 'o'r blaen'. Dywed X wrthym fod llygaid Z ar agor, ond fe'n sicrheir ei bod yn dal i gysgu: '"Dyna fo, 'mach i," meddwn i. "Cysga di."' Yn wir, diau mai cynyddu barn gadarnhaol y darllenydd am X a wna'r tynerwch hwn.

Parhau i holi a stilio a wna Z, fodd bynnag. Yn raddol, anniddigir y darllenydd. Rhaid gwrando ar naratif Z. Gwelwn yn awr fod peth amheuaeth yn safbwynt yr adroddwr: 'Wyddwn i ddim p'un ai cysgu ynteu wedi deffro oeddach di.' Ni chawn wybod ai ynghwsg ynteu ar ddi-hun y mae Z. Gorfodir yr adroddwr (a'r darllenydd) yn awr i wrando ar y naratif breuddwyd. Hynny yw, daw Z yn awr yn adroddwr hefyd.

Cais X leihau awdurdod Z fel adroddwr. Dywed wrthym fod ei golwg ar y lleuad (awgrym o'r lloerig), a bod ei llais yn bell. Yn wir, cyfeiria yn agored at naratif Z fel 'breuddwyd'.[16] Pwysleisia X ei resymeg drwy gyfeirio at fanylion lle ac amser: 'Roedd blaen y wawr yn dechrau dringo'r parwydydd.' Mae'n ein hatgoffa mai yng ngwyll y bore bach y digwydd y stori, gyda'r awgrym y daw synnwyr eto i deyrnasu gyda golau dydd.

Dechreua Z yn awr ei naratif breuddwyd, gan ei adrodd yn y person cyntaf. Ond parhau y mae'r ymdeimlad mai X yw'r adroddwr gwreiddiol, gryfed oedd ei awdurdod a'i resymeg ar ddechrau'r stori. Wrth i naratif breuddwyd Z gael ei adrodd, cawn X yn holi ac yn stilio yn ddi-baid, gan orfodi cynnwys y breuddwyd i ymateb i ofynion ei resymeg ef. Diau y perchir y persbectif rhesymol hwn gan y darllenydd. Gydag agor y naratif breuddwyd ar lan y môr, gwelwn ymgais agored ar ran X i leoli'r digwyddiadau mewn amser real yn y gorffennol: 'Trio cofio oeddwn i pryd fuon ni i'r traeth ddwytha.' Ymyrrir â'r naratif breuddwyd drwodd a thro. Dymuniadau X sy'n gyrru'r cynnwys yn ei flaen; ni roddir annibyniaeth i Z fel adroddwr y naratif breuddwyd.

Gwrthod derbyn y dyfarniad mai 'dim ond breuddwyd' yw ei naratif a wna Z drwy gydol y stori, gan fynnu eglurhad 'go-iawn' am yr hyn a ddigwyddodd yn y 'freuddwyd'. Yn y man, gwelir X yn colli amynedd ac yn gwylltio. Defnyddia rym rhethreg i bwysleisio ei hygrededd ei hun, gan apelio at gydymdeimlad y darllenydd drwy ddweud ei fod yn 'trio egluro' wrth ei gariad mai afreal yw ei eiriau.[17] Yn ddeheuig, llwydda i bwysleisio'i gywirdeb ei hun yn ogystal ag anwiredd breuddwydion: 'Fyddwn i byth wedi meddwl gwneud y ffasiwn beth, ddim hyd yn oed mewn breuddwyd.'[18] Myn fod toriad y wawr yn hawlio teyrnasiad synnwyr a rheswm: 'Mae'r haul ar godi. Pethau i'r nos ydi breuddwydion.'[19]

Rhyddhad, bron, yw gweld X yn mynd i nôl prawf unwaith ac am byth mai 'dim ond breuddwyd' sydd yma: 'Mi es i estyn dy sibŵts o'r twll dan grisiau, a'th siaced di o'r wardrob ichdi gael gweld 'mod i'n deud y gwir.' Fodd bynnag, daw yn ei ôl at y gwely lle y gorwedd Z o hyd, heb fod wedi dod o hyd i'r prawf angenrheidiol. Wrth ddod yn nes at Z, yr hyn a gaiff, yn hytrach, yw prawf o'i chywirdeb hi: 'Dim ond wrth godi 'mhen a syllu arnat y sylwais fod llond dy wallt o ronynnau bach tywod a'r rheini'n chwincio fel sêr.'

Fel yr haerasai Z, felly, *fe* ddigwyddodd yr ymweliad â'r traeth. Mae'r 'naratif breuddwyd' wedi dweud y gwir o'r dechrau. Naratif 'real' X a fynegodd anwiredd. Ni wnaeth prawf empiraidd ond tanseilio awdurdod ymddangosiadol adroddwr 'realiti'. Naratif ffantasïol y breuddwyd, fel y 'sêr' yn y nos ac yng ngwallt Z, sy'n disgleirio ar y diwedd.

Yr hyn sydd ar waith yn y stori hon yw'r syniad am rym goruwchgof ('hypermnesic') breuddwydion sy'n sylfaen i rai o ddamcaniaethau chwyldroadol Sigmund Freud: y gred fod y breuddwyd yn gwybod ac yn cofio pethau sydd y tu hwnt i gof effro.

Mae'r gred yng ngwirioneddau 'aruchel' breuddwydion – a'u gallu i ymgyrraedd at yr hyn sydd y tu hwnt i ymwybyddiaeth effro – yn gred gyfarwydd. Mae'n gred hollbwysig yn syniadaeth yr ugeinfed ganrif, ers i Freud ei gosod yn sylfaen i'w ymchwiliadau ef i'r isymwybod yn ei astudiaeth arloesol 'Dehongli Breuddwydion' (*Traumdeutung*, 1900).

Ond mae hefyd yn hen gred. Hi sydd wrth wraidd nifer fawr o naratifau breuddwyd mawr y byd lle y dyrchefir y breuddwydiwr yn broffwyd neu'n weledydd. Daethpwyd i ddefnyddio grym symbolaidd ac alegorïaidd y naratif breuddwyd yn arf addysgiadol hynod effeithiol. Ac yn yr ugeinfed ganrif, gwelwyd beirdd, awduron a gwneuthurwyr ffilm yn manteisio ar strwythur breuddwydion – yn enwedig y cy-wasgu delweddau sydd mor nodweddiadol – i greu cyfrwng esthetaidd newydd. Wedi'r cyfan, disgrifiodd Freud ei hun y breuddwyd mewn termau barddonol, fel 'a poetical phrase of the greatest beauty and significance'.[20]

Treiddia'r gred yng ngrym goruwchnaturiol breuddwydion i ddyfn-deroedd diwylliant y byd gorllewinol. Fe'i gwelir ar waith ar ddechrau'r Beibl. Yn llyfr Genesis, er enghraifft, mae breuddwydion proffwydol Joseff yn ei osod ar wahân i'w frodyr. Yn yr Aifft, ei allu i ddirnad breuddwydion Ffaro sy'n gwneud iddo broffwydo dyfodol y deyrnas: drwy'r ddawn hon y daw Joseff yntau i fod yn wladweinydd pwysig a chyfoethog. Mewn llenyddiaeth glasurol, defnyddir y naratif breuddwyd yn offeryn addysgiadol yn *Somnium Scipionis* gan Cicero. Ac roedd *genre* y naratif breuddwyd yn hollbwysig yn yr Oesoedd Canol, er enghraifft yn y *Roman de la Rose*, yn *The Book of the Duchess* gan Chaucer, ac yn *Piers Plowman* gan Langland. Yn y rhain, mynegir gweledigaeth arbennig drwy gyfrwng y naratif breuddwyd.

Roedd y *genre* yr un mor boblogaidd yng Nghymru'r Oesoedd Canol. Yn wir, gellid haeru y buasai'r ffurf hon a gynhwysai'r naturiol a'r goruwchnaturiol gyda'i gilydd wedi apelio'n arbennig at y meddwl canoloesol Cymreig. Fe ganiatâi'r naratif breuddwyd i'r meddylfryd canoloesol Cymreig gynnwys elfennau arallfydol y traddodiad Celtaidd o fewn fframwaith ffuglennol mwy modern (a mwy derbyniol) y naratif breuddwyd. Fel y dywed Nora Chadwick: 'The dream convention serves as a medieval transformation between [the] worlds of reality and fancy.'[21]

Mewn dwy o'r chwedlau a geir yn y 'Mabinogion', sef 'Breuddwyd Macsen Wledig' a 'Breuddwyd Rhonabwy', defnyddir y breuddwyd i gyfleu gweledigaeth arbennig. Gosodir y breuddwydiwr yn y ddwy chwedl hon ar wahân i'w gymdeithion er mwyn pwysleisio ei statws arbennig fel proffwyd neu weledydd. Gwneir hynny yn y ddwy chwedl drwy gyfeirio at hynodrwydd amgylchiadau corfforol y breuddwydiwr. Yn 'Breuddwyd Macsen Wledig', disgrifir yn fanwl amgylchiadau'r cysgu: disgrifir sut y saif gweision Macsen o'i gwmpas gyda'u tariannau a'u gwaywffyn yn ei warchod rhag gwres yr haul. Mae hyn yn gyflwyniad rhethregol i bwysigrwydd y breuddwyd sy'n dilyn. Yn yr un modd, yn 'Breuddwyd Rhonabwy' gwelir bod angen i'r breuddwydiwr ei osod ei hun ar wahân i'r gwŷr eraill. Methu â chysgu na gorffwys y mae Rhonabwy, nes iddo fynd i orwedd ar groen llo. Dyma arwydd arall o hynodrwydd y naratif breuddwyd sydd i ddod.

Mae'r elfen weledol yn bwysig yn y ddwy chwedl hon hefyd. Yn chwedl Macsen dywedir: 'Sef breidwyt awelei', ac yn 'Breuddwyd Rhonabwy' gwelir yr ymadrodd canlynol: 'Ac yngytneit ac y daeth hun yny lygeit *y rodet drych* idaw' (pwyslais wedi'i ychwanegu), a ddilynir wedyn gan 'sef y gwelei'. 'Gweld' breuddwydion a wneir, nid eu 'cael' na'u 'profi', ac ni 'ddônt' i'r breuddwydiwr ychwaith. Hynny yw, mae'r elfen weledol yn greiddiol. Yn yr un modd, 'gweld' breuddwyd a wneir yng nghywydd Dafydd ap Gwilym i'r 'Breuddwyd'. Dyma bwysleisio'r berthynas – sydd eisoes yn bodoli ar lefel eiriol – rhwng 'gweld' a 'gweledigaeth', a hyn sy'n rhoi grym gweledigaethol i'r naratif breuddwyd.

Gellid honni bod y pwyslais gweledol hwn yn hollbwysig yn y cyd-destun Celtaidd, gyda'r hen syniad am y bardd fel rhyw fath o 'broffwyd-weledydd'. Yng ngeiriau Jerry Hunter:

The way in which this persona is employed can be described, if in a somewhat simplified fashion, by reference to two interweaving strands of poetics, both organized around the verb *gweld* (to see). First of all, the medieval Welsh poet – like the early Celtic bards mentioned by Classical writers – accompanied the warriors and reported on the events which transpired on the battlefield . . . These poems are often structured around the word *gwelais* (I saw); the poet is the one who, first of all, sees, and secondly, records what he sees. The early Welsh poet was also thought to be able to 'see' in another very different way; the poets were prophets who could 'see' things which other people did not.[22]

Tybed nad tynnu ar y traddodiad hwn a wna Robin Llywelyn yntau? Yn sicr, cyfeiria ar sawl achlysur at ddylanwad chwedloniaeth Geltaidd ar ei ffuglen, ac mae hyn yn arbennig o wir am y modd y tramwyir y ffin rhwng y real a'r afreal yn ei naratifau. Cyfeiriodd, er enghraifft, at ei hoffter o gred y Celtiaid 'mewn byd arall a oedd yn gyfochrog â'r byd hwn, a'r duwiau weithiau'n medru croesi'r ffin i'n byd ni'.[23] Yn yr un modd, fe'i cawn yn dyfynnu Proinsias Mac Cana a'i syniad fod chwedloniaeth y Cymry a'r Gwyddelod yn caniatáu 'rhwyddineb dychymyg hynod gyda'r naturiol a'r goruwchnaturiol yn cyd-blethu o hyd ac yn ymddatod bron yn ddilyffethair'.[24]

Mae chwedlau'r Mabinogion – a'r elfennau ffantasïol, breuddwydiol sy'n rhan mor sylfaenol ohonynt – hefyd yn chwarae rôl ganolog yn ei etifeddiaeth lenyddol. Cydnabu ei hun fod Llyfr Gwyn Rhydderch wedi dylanwadu arno fel awdur creadigol,[25] ac mae llu o ddarllenwyr a beirniaid wedi cyfeirio at y Mabinogion wrth drafod ei waith. Dyna a wnaeth dau o dri beirniad y fedal ryddiaith yn Eisteddfod Genedlaethol Aberystwyth 1992, wrth drafod cynhysgaeth lenyddol *Seren Wen ar Gefndir Gwyn*.[26] Cyfeiriodd Marion Eames at arddull y nofel fel 'bwrlwm afieithus Mabinogaidd'.[27] I Bethan Mair Hughes, dyma '[r]yw gainc goll o'r Mabinogi'.[28] A gwelodd Katie Gramich debygrwydd rhwng Gwern, arwr nofel Robin Llywelyn, a ffigwr Pryderi yn y Mabinogion.[29]

Enw arall a gysylltir yn aml â gwaith Robin Llywelyn wrth geisio olrhain y dylanwadau a fu arno yw enw 'breuddwydiwr' arall: Ellis Wynne, awdur *Gweledigaetheu y Bardd Cwsc* (1703). Fel gyda'r Mabinogion, gesyd hyn waith Robin Llywelyn yn nhraddodiad rhyddiaith Gymraeg sy'n nodedig am ei bod yn mynd a dod rhwng y real a'r afreal, neu rhwng y naturiol a'r goruwchnaturiol, gan wneud hynny yn aml drwy gyfrwng breuddwydion.

Wrth ddyfarnu'r fedal ryddiaith i Robin Llywelyn am *Seren Wen ar Gefndir Gwyn*, cyfeiriodd Dafydd Rowlands at Ellis Wynne;[30] cysylltodd John Rowlands waith Robin Llywelyn ar ddau achlysur gwahanol â *Gweledigaetheu y Bardd Cwsc*,[31] ac ag Ellis Wynne,[32] mewn ymgais i ddilysu'r defnydd o ffantasi gan Robin Llywelyn. Yn wir, soniodd Robin Llywelyn ei hun am ei edmygedd o'r *Gweledigaetheu*, gan ddweud mai dyma waith a ddylanwadodd arno,[33] a chyfeiriodd at Ellis Wynne fel esiampl o ryddieithwr da.[34]

Rhan ganolog o rym esthetaidd y *Gweledigaetheu* yw'r defnydd a wneir o draddodiad y naratif breuddwyd (drwy gyfrwng y gwaith Sbaeneg gwreiddiol, *Los Sueños* gan Quevedo). Pwysleisiodd Ellis Wynne y wedd hon gerbron ei gynulleidfa Gymraeg drwy ddefnyddio epithed 'y bardd cwsg', sef hen enw ar fardd Cymraeg o'r Oesoedd Canol. Fel yr eglura Aneirin Lewis yn ei gyflwyniad i'r *Gweledigaetheu*:

> Cafodd Ellis Wynne yr enw 'Bardd Cwsc' yn yr hen farddoniaeth frud Gymraeg, oherwydd priodolir llawer o broffwydoliaethau, tebyg i'r rhai a briodolir i Fyrddin a Thaliesin, i hen fardd o'r enw 'Y Bardd Cwsg'.[35]

Drwy osod ei waith yn nhraddodiad breuddwydion y bardd-weledydd Cymreig, gallai Ellis Wynne gynyddu grym proffwydol a chelfyddydol y gweledigaethau ffantasïol a gyfryngwyd iddo drwy'r Saesneg a'r Sbaeneg.

Adleisir naratifau breuddwyd y Mabinogion ym mhwyslais y Bardd Cwsg ar amgylchiadau corfforol y breuddwydiwr. Mae hyn yn amlwg, er enghraifft, ar ddechrau 'Gweledigaeth Cwrs y Byd':

> Felly o hir drafaelio â'm *Llygad*, ac wedi â'm *Meddwl* daeth blinder, ac ynghyscod Blinder daeth fy Meistr Cwsg yn lledradaidd i'm rhwymo; ac â'i goriadeu plwm fe gloes ffenestri fy Llygaid a'm holl Synhwyreu eraill yn dynn ddiogel. Etto gwaith ofer oedd iddo geisio cloi'r *Enaid* a fedr fyw a thrafaelio heb y Corph: Canys diangodd fy Ysryd ar escill Phansi allan o'r corpws cloiedig: A chynta peth a welwn i . . .[36]

Fel yn y Mabinogion, defnyddir y ferf 'gweld' yma er mwyn cyflwyno'r breuddwyd. Wedi i lygaid y Bardd Cwsg gael eu 'porthi' gan olygfeydd allanol, fe'u rhwymir fel y gallant weld golygfeydd mewnol.

Cynyddir hygrededd y breuddwyd drwy gynyddu realaeth amgylchiadau'r breuddwydiwr: fe'i gosodir mewn lle ac amser penodol. O ran amser, egyr y weledigaeth gyntaf 'ar ryw brydnhawngwaith têg o hâ hir felyn tesog', ac ni ddaw cwsg nes bod yr haul 'ar gyrraedd ei gaereu'n y Gorllewin'. Ac o ran lle, cyfeirir at '[f]ynyddoedd *Cymru*' a 'môr y *Werddon*', a phwysleisir 'fy ngwlâd fy hun' drwy ei chymharu â 'Gwledydd pell'.[37] Daw'r ail weledigaeth, 'Gweledigaeth Angeu', ar 'ryw hirnos Gaia dduoer'. Cyfeirir yma at '*Glynn-cywarch*' a mynydd '*Cadair Idris*'.[38] Digwydd y weledigaeth olaf, 'Gweledigaeth Uffern', ar 'foreu têg o *Ebrill* rywiog'; cyfeirir at '*Prydain*'; ac mae'r bardd yn canfod ei hun 'ynglann *Hafren*'.[39] Mae'r cyfeiriadau hyn hefyd yn fodd i

Gymreigio'r naratif, ei 'realeiddio', ac i gynyddu ei ddychan alegorïaidd.

Cymreigio'r addasiad hwn o'r Sbaeneg a'r Saesneg yw un o effeithiau ieithwedd Ellis Wynne hefyd. Defnyddia iaith lafar sy'n sgyrsiol ei naws, fel petai'r breuddwydiwr ei hun yn adrodd cynnwys ei weledigaethau wrthym yn y fan a'r lle. Yn wir, diau mai'r iaith rywiog, leol a ddefnyddia Ellis Wynne i fynegi'r breuddwydion yw un o atyniadau mwyaf y gwaith ar gyfer darllenwyr heddiw, fel y dywed Dafydd Johnston: 'Much of the appeal of Ellis Wynne's work for modern readers lies in his use of the colloquial Welsh of eighteenth-century Merioneth.'[40] Mae hon yn elfen y mae Robin Llywelyn yntau yn fwy nag ymwybodol ohoni. Mewn nodiadau ar gyfer cwrs a gynhaliodd ar ysgrifennu creadigol yng nghanolfan Tŷ Newydd, Llanystumdwy, dewisodd ddyfynnu gwerthfawrogiad John Morris-Jones o arddull ac ieithwedd Ellis Wynne; a mynegir y gwerthfawrogiad hwnnw yn nhermau priod-ddull yr honnir ei fod yn naturiol Gymraeg:

> Nis gallodd neb ar ôl Elis Wyn, oddigerth fe allai Oronwy Owen, ysgrifennu cryfed a chyfoethoced Cymraeg rhydd. Y mae ei arddull yn lân oddiwrth y priod-ddulliau Seisnig a'r ymadroddion llac, eiddil sy weithian, ysywaeth, mor gyffredin.[41]

Yn eu rhan amlwg yn nhraddodiad ffantasïol y naratif breuddwyd, gyda'r pwyslais ar weld a gweledigaethu; yn eu hymwybyddiaeth o'r traddodiad hwnnw ers yr Oesoedd Canol; yn eu defnydd o briod-ddull llafar Sir Feirionnydd; yn y modd y newidir cywair drwodd a thro yn eu rhyddiaith; yn eu dychan ar y gymdeithas gyfoes Gymraeg y perthynant iddi, ac yng ngrym celfyddydol diamheuol eu rhyddiaith, mae'r cyfatebiaethau rhwng Ellis Wynne a Robin Llywelyn yn amlwg. Fe'u pwysleisiwyd ers i waith Robin Llywelyn ymddangos am y tro cyntaf. Ond yn fwyaf oll, yr hyn sy'n uno'r ddau yw eu diléit sylfaenol yn ontoleg breuddwydion, sef yn y tir pawb hwnnw lle mae realiti a ffantasi yn cyd-daro.

Yn ail nofel Robin Llywelyn, *O'r Harbwr Gwag i'r Cefnfor Gwyn*, y gwelir gliriaf bwysiced yw breuddwydion iddo fel modd i dramwyo'r ffin rhwng realiti a ffantasi.[42] Fel y soniodd Katie Gramich, ceir yn y nofel hon 'continuum' didoriad o freuddwydion, chwedlau a realiti.[43] Cadarnheir hyn gan yr awdur. Disgrifiodd Robin Llywelyn y nofel fel cyfuniad bwriadus o naratif realaidd, breuddwydion a hen chwedloniaeth:

Yr hyn sgynnoch chi yn y nofel yma ydi symud 'nôl a blaen rhwng yr ymwybod a'r isymwybod – onid yr isymwybod ydi tarddle pob mytholeg yn y pen draw? – ac mae'r symud hwnnw'n digwydd drwy gyfrwng breuddwydion.[44]

Tipyn o 'freuddwydiwr' yw Gregor Marini, arwr y nofel, o'r dechrau. Yng ngolygfeydd cyntaf y nofel ceir sôn am ei freuddwydion am fywyd gwell yn y Taleithiau Breision. Pan ymguddia – yn ffoadur – mewn blwch mawr, a'r awyr o'i gwmpas yn sych a phoeth, mae ei freuddwydion wrth bendwmpian yn datblygu mewn ffordd nodweddiadol (yn ôl Sigmund Freud). Hynny yw, mae ei syched yn peri iddo freuddwydio am '[l]yncu a llyncu o botelaid o ddŵr byrlymus a'r dŵr yn ffrydio ar ei wyneb ond heb ei ddiwallu'.[45] Hawdd yw cymharu hyn â chyfeiriad Freud at freuddwydiwr sychedig yn dweud: 'I dream I am swallowing water in great gulps.'[46]

Yn yr un modd, mae ei sefyllfa beryglus fel ffoadur yn peri iddo freuddwydio – a breuddwydio liw dydd – am ddyddiau gwell yn y gorffennol: am y gwesty lle'r arferai weithio, ac am Alice, ei hen gariad. Defnyddir breuddwydion yma, felly, yn offeryn i'r awdur allu rhoi manylion am gefndir Gregor mewn ffordd sy'n gydnaws â realaeth y rhan hon.

Fodd bynnag, mae gan Gregor freuddwydion sy'n perthyn i ddimensiwn gwahanol, sef y dimensiwn chwedlonol, isymwybodol. Defnyddir mecanwaith y breuddwyd er mwyn rhoi i naratif realaidd y nofel elfennau ffantasïol. Fel yr eglura Robin Llywelyn yn y dyfyniad uchod, gall y darllenydd dderbyn y siglo ontolegol rhwng realiti a ffantasi, neu rhwng yr ymwybod a'r isymwybod, *o fewn y naratif realaidd*, gan mai drwy freuddwydion y digwydd y siglo hwnnw.

Fel y soniwyd eisoes, mae dau brif naratif yn y nofel hon, sef naratif A (hynt realaidd Gregor fel ffoadur yn y Taleithiau Breision), a naratif B (hynt ei isymwybod, sef hanes Iwerydd a'i hetifeddiaeth 'chwedlonol'). Daw naratif B – naratif yr isymwybod – i'r fei ar adegau pwysig yn natblygiad allanol Gregor yn naratif A.

Yr hyn sy'n drawiadol am rannau ffantasïol naratif B (breuddwydion yr isymwybod) yw'r pwyslais gweledol a chlywedol sydd iddynt. Dechreuir naratif B, er enghraifft, gyda ffôn yn canu mewn ystafell wag a neb yn ei ateb. Ceir naratif B eto ar ddechrau ail bennod y nofel (a'r teip italig yn ei arwyddocáu, fel arfer). Dyma pryd y'n cyflwynir i Iwerydd am y tro cyntaf, a'i henw fel petai'n cynrychioli dyhead Gregor am fywyd newydd mewn byd newydd. Ceir darlun rhamantus o weithwyr fferm yn llafurio ac yn gorffwys ar ddiwrnod braf. Mae'r pwyslais ar y synhwyrau yn drawiadol: ar yr arogli ('oglau lladd gwair mae hi'n glywed gyntaf a hynny o'r llwybr islaw'r ffrwd'); ar y gweld ('mae hi'n eu gweld rŵan rhwng y brigau ac yn gweld y fron yn grwn ac yn felyn dan eu traed'); ar y clywed ('daw ati ar yr awel sibrwd llafnau'r pladuriau drwy'r gwair'), ac ar y cyffwrdd ('mae'r sofl yn cosi ac yn crafu ei fferau').[47] Gweledigaeth freuddwydiol Gregor sydd yma.

Ceir naratif B eto ar ddechrau'r drydedd bennod. Dyma ail weledigaeth freuddwydiol Gregor am fyd Iwerydd. Delfryd gwledig, traddodiadol a synhwyrus sydd yma eto: golygfa mewn ffair gŵyl Fabsant, ac Iwerydd a'i chariad, Deicws, yn dawnsio i sŵn 'y corn canu a'r fagbib'.[48]

Hyd yn hyn, nid oes cysylltiad amlwg rhwng hanes realaidd bywyd Gregor (naratif A) a hanes – gweledigaethol – bywyd Iwerydd yn y Gwynfyd (naratif B). Daw'r trobwynt pan weledigaetha Gregor am fyd Iwerydd am y trydydd tro. Nid oes gwahaniaeth yn y print mwyach: hynny yw, mae naratif A a naratif B wedi cyfuno. Y bont rhyngddynt yw breuddwyd Gregor. Yn gydnaws 'realaidd', felly, breuddwydia Gregor am y Gwynfyd, ac am ei gyfarfyddiad cyntaf ag Iwerydd a Dail Coed, a hynny ar ôl iddo fod yn darllen llyfrau chwedlonol yn y llyfrgell.[49]

Breuddwydia eto yn fuan wedyn, ond mae'r breuddwyd hwn yn fwy o hunllef. Dienyddiad Deicws sydd yma, a Gregor yn dyst i'r cyfan. Teimla Gregor fel petai'r tirlun yn cau amdano yn fygythiol ('[c]aeau a chloddiau a choed o'i gylch hyd y gorwel').[50] Teimla'r gwres a chlyw y lleisiau. Ac yn fwyaf arwyddocaol, mae'r trais yn erbyn Deicws yn achosi poen gorfforol i Gregor: wrth iddo ddeffro mae'n taro ei ben ar y bwrdd gyda chlec.[51]

Fodd bynnag, mae marwolaeth Deicws yn clirio ffordd Gregor at Iwerydd. Dyma fecanwaith breuddwyd ar waith eto: soniodd Freud y gall breuddwydio am farwolaeth rhywun awgrymu dyhead i'w gweld yn marw go-iawn.[52] Yn sicr, mae anallu (neu anfodlonrwydd) Gregor i fynd i achub Deicws yn galw i gof syniad Freud mai ystyr disymudedd mewn breuddwyd yw 'a conflict of will'.[53]

Awgrymir yn gryf, felly, mai isymwybod Gregor sy'n effeithio ar gynnwys ei freuddwydion, os nad yn eu creu yn gyfan gwbl. Y braw yn hyn yw y gall y breuddwydion hynny gael eu gwireddu. Fel yr eglura Bethan Mair Hughes: 'Pan freuddwydia Gregor am y golygfeydd chwedlonol sydd yn y llyfrau llyfrgell, nid yw hi'n ormod i ni gredu ei fod yn mynd i mewn i'r chwedl ac yn ei newid ychydig bach.'[54]

Bellach, daw Gregor fwyfwy yn rhan o fywyd Iwerydd. Pan ddaw naratif B i'r fei nesaf, mae'n arwyddocaol mai sôn am Alice, hen gariad Gregor, a wna. Nid oes troi'n ôl bellach: mae Gregor yn awr yn rhan o fywyd Iwerydd a'r Gwynfyd. Caiff Gregor ei benodi'n 'heliwr chwedlau' swyddogol gan y Du Traheus, ac mae hyn fel petai'n pwysleisio'n swyddogol ei gysylltiad â byd chwedlonol y Gwynfyd.

Uchafbwynt y nofel – yn sicr o ran ei strwythur 'breuddwydiol' – yw pan ymyrra breuddwydion isymwybodol Gregor i'r fath raddau â'i ymwybyddiaeth effro nes bod naratif A a naratif B, sef 'realiti' a 'ffantasi', yn cydymdreiddio. Symbol o'r cydymdreiddio hwnnw yw'r botwm arian a rydd Gregor i Iwerydd (botwm a ddarganfu yn un o'i freuddwydion isymwybodol).[55] Fel y noda Katie Gramich: 'Gall Gregor hyd yn oed ddod ag arwyddion yn ôl o'i deithiau breuddwydiol i'r Gogledd Dir.'[56] Digwydd hyn i'r cyfeiriad arall hefyd. Pan rydd Dail Coed y glain neidr i Gregor i'w roi i'r Du Traheus,[57] galluogir y Du Traheus i ddychwelyd i'w ddimensiwn gwreiddiol, sef y dimensiwn chwedlonol. Hynny yw, fe'i galluogir i ddianc o realiti i ffantasi.[58]

Yn ddiweddarach daw Iwerydd hithau i dderbyn y tramwyo rhwng realiti a ffantasi, neu rhwng yr ymwybod a'r isymwybod. Wrth i Gregor sôn am ei freuddwydion fe'i hysgogir hithau i gofio pethau a fyddai fel arall y tu hwnt i'w chof effro: 'Dim ond rŵan dwi'n cofio. Hogan oeddwn innau ar y pryd.'[59]

Ond nid â chyfarfyddiad Gregor ac Iwerydd y derfydd pwrpas naratif B. Yn hytrach, daw i gyfleu ail ddimensiwn 'ffantasïol' y nofel, sef dimensiwn chwedlonol y perthyn y Du Traheus iddo. Dau ddarn yn naratif B y mae a wnelo nhw â theyrnas freuddwydiol y Du Traheus. Ychydig a gyfrannant at blot neu 'ddadl' y nofel. Gweithredant, yn hytrach, ar y lefel ddisgyrsaidd, gan osod y nofel mewn ontoleg chwedlonol ei naws.

Elfennau o chwedloniaeth Geltaidd sydd yn y ddau ddarn, wedi eu cyfuno bron ar hap i greu ymddangosiad *pastiche* o fyd chwedlonol. Enwir coed, elfennau ym myd natur, ffigyrau chwedlonol, a gwrthrychau a gysylltir yn gyffredin â'r un chwedloniaeth, megis llestr aur, glain neidr a bwrdd gwyddbwyll.[60] Defnyddir cywair aruchel hynafol ynddynt: cyfarchiadau ffurfiol, brawddegau annormal a geiriau hynafol. Dyrchefir y Du Traheus (yn llythrennol gorfforol, felly): ymddengys yn y darn cyntaf mewn pulpud,[61] ac yn yr ail ar 'orsedd las . . . ar ben y bryncyn'.[62]

Mae'r chwedloniaeth – yn ei lluniad *pastiche* yn y darnau hyn – yn ymffurfio yn ddimensiwn ar wahân yn nychymyg y darllenydd. Nid chwedloniaeth Geltaidd benodol sydd yma, ac mae hyn yn llesteirio dehongliad alegorïaidd o'r nofel. Ymgais sydd yma, yn hytrach, i ddadleoli a dadamseru realaeth y nofel mewn mannau penodol, gan ddangos ymyriant ffantasi freuddwydiol â realiti materol. Law yn llaw â hyn ceir ymgais i ddad-fydoli rhai o ddimensiynau'r nofel (diwylliant y Gwynfyd, yn benodol), gan greu gwrthbwynt trawiadol â'r rhyfel – ac â'r dwristiaeth sy'n dilyn – a ddaw i ddinistrio'r diwylliant hwnnw.

Yng nghydymdreiddiad y real a'r breuddwydiol, tanseilir rhediad amser y nofel drwyddi draw. Nofel gylchol ei gwead ydyw. Mae'r ffôn sy'n canu'n ofer ar y dechrau, 'rywle yng nghanol cyfnos y ddinas',[63] yn cael ei ateb ar y diwedd gan Hunydd, merch Iwerydd a Gregor. Dyma symbol o gysylltiad y real a'r afreal. Yn wir, ar ddiwedd y nofel ceir aduniad corfforol Gregor, Iwerydd a Hunydd. Mae'r tensiwn rhwng byd breuddwydion a'r byd go-iawn – y tensiwn sy'n rhoi cymeriad arbennig y nofel iddi – yn diflannu wrth i'w breuddwyd hwythau gael ei wireddu.

Nid damweiniol o bell ffordd yw bod enw arwr *O'r Harbwr Gwag i'r Cefnfor Gwyn*, Gregor Marini, yn galw i gof enw arwr un o storïau enwocaf yr awdur modernaidd, Franz Kafka, sef Gregor Samsa (o'r stori 'Die Verwandlung', neu 'Y Trawsffurfiad'). Hwyrach mai Kafka, yn anad unrhyw awdur arall, a roes i'r naratif breuddwyd (neu'r naratif hunllef, yn hytrach), ei wedd fwyaf real a chofiadwy yn yr ugeinfed ganrif. Mynegi ei edmygedd eithriadol o naratifau hunllef Kafka a wneir yng ngeiriau Mihangel Morgan a ddyfynnwyd ar ddechrau'r bennod hon, ac mae wedi trafod gwaith Kafka mewn perthynas â naratifau breuddwyd Ellis Wynne mewn erthygl arall.[64]

Yn sicr, mae elfennau yng ngwaith Robin Llywelyn sy'n galw i gof drwodd a thro elfennau yng ngwaith Kafka, ac yn mynnu ein bod yn cydnabod rhyw gysylltiad rhwng y ddau. Yn *O'r Harbwr Gwag i'r Cefnfor Gwyn*, er enghraifft, mae anturiaethau Gregor wedi ei ddyfodiad i'r Taleithiau Breision yn ymdebygu i anturiaethau arwr y nofel *Amerika* gan Kafka, Karl Roßman, wedi iddo yntau gyrraedd yr Unol Daleithiau. Mae dryswch Gregor yn ei wlad newydd, a'r digwyddiadau anesboniadwy sy'n dod i'w ran ynddi, yn galw i gof hynt Josef K., arwr y nofel *Der Prozeß* ('Y Prawf'). Ac mae presenoldeb gorthrymus Castell Entwürdigung yn *Seren Wen ar Gefndir Gwyn* yn galw i gof gastell Kafka yn y nofel *Das Schloß* ('Y Castell').

Nid yw'n syndod, felly, gweld bod enw Kafka yn dod i'r fei dro ar ôl tro wrth i ddarllenwyr geisio gosod rhyddiaith ffantasïol Robin Llywelyn, nid yn unig yn ei thraddodiad Cymreig perthnasol, ond hefyd mewn traddodiad modernaidd Ewropeaidd. Wrth drafod *O'r Harbwr Gwag i'r Cefnfor Gwyn*, er enghraifft, defnyddiwyd yr ansoddair 'Kafkaaidd' gan Harri Pritchard Jones,[65] Katie Gramich,[66] a chan John Rowlands ddwywaith.[67] Defnyddiwyd fersiwn Saesneg yr ansoddair hwn (sef 'Kafkaesque') hefyd gan Katie Gramich.[68] Yn yr un modd, cyfeirir yn aml at enw Kafka mewn trafodaethau ar waith Robin Llywelyn yn gyffredinol, megis gan Peter Finch,[69] Dafydd Rowlands[70] a John Rowlands.[71] Yn wir, mae Robin Llywelyn ei hun wedi cydnabod ei ddyled i waith Kafka ar ddau achlysur:[72] mewn darlith anghyhoedd-edig i Gymdeithas Owain Cyfeiliog, Llangollen, enwodd nofel Kafka, *Das Schloß*, yn ysgogiad i *Seren Wen ar Gefndir Gwyn*, a dywedodd fod nofel arall gan yr un awdur, *Amerika*, ganddo yn 1995.[73]

Fel y gwelir yn y stori 'Y Trawsffurfiad', mae breuddwydion yn elfennau canolog yng ngwaith Kafka. Ar ddechrau'r stori, dihuna'r prif gymeriad, Gregor Samsa, un bore 'o freuddwydion anniddig'.[74] Sylweddola ei fod wedi ei drawsffurfio yn drychfilyn anferth. Dyma ddigwyddiad afreal, ond pwysleisir gan yr adroddwr *nad breuddwyd ydoedd*. Triga Gregor am weddill y stori yn y cyflwr hunllefus hwn. Ond mae ei amgylchiadau a'i weithgareddau yn parhau i ddigwydd yn ôl rhesymeg realaidd. Gwireddwyd y weledigaeth hunllefus, ac fe'i trinnir wedyn yn ôl patrymau normalrwydd y byd 'effro'.

Ymgorfforir y realiti sydd o'i gwmpas gan ei chwaer a'i rieni. Maent hwy yn ffieiddio at gyflwr Gregor ac yn ei esgymuno. Cawn glywed yn y man i Gregor fyw mewn dieithrwch yn y teulu am beth amser cyn y trawsffurfiad. Canlyniad corfforol y dieithrwch, felly, yw'r traws-ffurfiad. Mae'r haniaeth wedi troi'n ddiriaeth: daeth y breuddwyd (yr hunllef) yn wir.

Yr un yw mecanwaith breuddwydiol y nofel, *Der Prozeß* ('Y Prawf'). Yma, gwelir sut y mae teimladau euog yr arwr, Josef K., yn gwneud iddo gael ei arestio go-iawn. Mae'r arestio, fe ymddengys, yn gwbl ddi-sail. Ond mae erlyn yr awdurdodau ar Josef K. yn gwbl real, i bob golwg. Fel gyda Gregor Samsa, mae'r hunllef absẃrd sy'n sail i'r naratif yn digwydd wrth i Josef K. orwedd yn ei wely ryw fore. Hynny yw, mae agosrwydd y 'trawsffurfiad' a'r 'prawf' at amgylchiadau breuddwydio yn amlwg ac yn arwyddocaol. Deinameg 'Y Prawf' yw ymdrechion Josef K. i resymoli'r erlyn afreal sydd arno yn ôl patrymau realiti go-iawn. Ofer yw ei ymdrechion.

Yr hyn a geir yn y ddau naratif hyn gan Kafka – ac i raddau llai yn *Das Schloß* – yw delwedd ffantasïol sy'n cael ei gosod mewn realiti, a'i datblygu'n rhesymegol fel petai'n llythrennol wir. Ysgrifennodd Kafka ei hun mewn llythyr at ei gariad, Felice Bauer, fod ei deulu'n gwneud iddo deimlo weithiau 'fel trychfilyn'. Yr hyn a geir yn 'Y Trawsffurfiad' yw hepgor y gair 'fel' sy'n echel i'r gyffelybiaeth. Daw'r cyflwr o fod *fel* trychfilyn yn gyflwr o fod *yn* drychfilyn. Ymdrinnir â'r ddelwedd afreal mewn ffordd realaidd, lythrennol, a dilëir ar yr un pryd ddeuoliaeth arferol y gyffelybiaeth neu'r trosiad. Mae i'r ddelwedd, waeth pa mor ffantasïol, ei realiti ei hun yng ngwaith Kafka.

Gwelir y broses hon ar ei mwyaf clir yn un o ddarnau rhyddiaith byrion Kafka, sy'n dwyn y teitl, 'Die Brücke' ('Y Bont').[75] Mae'r teitl yn un addas, gan y gellid dweud mai dyma'r bont hollbwysig rhwng ffantasi a realiti, neu rhwng y trosiadol a'r llythrennol.

Disgrifia'r adroddwr ei gyflwr ei hun fel un caled ac oer. Oherwydd hyn, fe'i cymhellir i'w ystyried ei hun yn bont. Yng ngweddill y darn, daw'r bont bersonoledig hon i fod â'i realiti ei hun. Bellach yn annibynnol ar yr adroddwr gwreiddiol, daw i sôn amdani hi ei hun yn y person cyntaf. Mae cynsail y trosiad a roes fod i'r bont yn y lle cyntaf wedi mynd i ebargofiant, ac yn null mecanwaith breuddwydion, daw'r elfen afreal i lywodraethu yn realaidd.

Mae'r un dechneg ar waith mewn stori ffantasïol gan Robin Llywelyn, '*Reptiles Welcome*' (yn wir, gwnaethpwyd y cysylltiad rhwng y stori hon ac 'Y Trawsffurfiad' gan Kafka, yn agored gan Menna Baines[76]). Yn '*Reptiles Welcome*' daw delwedd sy'n ffantasïol i ddechrau i lywodraethu yn realaidd. Adroddwr y stori yw Belinda, sef armadilo sydd wedi dianc o'r sŵ ac sy'n mynd i westy am y tro cyntaf. (Soniodd John Rowlands i'r stori hon gael ei hysgogi gan arwydd 'reps welcome' a welodd Robin Llywelyn y tu allan i westy,[77] gan ein hatgoffa am y modd y gall breuddwydion hefyd, yn ôl Freud, gael eu hysgogi gan gysylltiadau geiriol.)

Fel petaem ym myd breuddwydion, gweithreda'r elfen afreal yn realaidd. Mae gan Belinda nodweddion dynol: mae'n siarad, yn yfed cwrw, yn dawnsio ac yn cael rhyw gyda dyn. Cynyddir realaeth y stori gan syndod y cymeriadau (dynol) eraill o weld y fath beth yn digwydd. Daw'r armadilo'n fwyfwy annibynnol wrth i'r ddelwedd ffantasïol ennyn mwy a mwy o hyder yn ei chyd-destun newydd, nes cyrraedd yr adeg pan y sbaddir y treisiwr, Walter Harris, gan Belinda. Y ddelwedd ffantasïol – cynrychioliad o ddiwylliant bach dan orthrwm y diwydiant twristaidd, yn ôl Menna Baines[78] – sydd rymusaf ar y diwedd.

Tebyg yw amcan darn rhyddiaith Kafka, 'Y Bont', i amcan un o 'sbarion' rhyddiaith Robin Llywelyn ar ddiwedd y gyfrol *Y Dŵr Mawr Llwyd*. Dyma ddyfynnu'r darn yn ei gyfanrwydd:

Roeddan ni mewn car. Golff to agored a dim ond y gwynt yn canu. Yn dreifio'n hir hyd traethau heulog a merched bronnoeth ym mhobman, rhai'n torheulo. Roedd yr arbenigwyr yn dweud fod yr haul yn ddrwg i'r croen. Chwilio am rywun oeddwn i. Ni. Dwi'n cofio ni'n troi o'r traeth hyd lonydd y twyni draw i'r dref a'i strydoedd gwyngalchog a'i chysgodion. Mynd am y fferi oeddan ni, goro croesi. Nes inni'n sydyn sylweddoli nad oedd yr ochor arall ddim yn bod.[79]

Awgrymir mai breuddwyd sydd yma. Mae'r adroddwr yn gwneud ei orau i gofio digwyddiadau lled-aneglur yn y gorffennol, ac yn eu hadrodd wrth wrandawr (gan ein hatgoffa o sefyllfa'r naratif yn y stori 'Llawn Iawn yw'r Môr'). Mae yma gyfosod delweddau synhwyrus, yn ddigyswllt, bron. Mae yma elfen o ffantasi yn y darlun o'r 'merched bronnoeth ymhobman'. Mae'r cofio yn weithred ymwybodol ('dwi'n cofio'), ond eto mae ansicrwydd yn yr awdur ynghylch pwy, mewn gwirionedd, yw'r goddrych ('i'/'ni'). Trawiadol hefyd yw absenoldeb unrhyw blot trefnus.

Ond o fewn fframwaith ffuglennol y darn hwn gwelir bod i'r 'breuddwyd' ei rym ei hun. Gellir ei ddarllen yn llythrennol: mae'n gweithio'n annibynnol fel darn o ryddiaith. Yn wir, gwneir hyn yn drawiadol o amlwg ar y diwedd pan sylweddolir nad cynrychioliad cyfochrog o unrhyw realiti yw'r ffantasi hon. Ni all unrhyw bontio symbolaidd ddigwydd, oherwydd '[d]oedd yr ochor arall ddim yn bod'. Croeswyd pont Kafka unwaith ac am byth yma. Tanseilir ar y diwedd unrhyw syniad fod yna realiti diysgog yn bodoli ar 'yr ochor arall', realiti y gellid angori'r ffantasi wrtho. Fel y dywed Kathryn Hume: 'literature relying on dreams can remind us of this loophole in our rationality, and challenge our casual assurance, particularly if the dream world asserts its own substantiality.'[80]

Yn fwy felly nag yn nhebygrwydd enwau personau a lleoedd, ac yn nhebygrwydd pensyfrdandod rhai o arwyr eu prif weithiau, gwelir dylanwad rhyddiaith Kafka ar ryddiaith Robin Llywelyn yn fwyaf eglur yn y modd y mae delweddau ffantasïol yn awtonomeiddio, ac yn gweithredu yn ôl patrymau rhesymegol realaidd. Y mae'n ddylanwad sylfaenol a phellgyrhaeddol. Ac y mae'n rhoi tro modernaidd – hunllefus – i ymwybyddiaeth Robin Llywelyn o draddodiad breuddwydiwr-weledydd y Mabinogion a *Gweledigaetheu y Bardd Cwsc*. Gan Kafka a Robin Llywelyn fel ei gilydd, defnyddir mecanwaith breuddwydion i dramwyo'r ffin rhwng y real a'r afreal.

Er gwaethaf traddodiad lled-ffantasïol Ellis Wynne a'r Mabinogion, anarferol, yng nghyd-destun rhyddiaith Gymraeg ddiweddar, yw defnydd Robin Llywelyn o'r naratif breuddwyd fel egwyddor sy'n caniatáu siglo rhwng ffantasi a realiti. Diau mai syndod i lawer o ddarllenwyr *Seren Wen ar Gefndir Gwyn*, er enghraifft, oedd newydd-deb y byd ffantasïol a bortreadwyd ynddi. Newydd, yng nghyd-destun y nofel Gymraeg, oedd y creadigaethau ffantasïol a frithai ei thudalennau. Newydd oedd yr enwau dieithr a roddwyd ar y creadig-aethau hynny (er y dylid nodi i Wiliam Owen Roberts ddefnyddio enwau tebyg wyth mlynedd ynghynt yn *Y Pla*[81]). Newydd, ymhellach, oedd y modd yr aeth Robin Llywelyn ati i danseilio realaeth drwy gyfrwng breuddwydion ac elfennau chwedlonol yn *O'r Harbwr Gwag i'r Cefnfor Gwyn*, heb sôn am ffantasïau grotésg storïau *Y Dŵr Mawr Llwyd*.

Fel y soniwyd uchod, mae elfennau ffantasïol i'w canfod yn rhai o 'glasuron' rhyddiaith yr iaith Gymraeg. Ond bach yw'r defnydd o ffantasi mewn llenyddiaeth ddiweddar. Fel y datganodd Menna Baines: 'Traddodiad realaidd fu traddodiad y nofel Gymraeg o'r dechrau.'[82] Yn ôl John Rowlands, mae rhyddiaith Gymraeg fodern (a'r nofel yn benodol) wedi ei gwreiddio yn realaeth bicarésg nofelau Daniel Owen yn y bedwaredd ganrif ar bymtheg: 'Fe'i siarsiodd Rhys Lewis ei hun ar ddechrau'i hunangofiant i "ddyweyd y gwir, yr holl wir, a dim ond y gwir", a diolch byth am hynny, oherwydd dyna sylfaenu realaeth y nofel Gymraeg.'[83] Yn wir, gwreiddiau realaidd sydd i'r nofel Ewrop-eaidd erioed, ac mae hynny'n amlwg wrth ddarllen gweithiau nofelwyr megis Immermann, Balzac a Dickens.

Ymhellach, dylanwadwyd yn drwm ar ddatblygiad y nofel Gymraeg gan Anghydffurfiaeth a ddrwgdybiai gelfyddyd ar y cyfan. Fel yr eglura John Harvey: 'Nonconformity was among the most powerful forces acting upon nineteenth and early twentieth-century Wales.'[84] Deilliai'r ddrwgdybiaeth o egwyddorion sylfaenol y Diwygiad Protestannaidd: yr ymgais i ymwrthod â thraddodiadau eiconograff-aidd Catholigiaeth, a'r dyhead i ddyrchafu'r Beibl yn dra-awdurdod pob ymarweddiad crefyddol. Hynny yw, ymwrthodwyd ag unrhyw weithgaredd nad oedd yn rhan o ddysg y Beibl.[85] Crynhoesai'r diwinydd John Calvin, yn ei *Institutes of Christian Belief* (1536) gredo'r diwygwyr ynghylch celfyddyd, gan bwysleisio cynnwys yr Ail Orchymyn, sef na ddylid gwneud unrhyw 'ddelw gerfiedig' neu debyg-rwydd i un dim.[86] Adlewyrchiadau amherffaith ac annigonol oedd pob portread gweledol o Dduw; ni ellid gwneud cyfiawnder â'i fawredd drwy gelfyddyd.

Fodd bynnag, caniataodd Calvin ddwy ffurf gelfyddydol yn

llawforynion dysg y Beibl, sef portreadau o ddigwyddiadau pwysig yn hanes y grefydd, a phortreadau o ffigyrau crefyddol pwysig. Hynny yw, caniataodd le i gelfyddyd yn hyrwyddwr crefydd. Yn sgil hyn, gwelwyd yng Nghymru'r bedwaredd ganrif ar bymtheg gynnydd mewn 'llenyddiaeth' Anghydffurfiol, sef mewn Beiblau, esboniadau a chyhoeddiadau crefyddol. Yr oedd bri mawr yn ogystal ar gofiannau a hunangofiannau gweinidogion a saint eraill.

Ar y *genre* hwn yr impiwyd y nofel Gymraeg gynnar. Realaeth – dynwarediad agos o'r 'ffeithiol' – oedd yr unig fynegiant llenyddol derbyniol. Mae petruster y camau cyntaf oddi wrth y 'ffeithiol' a thua'r 'ffug' i'w weld yn rhagymadrodd Daniel Owen i *Rhys Lewis* (1885). Dyma ymgais i niwlogi'r ffin rhwng *genre* derbyniol y cofiant crefyddol a *genre* annerbyniol y nofel: ceisir trallwyso cywirdeb y naill i'r llall. Yn y rhagarweiniad, cyflwynir y naratif ffuglennol yn rhith naratif ffeithiol. Hunangofiant gweinidog Anghydffurfiol ydyw, fe haerir, ac mae ei bwyslais ar 'ddweud y gwir' yn fyrdwn eironig o ddatseiniol. Drwy gyfrwng y gêm awdurol a chwaraeir gan Daniel Owen ar ddechrau'r nofel, mae awdur ac adroddwr y nofel yn ymbellhau oddi wrth anwireddau canolog y testun.

Awgrymu rhywfaint o effaith Anghydffurfiaeth ar ddatblygiad y nofel Gymraeg a wna rhagarweiniad *Rhys Lewis*, a'i danseilio (dros dro). Fel yr eglura John Rowlands, roedd rhith 'ffeithiol' y nofel Gymraeg gynnar yn golygu mai 'o hynny ymlaen y maen prawf pwysicaf oll wrth drafod nofelau oedd a oedd y cymeriadau'n rhai cig-a-gwaed'.[87]

Gwreiddiodd realaeth naturiolaidd yn ddwfn yn nhraddodiad y nofel Gymraeg, felly. Dim ond yn hwyrfrydig yr ymddihatrwyd oddi wrtho a hwyrach mai ffantasi a ddefnyddiwyd yn brif offeryn yr ymddihatru poenus hwnnw. Afraid dweud i'r ymddihatru ddigwydd fwyaf yn y cyfnod pan welwyd y gwanychiad mwyaf yng ngrym Anghydffurfiaeth Gymreig: cafwyd cwymp o fwy na deuparth yn nifer yr Annibynwyr Cymreig, er enghraifft, yn hanner olaf yr ugeinfed ganrif, sef o 122,620 yn 1950 i tua 40,000 aelod yn 1998.[88]

Fodd bynnag, dim ond yn raddol y daethpwyd i gofleidio llenyddiaeth ffantasïol ar draul realaeth. Yn ôl Marion Eames, dechreuwyd symud oddi wrth realaeth yn 1961 gyda chyhoeddi nofel Caradog Prichard *Un Nos Ola Leuad*. Dyma nofel a wnâi gryn ddefnydd o dechnegau modernaidd gwrth-realaidd, megis dadleoli amser, ymson fewnol ac altro cyweiriau. O hynny ymlaen, haera Marion Eames, y gwelwyd awduron yng Nghymru yn gwerthfawrogi 'the creative value of an escape from realism'.[89]

Ond yn negawd a hanner olaf yr ugeinfed ganrif yn unig y gwelwyd awduron Cymraeg yn mynd ati'n fwriadus i ganfod mynegiant amgenach na realaeth. Disgrifio'r traddodiad realaidd fel 'attenuated' a wnaeth Katie Gramich yn 1995.[90] Yn sicr, roedd teimlad ar led fod angen newid oddi wrth realaeth, dros dro, o leiaf.

Ganol y 1980au, gyda dwy nofel ôl-fodernaidd Wiliam Owen Roberts, sef *Bingo!* (1985) ac *Y Pla* (1987), gwelwyd y camau cyntaf tuag at wrthrealaeth go-iawn. Dilynwyd hyn gan nofelau Robin Llywelyn rhwng dechrau a chanol y 1990au, gyda'u defnydd o elfennau a thechnegau a gysylltir â ffuglen wyddonias ac â realaeth hudol. Yn yr un cyfnod, cafwyd gan Angharad Tomos gyfres o nofelau a danseiliai realaeth draddodiadol drwy dechnegau hunangyfeiriadol, symbolaeth ddwys ac – yn achos *Wele'n Gwawrio* (1997), yn enwedig – ddatblygiad plot swrrealaidd.

Yn fwyaf trawiadol cafwyd yn rhyddiaith Mihangel Morgan drwy gydol y 1990au ymosodiadau cwbl systematig ar realaeth Gymraeg draddodiadol. Yn ei nofel ef, *Melog* (1997), y cafwyd y feirniadaeth fwyaf llym, hyd yn hyn, ar yr hyn y gellid ei alw yn 'gyfeiliornad' realaeth. Negyddir ganddo 'wirionedd' honedig portreadau realaidd, a defnyddia ffantasi i danseilio monopoli realaeth naturiolaidd ar y 'gwir'. Arbenigrwydd celfyddydol *Melog* yw'r modd y defnyddir modelau realaeth, dim ond i'w tanseilio wedyn. Mae'n llawn disgrifiadau gorfanwl ac ychwanegiadau ffeithiol mewn cromfachau, fel pe na bai'r adroddwr yn siŵr pryd i roi'r gorau i gyflenwi gwybodaeth. Dafaden wyllt yw epistemeg yma. Ac ar draws y patrymau absŵrd o realaidd fe ymyrra'r ffantasïol (hynny yw, yr hyn sydd yn annerbyniol i'r realydd). Personolir yr ymyrraeth hon gan Melog, sy'n herio realaeth empiraidd nodweddiadol y *Gwyddoniadur*. Cyfyd tensiwn rhwng byd Melog a byd 'go-iawn' Dr Jones, ac mae'r tensiwn hwn yn cynnig gofod i awdur y nofel feirniadu cymdeithas Dr Jones a hunanfynegiant y gymdeithas honno mewn celfyddyd. Ym marn Melog ei hun, ildio i wirionedd y dychymyg yw dymuniad llawer un yng nghymdeithas Dr Jones, ond eu bod, fel realaeth ei hun, fe dybir, yn 'rhy lwfr a diantur – a *bourgeois*'.[91]

Nid felly yn union mo'r sefyllfa yng nghyd-destun rhyddiaith Gymraeg y 1990au, fodd bynnag. Yn 1995, nododd Martin Davis fod 'nifer cynyddol o awduron . . . yn troi'n benodol at ffantasi fel cyfrwng i ymestyn yr ymchwil am ystyr'.[92] Cyfeiriodd Menna Baines dair blynedd yn ddiweddarach at 'fath newydd o ryddiaith Gymraeg sydd wedi dod yn amlwg yn ddiweddar – mae'n rhoi lle canolog i bethau hurt ac absŵrd ac anhygoel, ac yn troi ein syniad ni o realiti a'i ben i lawr'.[93] Yn wir, enwodd Menna Baines Mihangel Morgan a Robin Llywelyn yn ddau o brif gynrychiolwyr ysgrifennu gwrthrealaidd yn y 1990au, a'u dylanwad chwyldroadol ar ryddiaith Gymraeg yn dechrau dangos:

> Mewn tair blynedd cawsom dair nofel sy'n gwbl wahanol i unrhyw beth sydd wedi'i gyhoeddi yn Gymraeg o'r blaen [hynny yw, *Seren Wen ar Gefndir Gwyn, Dirgel Ddyn* ac *O'r Harbwr Gwag i'r Cefnfor Gwyn*], gan ddau awdur sy'n arbrofi gyda ffyrdd newydd o ddweud stori . . . Efallai ei bod yn rhy gynnar eto i sôn am ysgol o ysgrifennu newydd ffantasïol yn Gymraeg, ond mae'n ymddangos bod gwaith y ddau awdur cyffrous yma yn dechrau dylanwadu ar ysgrifenwyr eraill.[94]

Gyda seciwlareiddio diwylliant y Gymru Gymraeg yn negawdau olaf yr ugeinfed ganrif, daethpwyd i gydnabod 'gwirionedd' byd-olygon llai llythrennol. Sonia Robin Llywelyn, mewn erthygl ar 'Geltigrwydd', iddo gofleidio ffantasi yn ei waith fel dihangfa rhag 'Calfiniaeth a Phresbyteriaeth'.[95] Ac mewn erthygl ganddo ar y nofel, mynega ei anhoffter o'r 'Hen Nofel' realaidd draddodiadol am ei bod yn 'nofel ddosbarth canol, foesgar, driw i realaeth, hir o rif tudalennau a byr o gic'.[96]

Yn sgil damcaniaethau Marcsaidd beirniaid llenyddol megis Georg Lukács, ac ymdriniaethau dadadeiladol gan ôl-strwythurwyr megis Jacques Derrida a Roland Barthes, daethpwyd i gwestiynu 'gonest-rwydd' honedig realaeth naturiolaidd ac i haeru bod pob math o ddisgyrsiau a rhagdybiaethau ideolegol ar waith wrth i realaeth ymdrin â'r byd. Gwelir effaith y syniadaeth hon ar ddatganiad Wiliam Owen Roberts fod realaeth yn ddull ysgrifennu bwrgais ac yn 'hangofyr egwan . . . o ryddiaith'.[97] Ffantasi, eto, a ddaw yn fodd i ymwrthod â'r realaeth 'fwrgais' hon, wrth iddo haeru bod i'r traddodiad rhyddiaith Cymraeg fwy yn gyffredin â 'realaeth hudol Gabriel García Márquez na realaeth pafin Paris Balzac'.[98]

Yn sicr, gwelwyd cynnydd mewn llenyddiaeth wrthrealaidd yn rhyngwladol yn ystod degawdau olaf yr ugeinfed ganrif. 'Readers,' nododd Christine Brooke-Rose, 'are bored with realism.'[99] Ac yn ôl Kathryn Hume, gwir werth y nofel realaidd oedd y modd y tros-glwyddai wybodaeth am fywyd i ddarllenwyr: cyfrwng epistemegol ydoedd (mae nofelau 'cydwybod gymdeithasol' Charles Dickens yn enghraifft amlwg o hyn). Ond noda Hume fod y pwyslais hwn ar gynnull mwy a mwy o wybodaeth ar fin chwythu'i blwc, gan fod canolbwyntio'n fwyfwy manwl ar brofiad yn rhwym yn y pen draw o ddihysbyddu ystyr.[100]

Yn oes yr *information overload*, lleihau y mae gwerth 'gwybodaeth' fel y cyfryw, ac yn ôl Kathryn Hume, daeth realaeth yn gyfrwng llai na boddhaol i gyfleu ystyron ein realiti.[101] Fel y soniodd John Rowlands, daethpwyd i ffafrio ymchwil am foddau newydd i ddehongli gwybodaeth. Symudodd y pwyslais o'r epistemegol i'r ontolegol.[102] Wrth i dechnoleg electronig ddatod hen hualau amser a lle (hoelion wyth y bydolwg realaidd), gellid honni bod ffantasi wrthrealaidd yn gyfrwng mwy boddhaol i fynegi'n profiad.

Ymhellach, mae perthynas gynhenid rhwng ffantasi lenyddol a realiti'r Gymru Gymraeg yn y 1990au. Haws ydoedd i awduron yn y gorffennol bortreadu cymunedau Cymraeg yn realaidd. Adlewyrchu realiti y gymdeithas uniaith Gymraeg mewn pentref fel Rhosgadfan a wnaeth Kate Roberts, er enghraifft. Doedd dim llestair o safbwynt 'gonestrwydd' cymdeithasol iddi wneud hynny yn y dull realaidd. Erbyn diwedd yr ugeinfed ganrif, fodd bynnag, a'r glastwreiddio a'r darnio a fu ar gymdeithas organaidd Gymraeg, nid yn rhwydd y portreedir *yn realaidd* y gymdeithas honno. Fel yr awgrymir eto ym mhennod olaf y gyfrol hon, rhwydweithiau, yn hytrach na didoredd Cymraeg sy'n bodoli fwyfwy. Felly, gellid dadlau nad realaeth sy'n annigonol o safbwynt y diwylliant, ond mai y diwylliant, yn hytrach, sy'n annigonol o safbwynt realaeth. Bydd realaeth draddodiadol yn rhwym o fradychu realiti'r Gymraeg. A bydd realyddion na fynnant ddefnyddio talpiau helaeth o Saesneg yn rhwym o bortreadu byd sydd – yn empiraidd – yn afreal.

Gellid dweud, felly, mai elfen ganolog yn ffantasi *Seren Wen ar Gefndir Gwyn* (dyweder), yw ei Chymreictod Cymraeg hollgyffredinol, heb sôn am rywiogrwydd y Gymraeg a siaredir gan ei chymeriadau. Hyn yw ei chic iwtopaidd. Yn yr un modd, elfen 'afreal' bwysig yn storïau byrion Mihangel Morgan yw bod y cymeriadau oll yn siarad Cymraeg, er eu bod yn aml yn hanu o gefndir dinesig, ôl-ddiwydiannol. Yn eu hafrealaeth anochel y mae'r gweithiau hyn ar eu mwyaf realistig.

Mae'n demtasiwn gorbwysleisio tueddiadau gwrthrealaidd awduron rhyddiaith y 1990au. Cyfran fechan a goleddai dueddiadau felly. Parhau a wnâi mwyafrif awduron Cymraeg y degawd i ysgrifennu fwy neu lai yn ôl y patrymau realaidd. Fodd bynnag, enynnodd y gweithiau ffantasïol – a'u hawduron – gryn sylw oherwydd newydd-deb y technegau a ddefnyddid ganddynt, technegau a fynnai syflyd y berthynas draddodiadol rhwng awdur, darllenydd a thestun yn y Gymraeg. A diau i'r sylw gynyddu wrth i dri o'r awduron 'gwrthrealaidd' a enwyd uchod – Robin Llywelyn, Mihangel Morgan ac Angharad Tomos – ennill prif wobr ryddiaith y Gymraeg, y fedal ryddiaith, ar gyfanswm o bum achlysur yn ystod y 1990au.

Nid heb wrthwynebiad, yn sicr, yr aethpwyd yn groes i'r traddodiad realaidd. Soniodd John Rowlands, er enghraifft, am y farn na cheid gan y gwrthrealyddion ddim ond damsang di-barch ar gonfensiynau llenyddol.[103] A cheir yr un ymdeimlad gan Marion Eames a ysgrifennodd hyn yn 1997:

> Anyone who hasn't been a·cultural Rip Van Winkle for the past ten years or so will be aware that something explosive has happened to Welsh writing during this time. For the moment I'm speaking in particular about writing in the Welsh language, which probably needed a bit of shifting in any case, though not everyone agrees that the shifting has gone in the right direction.[104]

Awdures realaidd yw Marion Eames ei hun, ond datganodd hithau – yng nghyd-destun *Seren Wen ar Gefndir Gwyn* – ei bod yn 'amser i ni gael rhywbeth gwahanol'.[105] Ond nid felly lu o feirniaid a sylwebyddion a amheuai fod ffantasi – a'i chydymaith aml, ôl-foderniaeth – yn gyfystyr â dihangfa anghyfrifol. Fel yr awgryma trafodaeth Johan Schimanski ar *Seren Wen ar Gefndir Gwyn*, realaeth a ddefnyddiwyd yn y gorffennol i greu ac i gynnal 'mythau' cenedlaethol:

> Mae nofelau Cymraeg yn y gorffennol wedi chwarae rhan fawr wrth ffurfio a dychmygu ymwybyddiaeth genedlaethol Gymraeg. Mae'r cywair realaidd, fel y sylwodd Benedict Anderson yn ei *Imagined Communities* (1983), yn meddu grym i ddychmygu bodolaeth syncronig cenedl gyfan.[106]

I amddiffynwyr realaeth, doedd ffantasi (yn enwedig o'i chysylltu â syniadaeth ôl-fodernaidd chwareus), yn ddim llai nag ymgais i ddianc oddi wrth realiti a chyfrifoldebau ieithyddol a chenedlaethol.

Yn wir, gwelid yr un cyhuddiad – yn anymwybodol, bron – ymhlyg yn sylwadau beirniaid a oedd fel petaent o blaid ffantasi. Wrth drafod *Seren Wen ar Gefndir Gwyn*, er enghraifft, galwodd Martin Davis y nofel yn 'stori antur ddihangol'. Ar yr un pryd, ymwrthododd â'r syniad am ffantasi lenyddol fel 'hunanfaldod gwirion, deunydd amrwd egotistaidd, sy'n ymylol ac yn eilradd i ganol y lli llenyddol'.[107] Cyfeirio at ddihangfa a wnaeth Bethan Mair Hughes – er ei gwaethaf, fel petai. Gwadodd y cyhuddiad fod natur ôl-fodernaidd *Seren Wen ar Gefndir Gwyn* yn golygu diffyg ymrwymiad diwylliannol, gan bwysleisio Cymreictod cynhenid y nofel. Ond yna, yn baradocsaidd, gwanycha ei dadl drwy ddefnyddio'r gair 'dianc':

> Nid yw'n ddigon bodloni ar alw'r nofel yn waith ôl-fodernaidd (er ei bod) oherwydd teimlir ein bod yn darllen gwaith person a gostrelodd ei ddysg a'i brofiad o Gymreictod go iawn i freuddwyd effro ac a adawodd i'w ragfarnau a'i amheuon am fywyd go iawn a fyddai fel arfer ynghudd ddianc yn y daith ryfeddol hon.[108]

Nid yw ymwybyddiaeth Gymreig Robin Llywelyn ('ei ddysg a'i brofiad o Gymreictod') dan amheuaeth. Ond honnir iddo drawsnewid yr ymwybyddiaeth hon yn 'freuddwyd effro' ac yn ddihangfa ('dianc') rhag 'bywyd go iawn'.

Ymateb i amheuon o'r fath a wna Menna Baines wrth drafod gwaith Robin Llywelyn a Mihangel Morgan, gan bwysleisio posibiliadau gwleidyddol ffantasi:

> Camgymeriad mawr fyddai meddwl bod y ddau lenor yma yn dianc rhag realiti'r byd o'u cwmpas . . . Yn sicr mae Robin Llywelyn a Mihangel Morgan yn trafod y byd a Chymru heddiw, dim ond eu bod yn gwneud hynny mewn ffordd wahanol i ddull uniongyrchol y nofel a'r stori realaidd. Maen nhw'n defnyddio ffantasi i fwrw golwg ar bethau sy'n digwydd o'u cwmpas, yn wleidyddol ac yn ddiwylliannol.[109]

Yn yr un modd, soniodd beirniad fel Gerhard Hoffmann am swydd-ogaeth gywirol ffantasi.[110] I feirniad arall, Lawrence Venuti, nid dihangfa mo ffantasi o gwbl, eithr 'interventions into a cultural situation'.[111] A gwrthod yn chwyrn y syniad bod llenyddiaeth ffantasïol yn gyfystyr â dihangfa hunan-faldodus a wna Kathryn Hume. Iddi hi, yr unig ddihangfa gynhenid mewn ffantasi yw dihangfa rhag tra-awdurdod diwylliannol, ac ymchwil am bosibiliadau eraill wrth drefnu profiad.[112] Pwysleisia mai llenyddiaeth *weledigaethol* yw ffantasi sy'n ein galluogi i weld 'the limitations of our notions of reality, often by presenting one that seems more rich, more intense, more coherent (or incoherent), or somehow more significant'.[113] Fel yn achos *Melog*, yn y tensiwn rhwng y byd go-iawn a byd ffantasi y testun llenyddol y mae gwir botensial gwleidyddol ffantasi.

Mewn darlith a draddododd yng Ngŵyl Lenyddiaeth Flynyddol Caerdydd yn 1995, sonia Robin Llywelyn am y lles celfyddydol a gwleidyddol a ddaw o ddefnyddio ffantasi mewn llenyddiaeth. Myn le canolog i ffantasi yn nhraddodiad llenyddiaeth Gymraeg: 'Bu chwed-loniaeth a ffantasi yn ddylanwadau llesol iawn ar lenyddiaeth Gymraeg ar hyd yr oesoedd ac maen nhw'n dal i fod felly heddiw.'[114] Dyma nodwedd sy'n gosod llenyddiaeth Gymraeg yn glir mewn perthynas agos â'r 'rhan fwya' o lenyddiaethau'r byd'. A defnyddia hyn er mwyn gwahaniaethu rhwng llenyddiaeth Cymru a llenyddiaeth Lloegr: diffyg ffantasi sydd i'w gyfrif am y 'sychdwr creadigol' presennol yn llen-yddiaeth Lloegr sy'n 'pryderu beirniaid llenyddol'.[115]

Mae'n ddigon posib mai 'taro'r post i'r pared glywed' a wnâi Robin Llywelyn yma. Dyrnaid o awduron Cymraeg yn unig a ddefnyddiai elfennau gwrthrealaidd yn eu gwaith yn 1995, er i'r awduron hynny fod yn destun sylw a dadlau ar y sîn lenyddol Gymraeg. Ond gwelai sawl un ffantasi yn fodd i adnewyddu a bywiocáu rhyddiaith Gymraeg ar adeg pan ymddangosai fod realaeth wedi chwythu ei phlwc. Dyna yn ddiau gred Robin Llywelyn. Drwy gyfeirio at sefyllfa rhyddiaith 'ddi-ffantasi' Lloegr – yn gam neu'n gymwys – fel 'sychdwr creadigol', a chan gyfeirio at yr elfennau ffantasïol llesol yn llenyddiaethau'r byd, eglurai Robin Llywelyn ei gymhellion yntau dros ddefnyddio ffantasi, a chymhellai awduron eraill i'w ddilyn.

Yn arwyddocaol, â Robin Llywelyn rhagddo i drafod dylanwad adnewyddol ffantasïau Iolo Morganwg ar ddiwylliant Cymru. Cyfeiria at y modd y creodd Iolo Morganwg ddelwedd ramantaidd – a chwbl anwireddus – o Gymru'r gorffennol. Cyfeiria hefyd at y modd y llyncodd Cymry'r cyfnod y ddelwedd honno 'yn ddi-halen'.

Nid beirniadaeth sydd yma. Canmol Iolo Morganwg a wna Robin Llywelyn am fedru argyhoeddi'r Cymry o ddilysrwydd ei freudd-wydion, am ysgogi cenedlaethau o feirdd ac awduron i ddathlu'r gorffennol lliwgar hwn, ac am greu ymwybyddiaeth genedlaethol ymhlith y Cymry pan nad oedd sefydliadau cenedlaethol ganddynt. Gan gydnabod yn agored rym diwylliannol a gwleidyddol ffantasi, awgryma yr un pryd natur rithiol hanes yn gyffredinol: 'Mae llawer o lenyddiaeth y cyfnod, a chyfnodau wedyn, wedi ei seilio ar rith o hanes, a dyna brofi peth o ddylanwad ffantasïau Iolo Morganwg ar ein llên.'

Cydnabod y mae werth yr hyn a alwodd Prys Morgan yn 'the importance in Wales of the deliberate invention of tradition',[116] a chanol-bwyntio ar un ffigwr hanesyddol a gyflawnodd hynny. Mae'n arwyddocaol, yng nghyd-destun ein trafodaeth ar ddefnydd Robin

Llywelyn o freuddwydion a ffantasïau yn y bennod hon, i Prys Morgan ddisgrifio Iolo Morganwg fel 'wild dreamer'.[117] Sicrhaodd Iolo Morganwg realiti ei freuddwydion, yn goncocsiwn o draddodiadau a dychmygion a gafodd effaith wleidyddol barhaol ar ddiwylliant Cymru.

Mewn cyfweliad yn *Golwg* fis Mawrth 1992 (bum mis cyn cyhoeddi *Seren Wen ar Gefndir Gwyn*), cwynodd M. Wynn Thomas ynghylch cyflwr rhyddiaith Gymraeg. Datganodd ei farn nad oedd realaeth bellach yn fodd boddhaol i fynegi'r profiad Cymreig cyfoes:

> Fydden i'n cytuno'n fras nad yw llenorion Cymru ar hyn o bryd megis yn ymateb i'r byd sydd ohoni o ran eu dull nhw o sgrifennu . . . mi fydde'n dda gen i weithiau petai nofelwyr Cymru, dros dro beth bynnag, yn bwrw heibio ffurf realaeth. Rwy'n credu fod hwnna wedi mynd yn ffurf rhy ystrydebol, rhy gyfarwydd, rhy gyfforddus o lawer. Fe hoffen ni eu gweld nhw yn sylweddoli taw yn y Gymraeg y sgrifennwyd y Mabinogi.[118]

Dyma eiriau amserol. Roedd nofel ffantasïol arloesol Robin Llywelyn eisoes wedi ei chyfansoddi, ac wedi ei chyflwyno i'r Eisteddfod Genedlaethol ar gyfer cystadleuaeth y fedal ryddiaith. Enillodd y fedal ym mis Awst 1992. Ac wrth feirniadu'r nofel fe cyfeiriodd Robert Rhys ati fel 'cyflawni[ad]' o ddyheadau M. Wynn Thomas.[119]

Wrth 'gyflawni' dyhead a oedd yn bodoli y tu allan i gystadleuaeth y fedal ryddiaith cynyddu a wnaeth arwyddocâd a goblygiadau *Seren Wen ar Gefndir Gwyn*. A thybed nad dyma un eglurhad dros frwdfrydedd gormodieithol y tri beirniad a ddyfarnodd iddi'r fedal ryddiaith, a'u diléit gorawenus yn ymateb cymesur i'r ffaith fod yma freuddwyd yn cael ei wireddu.

Nodiadau

1. Mihangel Morgan, 'Y Seiffr', yn Manon Rhys (gol.), *Storïau'r Troad* (Llandysul, 2000), 76–89, 78.
2. John Rowlands, Adolygiad ar *Y Dŵr Mawr Llwyd*, *Golwg* (10 Awst 1995), 25.
3. Katie Gramich, 'O'r seren wen i'r cefnfor gwyn', *Taliesin*, 87 (Hydref 1994), 106.
4. Bethan Mair Hughes, 'Dwy nofel, dau fyd, un gamp', *Golwg* (18 Gorffennaf 1994), 21.
5. Defnyddir y gair 'realiti' yma i gyfeirio at batrymau profiad y cytunir (yn weddol gyffredinol) eu bod yn batrymau dilys, ynghyd â phortread 'naturiolaidd' o'r patrymau hynny mewn llenyddiaeth.
6. Robin Llywelyn, 'Llenor Porthmeirion', *Llais Llyfrau* (Hydref 1993), 7.

7 Cyfweliad gyda Robin Llywelyn, *Beti a'i Phobl*, Radio Cymru, 15 Ionawr 1995.

8 Sigmund Freud, *The Interpretation of Dreams*, cyf. gan James Strachey (Llundain, Efrog Newydd, 1991), 113.

9 Robin Llywelyn, *Y Dŵr Mawr Llwyd* (Llandysul, 1995), 123.

10 Sigmund Freud, *The Interpretation of Dreams*, 452.

11 Terry Eagleton, *Literary Theory: An Introduction* (Rhydychen, Cambridge, Massachusetts, 1983), 180.

12 John Rowlands, Adolygiad ar *Y Dŵr Mawr Llwyd*, 25.

13 Ibid.

14 Defnyddiwyd, er cyfleustra, ragenw benywaidd wrth ymdrin â Z, a rhagenw gwrywaidd wrth ymdrin â X, ond nid oes unrhyw reswm o fewn y stori dros wneud hyn.

15 Robin Llywelyn, *Y Dŵr Mawr Llwyd*, 22.

16 Ibid., 23.

17 Ibid., 25.

18 Ibid., 25 ymlaen.

19 Ibid., 26.

20 Sigmund Freud, *The Interpretation of Dreams*, 382.

21 Nora Chadwick, *The Celts* (arg. newydd, Llundain, 1997), 294.

22 T. Gerald [Jerry] Hunter, 'Poetry 1969–1996', yn Dafydd Johnston (gol.), *A Guide to Welsh Literature c.1900–1996* (Caerdydd, 1998), 122.

23 Robin Llywelyn, 'Ffantasi, llên a mi', *Golwg* (19 Hydref 1995), 16.

24 Ibid., 17. Ac idem., 'Diffinio'r nofel', *Llais Llyfrau* (Gaeaf 1995), 10.

25 Idem, 'Deg ateb i ddeg cwestiwn', *Taliesin*, 98 (Haf 1997), 8.

26 Alun Jones a Dafydd Rowlands yn W. J. Jones (gol.), *Cyfansoddiadau a Beirniadaethau Eisteddfod Genedlaethol Ceredigion, Aberystwyth, 1992* (Llandybïe, 1992), 134 a 139.

27 Marion Eames yn 'Llyfrau '92', *Taliesin*, 81 (Ebrill, 1993), 23.

28 Bethan Mair Hughes, 'Nid gêm Nintendo yw hyn, ond bywyd!', *Tu Chwith*, 1 (Ebrill/Mai 1993), 44.

29 Katie Gramich, 'O'r seren wen i'r cefnor gwyn', *Taliesin*, 87 (Hydref 1994), 105.

30 *Cyfansoddiadau a Beirniadaethau Eisteddfod Genedlaethol Ceredigion, Aberystwyth, 1992*, 139.

31 John Rowlands, 'Holi prifeirdd a phrif lenor Nedd', *Taliesin*, 87 (Hydref 1994), 18.

32 John Rowlands, 'Chwarae â chwedlau: cip ar y nofel Gymraeg ôl-fodernaidd', *Y Traethodydd*, 151 (Ionawr 1996), 17.

33 Robin Llywelyn, 'Deg ateb i ddeg cwestiwn', 8.

34 Robin Llywelyn, 'Ffantasi, llên a mi', 16.

35 Ellis Wynne, *Gweledigaetheu y Bardd Cwsc*, gyda rhagymadrodd gan Aneirin Lewis (Caerdydd, 1960), vii.

36 Ibid., 5 ymlaen.

37 Ibid.

38 Ibid., 54.

39 Ibid., 83.

40 Dafydd Johnston, *A Pocket Guide: The Literature of Wales* (Caerdydd, 1994), 58.

41 Nodiadau anghyhoeddedig gan Robin Llywelyn; dyfynnir y darn o John Morris-Jones (gol.), *Gweledigaetheu y Bardd Cwsc* (Bangor, 1898), xxxiv.

42 Ceir defnydd tebyg o freuddwydion yn nofel Eirug Wyn, *Tri Mochyn Bach* (Talybont, 2000). Dehonglwr breuddwydion yw Mair, adroddwr y nofel, a defnyddir breuddwydion i darfu ar realiti empiraidd ac i gynnwys dimensiwn yr isymwybod yn y nofel.

43 Katie Gramich, 'O'r seren wen i'r cefndir gwyn', 105.

44 Robin Llywelyn yn 'Holi prifeirdd a phrif lenor Nedd', 19.

45 Robin Llywelyn, *O'r Harbwr Gwag i'r Cefnfor Gwyn* (Llandysul, 1994), 11.

46 Sigmund Freud, *The Interpretation of Dreams*, 201.

47 Robin Llywelyn, *O'r Harbwr Gwag i'r Cefnfor Gwyn*, 24.

48 Ibid., 46.

49 Ibid., 62.

50 Ibid., 63.

51 Ibid., 64.

52 Sigmund Freud, *The Interpretation of Dreams*, 348.

53 Ibid., 452.

54 Bethan Mair Hughes, 'Dwy nofel, dau fyd, un gamp', *Golwg* (18 Awst 1994), 21.

55 Robin Llywelyn, *O'r Harbwr Gwag i'r Cefnfor Gwyn*, 102.

56 Katie Gramich, O'r seren wen i'r cefnfor gwyn', 106.

57 Robin Llywelyn, *O'r Harbwr Gwag i'r Cefnfor Gwyn*, 136.

58 Ibid., 155 ymlaen.

59 Ibid., 156.

60 Ibid., 137.

61 Ibid., 93.

62 Ibid., 137.

63 Ibid., 7.

64 Mihangel Morgan, 'Ellis Wynne, Kafka, Borges', *Llên Cymru*, 20 (1995), 56–61.

65 Harri Pritchard Jones, 'Pensaer bro dychymyg', *Barn*, 380 (Medi 1994), 50.

66 Katie Gramich, 'O'r seren wen i'r cefnfor gwyn', 105.

67 John Rowlands, Adolygiad ar *O'r Harbwr Gwag i'r Cefnfor Gwyn*, *Llais Llyfrau* (Gaeaf, 1994), 11. John Rowlands, 'Chwarae â chwedlau: cip ar y nofel Gymraeg ôl-fodernaidd', 19.

68 Katie Gramich, 'The Welsh novel now', *Books in Wales* (Winter 1995), 5.

69 Peter Finch, 'A brilliant place', *Planet*, 125 (1995), 99.

70 Dafydd Rowlands, *Cyfansoddiadau a Beirniadaethau Eisteddfod Genedlaethol Ceredigion, Aberystwyth, 1992*, 139.

71 John Rowlands yn 'Holi prifeirdd a phrif lenor Nedd', 8.

72 Robin Llywelyn, 'Deg ateb i ddeg cwestiwn', 8. Robin Llywelyn, 'A place in the scheme of things', *Prom* (cylchgrawn cyn-fyfyrwyr Prifysgol Cymru Aberystwyth), 1997, 33.

73 Robin Llywelyn, 'Diffinio'r nofel?', *Llais Llyfrau* (Gaeaf 1995), 5.

74 Franz Kafka, *Sämtliche Erzählungen* (Stuttgart, 1981), 7.

75 Ibid., 284.

76 Menna Baines, *Pum Awdur Cyfoes* (Caerdydd, 1997), 90.

77 John Rowlands, 'Nid "seren wib"', *Golwg* (10 Awst 1995), 25.

78 Menna Baines, *Pum Awdur Cyfoes*, 91.

[79] Robin Llywelyn, *Y Dŵr Mawr Llwyd*, 133.

[80] Kathryn Hume, *Fantasy and Mimesis* (Efrog Newydd, Llundain, 1984), 127.

[81] Wiliam Owen Roberts, *Y Pla* (Caernarfon, 1987).

[82] Menna Baines, *Pum Awdur Cyfoes*, 86.

[83] John Rowlands, 'Chwarae â chwedlau: cip ar y nofel Gymraeg ôl-fodernaidd', 5.

[84] John Harvey, *The Art of Piety: The Visual Culture of Welsh Nonconformity* (Cardiff, 1995), 3.

[85] Ibid., 5.

[86] Ecsodus 20:4.

[87] John Rowlands, 'Chwarae â chwedlau: cip ar y nofel Gymraeg ôl-fodernaidd', 5.

[88] Ffigurau drwy garedigrwydd Undeb yr Annibynwyr Cymreig.

[89] Marion Eames yn *Celtic Literature and Culture in the Twentieth Century*, gol. Eurwen Price (Bangor, 1997), 32.

[90] Katie Gramich, 'The Welsh novel now', *Books in Wales* (Winter 1995), 5.

[91] Mihangel Morgan, *Melog* (Llandysul, 1997), 97.

[92] Martin Davis, 'Bwrw golwg gam ar realiti', *Taliesin*, 80 (Ionawr/Chwefror 1993), 80.

[93] Menna Baines, *Pum Awdur Cyfoes*, 86.

[94] Ibid., 87.

[95] Robin Llywelyn, 'Celtigrwydd', *Llais Llyfrau* (Gwanwyn 1998), 5.

[96] Robin Llywelyn, 'Diffinio'r nofel?', 9.

[97] Wiliam Owen Roberts, 'Nofela yn y ganrif nesaf', *Llais Llyfrau* (Gaeaf 1996), 11.

[98] Ibid., 4.

[99] Christine Brooke-Rose, *A Rhetoric of the Unreal* (Caergrawnt, 1981) 174.

[100] Kathryn Hume, *Fantasy and Mimesis*, 41.

[101] Ibid., 39.

[102] John Rowlands, 'Chwarae â chwedlau: cip ar y nofel Gymraeg ôl-fodernaidd', 7.

[103] John Rowlands, 'The novel', yn Dafydd Johnston (gol.), *A Guide to Welsh Literature c.1900–1996*, (Caerdydd, 1998), 196.

[104] Marion Eames yn *Celtic Literature and Culture in the Twentieth Century*, 30.

[105] Marion Eames yn 'Llyfr (mwya' dadleuol) y flwyddyn', *Golwg* (6 Mai 1993), 19.

[106] Johan Schimanski, 'Genre a chenedl', *Tu Chwith*, 1 (Ebrill/Mai 1993), 39.

[107] Martin Davis, 'Bwrw golwg gam ar realiti', 100.

[108] Bethan Mair Hughes, 'Nid gêm Nintendo yw hyn, ond bywyd!', 43.

[109] Menna Baines, *Pum Awdur Cyfoes*, 79–80.

[110] Gerhard Hoffmann, 'The Fantastic in Fiction', *Yearbook of Research in English and American Literature*, 1, 1982, 276.

[111] Lawrence Venuti (gol.), *Rethinking Translation: Discourse, Subjectivity, Ideology* (Llundain, Efrog Newydd, 1992), 204.

[112] Kathryn Hume, *Fantasy and Mimesis*, 123.

[113] Ibid., 82.

[114] Robin Llywelyn, 'Ffantasi, llên a mi', 16.

[115] Ibid., 17.

[116] Terence Ranger ac Eric Hobsbawm (gol.), *The Invention of Tradition* (Caergrawnt, 1992), 56.

[117] Ibid., 61.

[118] M. Wynn Thomas, 'Iaith newid y byd', *Golwg* (12 Mawrth 1992), 19.

[119] *Cyfansoddiadau a Beirniadaethau Eisteddfod Genedlaethol Ceredigion, Aberystwyth, 1992*, 135.

5

Ar Ddu a Gwyn: Print

'The medium is the message,' medd arwyddair enwog Marshall McLuhan.[1] Mae'n arwyddair cwbl gymwys ar gyfer nofel gyntaf Robin Llywelyn, a'i phriod-ddull llafar radical. Tensiwn rhwng cyfryngau yw hanfod cynhysgaeth *Seren Wen ar Gefndir Gwyn*, ac ynddi mae anterth tensiynau tebyg rhwng y print a'r llafar yn llenyddiaeth Gymraeg y 1990au.

Cyfiawn y proffwydolodd Robert Rhys y byddai'n rhaid i'r darllenydd o Gymro, wyneb yn wyneb â *Seren Wen ar Gefndir Gwyn*, 'fod yn barod i addasu ei arferion a'i ddisgwyliadau darllen'.[2] Roedd priod-ddull llafar y nofel yn arloesol ac yn hollbresennol. A diau i beth o'r anhawster a brofwyd gan ddarllenwyr ddeillio o geisio ymgyfarwyddo â'r trawsgrifiadau ffonetig, wrth i'r iaith lafar (dafodieithol) gael ei rhoi mewn print.

Tafodiaith lafar a siaredir gan y rhan fwyaf o siaradwyr y Gymraeg yn ddyddiol. Ond anaml y gwelir yr amrywiaith (*heteroglossia*) hon ar ddu a gwyn. Cymraeg safonol a ddefnyddir gan amlaf wrth ysgrifennu. Graffolect ydyw, sef iaith sy'n bodoli'n gyfan gwbl fel iaith ysgrifenedig. A galw i gof eiriau Robert Rhys, dyma iaith 'arferion' a 'disgwyliadau darllen' y gynulleidfa Gymraeg. Hon y disgwylir ei gweld mewn print, waeth pa mor wahanol y bo i iaith siarad bob dydd. Mae'r cyfrwng yn pennu'r ieithwedd: Cymraeg llafar (tafodieithol) ar gyfer sgwrsio; Cymraeg safonol (di-dafodiaith) ar gyfer print. Dyma'r rheol gyfarwydd.

Ceir gorgyffwrdd cymhleth rhwng yr amrywiadau sy'n rhoi bod i'r iaith Gymraeg. O fewn fframwaith yr iaith ysgrifenedig, ar un llaw, gwelir ffuglenwyr a dramodwyr yn defnyddio'r iaith lafar wrth bortreadu sgwrs, ymson cymeriad, neu naratif adroddwr penodol, neu er mwyn creu naws arbennig. Mae'r iaith safonol a ddefnyddir gan

Kate Roberts yn ei naratifau hi, er enghraifft, yn frith o eiriau ac ymadroddion a ddetholwyd ganddi o iaith lafar Arfon er dibenion celfyddydol. Mae'r un peth yn wir hefyd am storïau byrion D. J. Williams. Defnydd celfyddydol penodol o'r iaith lafar mewn print a geir yma, ac fe'i ceir mewn rhyw ffurf neu'i gilydd yng ngweithiau llu o awduron Cymraeg. Ym maes barddoniaeth, gwelwyd bardd fel Dewi Emrys yn dewis barddoni mewn tafodiaith, yn gydnaws â thraddodiad llafar y bardd gwlad. Yn wir, mae canu tafodieithol y traddodiad gwerin neu'r traddodiad 'gwlad' yn enghraifft amlwg o dramwyo'r ffin rhwng y llafar a phrint.

Defnyddiodd Caradog Prichard ac R. Gerallt Jones iaith lafar bröydd eu magwraeth hwy, Bethesda a Phen Llŷn, yn eu nofelau, *Un Nos Ola Leuad* a *Gwared y Gwirion*, yn benodol er mwyn peri i lais y plentyn-adroddwr ddatseinio. Gellid dweud mai un o gyfraniadau mwyaf ffrwythlon moderniaeth i lenyddiaeth Gymraeg oedd y modd yr aeth awduron fel Caradog Prichard – a T. H. Parry-Williams yntau – ati i geisio creu priod-ddull modernaidd Cymraeg drwy ymyrryd yn systematig â'r iaith safonol gyda'r iaith lafar. Mewn ysgrif o'r enw 'Gollyngdod', gwelir T. H. Parry-Williams yn agored yn dadadeiladu cyfrwng y print.[3] '*Stop press*' yn ei hanfod yw 'Gollyngdod'. Drwy leoli ysgrif gyfan yn y bwlch rhwng testun yn ei ffurf wreiddiol a thestun yn ei ffurf orffenedig brintiedig, dyma'r awdur modernaidd hwn o Gymro'n tynnu sylw at y bwlch hwnnw.

O fewn fframwaith yr iaith lafar, gwelir siaradwyr yn defnyddio elfennau Cymraeg ysgrifenedig dan bwysau amgylchiadau arbennig. Mewn sefyllfaoedd ffurfiol, megis mewn cyfweliad neu mewn anerchiad cyhoeddus, er enghraifft, ceir siaradwyr yn defnyddio cystrawennau 'safonol', sy'n mynd yn groes i'w patrymau siarad arferol. Ceir yn yr un modd enghreifftiau o ynganu geiriau'n llafar yn ôl eu gwedd ysgrifenedig, er enghraifft, ynganu'r terfyniad lluosog '-au' yn ei gyfanrwydd, yn hytrach na'r '-a' neu'r '-e' a lefarir gan amlaf. Mae hon yn nodwedd amlwg o 'Gymraeg y pulpud'. Ac mae darllen testun printiedig yn uchel – gerbron cynulleidfa, dyweder – yn enghraifft bellach o ddrysu cyfatebiaethau sy'n ymwneud ag ieithwedd a chyfrwng. Didoredd o ieithweddau sydd yma, wedi'r cwbl, ac nid rhaniadau anghyffwrdd; a cheir cydymdreiddio parhaus rhwng y llafar a phrint.

Yn gyffredinol, fodd bynnag, gellid ystyried Cymraeg llafar (yn ei holl amrywiaeth tafodieithol) a Chymraeg safonol yn ddau amrywiad ar y Gymraeg a ddefnyddir ar gyfer gwahanol gyfryngau: y naill i siarad a'r llall i ysgrifennu. Mae ymyrryd â hyn yn tynnu sylw, boed hynny drwy ddefnyddio geiriau a chystrawennau nodweddiadol lafar, neu – fel sy'n digwydd yn aml – drwy ddefnyddio orgraff lafar ffonetig. Gall yr ymyrryd, ar dro, beri dryswch neu lesteirio deall. A gall fod yn weithred heriol.

Mewn print, felly, po fwyaf yr ymbellhau oddi wrth yr iaith Gymraeg safonol, anhawsaf fydd y darllen. Yn nofel gyntaf Robin Llywelyn, fel y soniwyd uchod, mae'r ymbellhau yn drawiadol ac yn hydreiddiol. Mae'r nofel wedi'i *hysgrifennu/phrintio* drwyddi draw mewn priod-ddull amlwg *lafar*, a'r priod-ddull hwnnw hefyd yn dra thafodieithol (gan berthyn i fro magwraeth Robin Llywelyn, sef Meirionnydd/Ardudwy). I'r darllenydd, diau i hyn beri'r anhawster y soniodd Robert Rhys amdano wrth feirniadu *Seren Wen ar Gefndir Gwyn*:

> Fydd y modd y mae'r awdur yn ystumio neu'n anwybyddu confensiynau orgraff traddodiadol ddim yn plesio pawb, ond rhaid derbyn mai dyma un o'r llwybrau y bydd llenorion arloesol yn eu dewis er llunio eu priod-ddull eu hunain.[4]

Anos, o gymharu â darllen testunau safonol arferol, fydd darllen yr iaith lafar mewn print yn y testun hwn. Gellid dweud mai amcan 'confensiynau orgraff traddodiadol' yw gwahaniaethu rhwng iaith lafar a phrint. O 'ystumio' neu 'anwybyddu' y confensiynau hynny, felly, drysir y ffin rhwng y ddwy ieithwedd.

Dyma enghraifft o baragraff agoriadol y nofel (yn dilyn hanes rhagarweiniol y clerc Zählappell sydd mewn print italig ac mewn iaith safonol):

> Roeddwn i wedi bod yn rhy brysur yn chwilio welwn i chdi'n croesi stryd yn rhwla i sylwi fawr ar hwn a'r llall â'i fys ar f'ôl a hon a hon yn cilwenu'n gynnil wrth fy ngweld i'n pasio. Feddyliais i ddim byd ohono fo tan nes plannodd Dei Dwyn Wya'i benelin yn fy 'sennau fi a wincian arna'i'n slei. Nid asbri'r noson yn unig oedd yn sgleinio'n ei llgadau.

Sylwer ar nodweddion amlwg lafar y dyfyniad hwn. Ceir ynddo ddefnydd helaeth o ffurfiau tafodieithol sy'n perthyn i'r amrywiaith lafar yn unig, megis y rhagenw, 'chdi', neu'r ferf, 'sgleinio'. Ceir ymadroddion sy'n nodweddiadol lafar, megis 'hwn a'r llall' a 'hon a hon'. Mae absenoldeb y geiryn negyddol 'ni' cyn ffurf dreigledig fel 'feddyliais' eto'n nodweddiadol o iaith lafar. Ceir trychiadau 'llafar' fel ''sennau', ynghyd â chywasgiadau fel 'wya'i' ac 'arna'i'n'. Ceir trawsgrifiadau llafar sydd yn anghyfarwyddo geiriau mewn print, megis pan ysgrifennir 'llgadau' (fel y'i hyngenir ar lafar yn yr ardal dan sylw), yn hytrach na'r 'llygaid' safonol arferol. Ac mae yma ddiffyg atalnodi sy'n awgrymu ymadrodd lledrydd sgwrs.

Fodd bynnag, nid dynwarediad uniongyrchol o'r iaith lafar a geir yn *Seren Wen ar Gefndir Gwyn*. Mae llawer o nodweddion yr iaith lafar ar goll yma. Ni cheir, er enghraifft, synau petruso fel 'ym', 'yyy' ac ati sy'n frith mewn sgwrs go-iawn. Ni cheir cystrawennau anorffenedig sydd mor nodweddiadol o'n siarad. Ni cheir cyfeiriadau dangosol at amgylchiadau neu sefyllfa'r llefaru. Ac yn sicr ni cheir y blerwch cyffredinol sy'n rhan o'n sgyrsiau beunyddiol, lle mae mynegiant yr wyneb neu osgo'r corff yn smentio dros unrhyw grac yn y dweud.

Dynwarediad celfyddydol o'r iaith lafar sydd yma. I raddau helaeth, mae iaith lafar y nofel – yn llawnder ei hymadroddion rhywiog, ei phriod-ddulliau cofiadwy a'i chystrawennau cyhyrog – yn dra gwahanol i'r iaith lafar anidiomatig a Seisnigedig a siaredir gennym heddiw. Mae cynhysgaeth y priod-ddull llafar ynddo'i hun yn rhan o gic iwtopaidd y nofel.

Mae drafftiau cynnar *Seren Wen ar Gefndir Gwyn* yn awgrymu petruster ar ran yr awdur ynglŷn â sut orau i drawsgrifio'r ffurfiau llafar ar bapur. Diddorol yw nodi y daw'n fwyfwy safonol gyda phob drafft newydd. A chymryd un enghraifft amlwg, mewn drafftiau diweddarach o'r nofel defnyddia'r terfyniad lluosog '-au', ond y ffurf lafar '-a' a geir yn y drafftiau cynharaf, er enghraifft 'carna' > 'carnau', 'cefna' > 'cefnau', 'calonna' > 'calonnau', ac ati. Ymhellach, ceir berf lafar megis 'wastio' yn y drafft cyntaf, ond yn ddiweddarach y ferf safonol, 'gwastraffu', a ddefnyddir. Ac o ran orgraff, gwelir sut y mae'r ymddangosiadol lafar unwaith eto yn ildio lle i ffurf fwy safonol, neu fwy 'ysgrifenedig': â 'ffreuo' yn 'ffraeo', er enghraifft, a 'gwasdad' yn 'gwastad'.

Dangos mae'r ansicrwydd ynghylch union orgraff a ffurfiau geiriau yn y gwahanol ddrafftiau o *Seren Wen ar Gefndir Gwyn* nad yw'r ffurfiau llafar hyn wedi arfer â bod yn ffurfiau ysgrifenedig, nad yw orgraff ffonetig yr ynganiadau llafar yn un sefydledig, ac nad y ddalen argraffedig mo'u cartref arferol. Arbrofi wrth arloesi a wna'r awdur a fyn 'lafareiddio' print am y tro cyntaf.

Ond nid Robin Llywelyn yw'r awdur cyntaf i wneud defnydd helaeth o elfennau'r iaith lafar mewn testun llenyddol Cymraeg. Mae ei ragflaenwyr – a'i gymdeithion – yn hyn o beth yn niferus. Ers dyddiau

Gw-eledigaetheu y Bardd Cwsc Ellis Wynne (yn fwyaf cofiadwy), mae awduron a beirdd Cymraeg wedi defnyddio ffurfiau llafar mewn testunau ysgrifenedig, megis wrth lunio sgwrs neu ymson, neu er mwyn cynyddu naws leol, neu rym rhethregol, y testun.

Er i Caradog Prichard wneud hynny yn 1961 gydag *Un Nos Ola Leuad*, ym mlynyddoedd olaf yr ugeinfed ganrif yn unig y daethpwyd i sylweddoli'n dorfol botensial celfyddydol rhoi'r iaith lafar mewn print. Radicaleiddiwyd y defnydd o'r llafar gyda chyhoeddi nofelau cyfan mewn Cymraeg 'ansafonol'. Gwnaethpwyd defnydd helaeth o dafodiaith, geiriau benthyg o'r Saesneg ac ymadroddion llafar a sathredig yn nwy nofel Dafydd Huws, *Dyddiadur Dyn Dŵad* (1978) ac *Un Peth 'Di Priodi Peth Arall 'Di Byw* (1990),[5] yn nofel Siôn Eirian, *Bob yn y Ddinas* (1979),[6] ac yn nwy nofel Twm Miall, *Cyw Haul* (1988) a *Cyw Dôl* (1990).[7]

Mae Gwenllïan Dafydd wedi tynnu sylw at y modd y themateiddir darllen ac ysgrifennu – y broses o roi 'geiriau ar bapur'[8] – yn nofelau Dafydd Huws, ac mae hyn yn sicr yn wir am nofel Siôn Eirian hefyd. Mae'r brawddegau a ddyfynnir gan Gwenllïan Dafydd o'r nofel *Un Peth 'Di Priodi Peth Arall 'Di Byw* yn hynod arwyddocaol yn y cyd-destun hwn.

> Un peth nesh i fanijo neud drw hyn i gyd oedd cario mlaen i weithio ar yn stori. Nabio beiros a dipyn o bapur ffwl's cap o'r *Stationery Dept.* a nelu am Victoria Park a sgwennu yn y tŷ bach twt 'na sgynnyn nhw ar ben y sleid. (212)[9]

Yn gyntaf, mae'n dangos radicaliaeth defnydd Dafydd Huws o'r llafar: mae'r ddwy frawddeg hon yn frith o ynganiadau llafar a drawsgrifiwyd yn ffonetig ('nesh', 'neud', 'drw', 'yn' [yn hytrach na 'fy'], 'nelu', 'sgwennu'), o gywasgiadau llafar ('mlaen', ''na', 'sgynnyn'), o ddiffyg atalnodi sy'n gydnaws â'r iaith safonol, ac yn fwyaf amlwg oll, o fenthyciadau llythrennol o'r Saesneg ('*Stationery Dept.*'), ac o fenthyciadau 'sathredig' o'r Saesneg sydd wedi'u trawsgrifio'n ffonetig Gymraeg ('fanijo', 'nabio', 'beiros', 'ffwl's cap' 'sleid').

Yn ail, fel y dywed Gwenllïan Dafydd, mae'n tynnu sylw at y weithred ymarferol o ysgrifennu. Mae'r adroddwr yn 'gweithio ar [ei] stori'. Ond dychenir y weithred honno hefyd. Mae Goronwy Jones, yr adroddwr, wedi gorfod 'nabio beiros a dipyn o bapur' er mwyn cael y deunyddiau ysgrifennu priodol, ac mewn cae chwarae y digwydd yr ysgrifennu, mewn 'tŷ bach' ar ben sleid. Ynghlwm wrth yr ysgrifennu mae ymdeimlad o drosedd, o chwarae plant, ac – o bosib – o ysgarthu corfforol. Ac mae'r iaith lafar, sathredig a ddefnyddir gan adroddwr y stori yn fodd heb ei ail i gynyddu grym tanseiliol y dychan. Nid yn unig mae 'crefft' arferol y llenor yn absennol yn yr adroddwr, ond mae darllen yr hyn a ysgrifenna – oherwydd yr orgraff anarferol a'r geiriau ansafonol – yn gymharol anodd. Ni all gyfleu yn gwbl lwyddiannus na'i feddyliau gonestaf na'i brofiadau dinotaf. Felly, mae'n tynnu sylw at oblygiadau ysgrifennu a darllen ar ddwy lefel, sef drwy'r cynnwys a thrwy'r cyfrwng.

Yn drydydd, fel yr eglura Gwenllïan Dafydd ymhellach, mae'r ffaith fod Goronwy Jones yr adroddwr yn '[g]orfod "byw" y digwyddiadau'.[10] A dyna yw craidd y mater. Nofelau yn y person cyntaf yw nofelau Dafydd Huws, Siôn Eirian a Twm Miall fel ei gilydd. 'Hunangofiant' yr adroddwr a geir yng ngweithiau'r tri, ac mae'r elfen lafar yn rhan amlwg o hunanbortread yr adroddwr bob tro. Ond yn fwy na hynny, rhyw fath o 'rebeliaid' cymdeithasol ydynt i gyd, ac mae llafaredd (sathredig) eu storïau yn rhan o ymgais i fynd yn groes i syniadau llednais am Gymreictod, o ran iaith, diwylliant, cymdeithas, a llen-yddiaeth yn benodol. Ac mae'r tensiwn amlwg rhwng y ddinas ('Anghymreig') a chefn gwlad ('Cymreig') sy'n hydreiddio'r nofelau hyn yn rhan o'r un adwaith yn erbyn dogma ddiwylliannol.

Rôl wleidyddol, neu rôl ddiwylliannol 'gywirol', sydd i lafaredd radical y nofelau hyn, felly. Mae cynghrair rymus yr iaith safonol a phrint, ac ymrafael yr arwr-adroddwr â'r gynghrair honno, yr un mor amlwg yn nofel Siôn Eirian, *Bob yn y Ddinas*. Disgrifiwyd y nofel gan John Rowlands fel 'math o ailysgrifennu nofel Daniel Owen, *Rhys Lewis* mewn gwedd fodern'.[11] Mae'n ddisgrifiad addas. Ceir cyfatebiaethau personol rhwng arwr gwrthryfelgar Siôn Eirian a brawd gwrthryfelgar Rhys Lewis, a'r ddau'n rhannu'r enw Bob. Ond hefyd, fel ei rhag-flaenydd, mae *Bob yn y Ddinas* yn frith o gyfeiriadau at y berthynas broblematig rhwng ysgrifennu (neu brint), a mynegiant personol.

O gyrraedd y ddinas ar ddechrau'r nofel sonia Bob am ei angen i'w brintio'i hun ar bapur. Ond disgrifir hyn yn nhermau brwydr, pan ddywed ei fod yn 'teimlo rhyw reidrwydd i ymgodymu â'r tudalennau glân'.[12] Mae'r ymrafael hwn yn dwysáu yn gymesur â'i ddirywiad personol a chymdeithasol yn y ddinas, ac erbyn diwedd y nofel, mae'r ymgodymu wedi troi'n weithred dreisgar, bron, ac ysgarthol, pan ddywed Bob ei fod 'yn benderfynol o wastraffu papur rywsut. Isio piso'.[13] Gwedd drasig sydd yma ar gomedi Goronwy Jones ar ben y sleid, wrth i'r ddau gyw-lenor geisio rhoi'u stamp heriol o 'ansafonol' ac anuniongred eu hunain ar arwyneb sy'n llawn am-linelliadau'r gair 'safonol'.

Mae cyfatebiaethau amlwg rhwng y nofelau hyn a rhai o'r cerddi a ymddangosodd yng Nghyfres Beirdd Answyddogol y Lolfa o 1976 ymlaen. Un o nodweddion mwyaf amlwg gwaith y beirdd answyddogol – rhai megis Derec Tomos yn ei gyfrol, *Magniffikont* (1982),[14] er enghraifft – oedd y modd yr eironeiddid ganddynt statws 'swyddogol' printiedig y cerddi. Gweid defnydd aml o orgraff ysgrifenedig anghonfensiynol, geiriau a gysylltid fwyaf â'r iaith lafar, ac yn aml roedd i'r farddoniaeth gysylltiadau agos â cherddoriaeth roc y cyfnod. Yn wir, roedd nifer o'r 'Beirdd Answyddogol', rhai fel Ifor ap Glyn, Iwan Llwyd a Steve Eaves, yn aelodau o fandiau roc Cymraeg. Gellid honni mai llenyddiaeth lafar caneuon pop a roes y mynegiant mwyaf uniongyrchol i dwf cenedlaetholdeb Gymreig hyd 1979. Ac mae'n berthnasol hefyd mai Robat Gruffudd, perchennog gwasg y Lolfa, oedd un o'r cyhoeddwyr Cymraeg cyntaf i ddefnyddio'r argraffwasg litho. Dyma ddatblygiad mewn technoleg argraffu a'i gwnâi'n bosibl i *ddadreoleiddio* diwyg testun printiedig.

O ddiwedd y 1960au a thrwy'r 1970au y gwelwyd twf mwyaf y mudiad cenedlaethol. A gellid dadlau bod y tueddiad gwrthryfelgar a welir yng nghyfran bwysig o lenyddiaeth y cyfnod i danseilio 'awdurdod' print, fel petai yn cyd-ddatsain â'r modd y dinistriwyd arwyddion printiedig swyddogol yn ystod ymgyrch Cymdeithas yr Iaith yn erbyn arwyddion ffyrdd Saesneg.

Nodwedd amlwg yn y nofelau a drafodwyd uchod, fel y mae Gwenllïan Dafydd wedi ei ddangos, yw tueddiad testunau ôl-fodernaidd i fod yn hunangyfeiriadol, hynny yw i adlewyrchu ar y weithred o ysgrifennu, ac ar y modd y cyfryngir profiad drwy eiriau llafar yn flaenaf, a thrwy brint safonol yn eilaidd. Mae'r hunan-gyfeiriadaeth hon yn sicr yn hydreiddio testunau adroddwyr-awduron Dafydd Huws a Siôn Eirian.

Ond mae'r ymwneud dwys â'r weithred o ysgrifennu yn llenyddiaeth Gymraeg diwedd yr ugeinfed ganrif, yn mynd ymhell y tu hwnt i hunanfwyniant ôl-fodernaidd. Fel y soniwyd ym mhennod 1, mae'r wythïen wleidyddol yn rhan fywiol o gorff llenyddiaeth Gymraeg ôl-fodernaidd, ac fel y gwelwyd yn y drafodaeth ar lafaredd nofelau Dafydd Huws, Twm Miall a Siôn Eirian, gall fod amcan gwleidyddol-gymdeithasol hollbwysig i'r drafodaeth ar wahanol gyfryngau geiriol, a'u perthynas â hunaniaeth.

Mae hyn yn sicr yn wir am nofel arloesol Manon Rhys, *Cysgodion*.[15]

Dyma nofel amlwg ôl-fodernaidd ar un wedd: mae yma ymwneud dwys â'r weithred o ysgrifennu ac o berthynas hynny â hunaniaeth bersonol. Ysgrifennu nofel yn seiliedig ar fywyd yr arlunydd Gwen John, un o gariadon y cerflunydd Auguste Rodin, y mae Lois Daniel, adroddwr y nofel. Dyma hunangyfeiriadaeth amlwg y 'nofel o fewn nofel'. Mae cyd-gyffwrdd y ddwy yn cynyddu wrth i'r nofel fynd rhagddi, gyda'r naill a'r llall yn bwrw'u 'cysgodion' ar ei gilydd.

O'r dechrau, gwahaniaethir rhwng hynt bywyd Lois Daniel a hynt ei nofel am Gwen John drwy'r ieithwedd a ddefnyddir gan yr awdur. Cymraeg 'llafar' a ddefnyddir er mwyn portreadu ymwneud Lois Daniel â'i chyfeilles, ei merch, a'r tri gŵr sy'n dod i effeithio arni yn ystod y cyfnod hwn. Manteisir ar amrywiaeth tafodieithoedd y Gymraeg er mwyn lleisio cymeriadau: iaith lafar ddeheuol Lois a'i merch, Nia; iaith lafar ogleddol Gwen, ei chyfeilles; iaith lafar y dysgwr gan Tim Bateman, ac yn y blaen. Gwrthbwynt grymus o acenion llafar yw cynhysgaeth prif naratif *Cysgodion*. Y mae'n dechneg argyhoeddiadol, ac yn arloesol yn hanes y nofel Gymraeg.

Cymraeg safonol a ddefnyddir gan Lois Daniel wrth deipio'i nofel am Gwen John ar ei phrosesydd geiriau, fodd bynnag. Hynny yw, mae llafaredd a phrint yn perthyn i ddimensiynau gwahanol: y naill i 'fywyd go-iawn' a'r llall i gelfyddyd. Ond gyda chydymdreiddiad graddol bywydau'r ddwy, daw'n fwyfwy anodd i Lois Daniel gynnal arwahanrwydd print. Mennir ar dryloywedd ymddangosiadol print wrth i Lois gyfeirio at y botwm *'delete'* ar ei phrosesydd geiriau,[16] a chyfeirio at y prosesydd ei hun fel 'blydi mashîn'.[17] Dechreua Lois fynegi'i phryderon ei hunan ar ganol ysgrifennu am bryderon Gwen John,[18] mynega'i rhywioldeb ei hunan yn yr un modd,[19] nes cyrraedd pwynt, draean y ffordd drwy'r nofel, pan ddefnyddia Lois brint mewn ymgais i gyfathrebu â Gwen John ei hun.[20]

Yn y cyd-destun hwn, perthnasol yw disgrifiad Ffion Jones o Gwen John mewn termau sy'n ymwneud â phrint: y mae, meddai, 'megis canfas gwag neu ddarn o lenyddiaeth yn barod i gael ei ddarllen a'i ddehongli'.[21] Ond cic wleidyddol (ffeminyddol) y nofel hon yw anallu Lois Daniel – yn wahanol i'r academydd tafodrydd, trahaus Rupert J. Smart – i *drosleisio* profiad Gwen John, i 'siarad ar ei thraws' yn hytrach na 'sgwrsio' gyda hi. Daw print – yn ei ddisymudedd, ei wrthrychedd yn ei bellter oddi wrth brofiad uniongyrchol – yn symbol o'r trosleisio treisiol hwnnw. 'Anweledig – rwy'n dy garu', yw arwyddair Gwen John ar gychwyn y nofel: dyma ragargoel o'r ymwrthod â chyfrwng gweledol print o'r dechrau. Pwyslais clywedol, wedi'r cyfan, sydd i leisiau lluosog y nofel hon, am mai lleisiau 'llafar' ydynt.

Methiant Lois Daniel i gynnal arwahanrwydd print a'r llafar, Gwen John a hi'i hunan – gan ysgrifennu, yn hytrach, yn y cysgodion rhwng y ddau a'r ddwy – yw datganiad ffeminyddol hollbwysig y nofel. A'i methiant, ar y diwedd, i fynegi unrhyw beth â'r prosesydd ond cybolfa ddisynnwyr o brint yw anterth y datganiad hwnnw.

Agwedd ddiamheuol amwys tuag at rym gwleidyddol print a geir yn nofel Angharad Tomos, *Yma o Hyd* (1985). Dyma nofel gan genedlaetholwraig sydd yn y carchar am gyflawni gweithred dreisgar. Ond ymdrinnir yn eironig â'i chenedlaetholdeb hi: nid gweithred genedlaetholgar a'i hanfonodd yno, ond trais cwbl wastraffus, sef torri i mewn i siop.

Yn yr un modd ymdrinnir yn eironig â'r weithred o ysgrifennu'r nofel: yn sicr, nid propaganda uniongred sydd yma. Fe gyfeiria'r adroddwraig drwodd a thro at amwysedd y syniad o argraffu ei hunan ar bapur yn y fath fodd, o roi ei geiriau ffyrnig i orffwys yn dawel dan gloriau aur. A thanseilir statws argraffedig 'safonol' y nofel yn gyntaf gan briod-ddull llafar y dweud, ac yn ail, gan y sylweddoliad mai ar bapur toiled y carchar y'i cyfansoddwyd hi'n wreiddiol. (Mae hyn yn galw i gof gyfeiriad chwareus yr adroddwr yn *Un Peth 'Di Priodi Peth Arall 'Di Byw* at y 'tŷ bach', yn ogystal â'r awgrym o gyfatebiaeth, yn nofel Siôn Eirian, rhwng ysgrifennu ac ysgarthu corfforol.) Yn gymwys iawn, felly, y galwodd M. Wynn Thomas *Yma o Hyd* yn 'anti-literature literature'.[22]

Mae'r syniad bod ysgrifennu – a phrint, yn enwedig – yn gyfystyr ag awdurdod a all fod yn ormesol, yn syniad canolog yng nghyfrol ddylanwadol Walter J. Ong ar berthynas llythrennedd a'r llafar, *Orality and Literacy* (1982).[23] Yn *Titrwm* (1994), nofel ddiweddarach Angharad Tomos, ceir archwiliad dyfnach, sydd eisoes yn ganolog yn *Yma o Hyd*, o'r berthynas broblematig rhwng y ddalen brintiedig a hunaniaeth bersonol a chenedlaethol. Argraffiadau – yn nau ystyr y gair – yr adroddwraig, Awen, sydd yma, wedi eu cyfeirio at y baban yn ei chroth, Titrwm. Mae'n arwyddocaol mai merch fud a byddar yw Awen: iddi hi, y ddalen brintiedig yw'r unig fodd iddi gyfathrebu â'r byd y tu allan. Daw Titrwm, felly, yn llythrennol, yn ddalen wag y gellir argraffu hunaniaeth arni: 'Rwyt ti'n llechen ddilychwin, . . . yn ddalen lân, yn air heb ffurfio.'[24] Sefydlir perthynas agos yn y nofel rhwng y baban, Titrwm, a'r iaith Gymraeg ysgrifenedig/argraffedig. Adlewyrchir ffurfiant y naill yn ffurfiant y llall; crëir y ddau beth fel ei gilydd drwy eu rhoi mewn gofod:

Wedi bod yn weddol gaeth yng nghroth dy fam, bydd y cysyniad o ofod yn un go ddieithr i ti. Cymer mai ti yw'r smotyn diwethaf yna i gael ei nodi ar y ddalen hon. Mae o'n rhwym mewn gair ac ni all symud oddi yno.[25]

Eto, er gwaethaf y berthynas agos, emosiynol, sydd rhwng y fam, yr awdur, a'r baban (ysgrifen, neu brint), mae hefyd yn berthynas broblematig. Mae natur or-ddwys y berthynas yn awgrymu mai perthynas annaturiol sydd yma: mae'r distawrwydd sy'n rhoi bod i'r berthynas, sy'n rhoi bod i'r argraffiadau ar y tudalennau, yn un llethol:

Wrth i ti gyffwrdd y ddalen hon, fydd dim sŵn i'w glywed. Ni fu smic wrth i'r pin gofnodi'r geiriau hyn hyd yn oed. Agorwn y llyfr a byseddwn y dalennau mewn tawelwch fyddai'n llethol i eraill.[26]

Yn arwyddocaol o safbwynt y cysylltiad rhwng print a chenedlaetholdeb, cawn wybod yn ddiweddarach mai o ganlyniad i drais (y mewnfudwr o Sais, Eli Guthrie) y cenhedlwyd Titrwm. Poen gorfforol a phoen feddyliol Awen sy'n beichiogi'r ddalen y mae'n ysgrifennu arni; y poenau hyn sy'n dinistrio llonyddwch y ddalen wag: 'Mae'r ddalen hon yn brifo drosti. Mae'n las gan gleisiau . . . Mae'n crynu gan ofn ac yn gwingo rhag i rywun ei chyffwrdd.'[27]

Amwys iawn yw agwedd Awen tuag at ei hargraffiadau ei hun ar y papur gwyn ar ddiwedd y nofel, gan eu bod yn creu pellter rhwng ei phrofiad uniongyrchol a'i fynegiant ar bapur. Gorffen y nofel gyda chyfeiriad uniongyrchol gan Awen at Titrwm fel darllenydd. Fel deunydd darllen, gwelir sut y mae Awen yn ofni ac yn dirmygu grym geiriau argraffedig. Mae argraffu'r Gymraeg ar bapur, ei dodi mewn gofod, yn creu cof a chystudd, mae'n weithred greadigol a dinistriol yr un pryd:

'Nawr 'mod i wedi gadael i'r inc staenio'r papur, mae eu harwyddocâd cymaint mwy. Bydd y cynyrfiadau hyn yn byw yn hwy, yn cael eu darllen gan fwy nag un pâr o lygaid, ac yn cael eu trosglwyddo o'r naill i'r llall . . . I bethau mor ansylweddol â meddyliau, rhoddais sylwedd. I synau na ellir eu gweld, rhoddais ffurf. I amgylchiadau dros dro, rhoddais wedd barhaol. Dyna pam mae gen i ofn.[28]

Dyma bwyslais diamheuol ar amwysedd hanfodol geiriau mewn print: maent yn cadw cof, ond yn dinistrio cof hefyd. Maent yn mynegi, ond yn gwrthod derbyn ymateb: nid cyfrwng disgyrsaidd mo brint. Wrth siarad mae'n tewi'r gwrandawr.

Rôl wleidyddol ddiamheuol sydd i lafaredd dwy nofel ôl-fodernaidd Wiliam Owen Roberts, *Bingo!* ac *Y Pla*.[29] Mae llafaredd *Y Pla*, yn enwedig, yn rhan o ymgais greiddiol y nofel i danseilio'r syniadaeth a fyn mai yr Oesoedd Canol oedd oes aruchelaf diwylliant y Cymry. Daw'r ffurfiau a'r cystrawennau llafar, ynghyd â'r defnydd trawiadol o ymadroddion ansafonol a sathredig, yn rhan o fwriad Marcsaidd y nofel o fynd yn groes i'r geidwadaeth a welai yn ffiwdaliaeth a 'phurdeb' y cyfnod batrwm ar gyfer y Gymru fodern (syniadaeth a fynegwyd yn bennaf gan Saunders Lewis yn ei ysgrifau gwleidyddol a llenyddol cynnar). Mae llafaredd tafodieithol, sathredig y nofel, felly, yn rhan o ymgais amlwg i ddryllio a democrateiddio'r olwg fwrgais ar Gymru'r Oesoedd Canol; ac mae'n rhan o ymgais, yng ngeiriau Enid Jones am *Y Pla*, i 'ymosod ar y sefydliadau a fynnodd fonopoli ar realiti'.[30]

Fel gyda nofelau Dafydd Huws, Siôn Eirian a Twm Miall, amcan gwrth-fwrgeisiol, dychanol sydd i'r defnydd powld o'r iaith lafar yn nofelau Wiliam Owen Roberts. Fodd bynnag, â ei waith ef gam ymhellach, oherwydd – yn *Y Pla*, yn enwedig – mae'r llafaredd yn cydymdreiddio â rhai o themâu pwysicaf y nofel ddelwddrylliol hon, wrth i'r awdur wneud defnydd soffistigedig, amlhaenog ac arloesol o oblygiadau cymdeithasol, gwleidyddol a hanesyddol y tensiwn rhwng y llafar a phrint.

Yn hyn o beth, *Y Pla* yw rhagflaenydd amlwg *Seren Wen ar Gefndir Gwyn*. Yn wir, mae tebygrwydd tafodieithoedd y ddwy nofel – tafodiaith Eifionydd yn achos *Y Pla* a thafodiaith Meirionnydd/Ardudwy yn *Seren Wen ar Gefndir Gwyn* – fel petai'n awgrymu perthynas rhyngddynt o'r dechrau.

Diau mai'r tebygrwydd ym mhriod-ddull tafodieithol radical y ddwy nofel flaenllaw hyn, yn ogystal ag ym marddoniaeth Twm Morys (fel y gwelir isod), a barodd i Simon Brooks fynegi'i bryder y gallai 'tafodiaith "fwrlésg" . . . Gwyneddigion Eifionydd' fod yn annemocrataidd yng nghyd-destun y gynulleidfa Gymraeg yn ei chyfanrwydd.[31] A diau mai hyn hefyd – ynghyd â'r ymwybyddiaeth o helaethdra tafodiaith Gwynedd yng ngwaith nifer o awduron eraill (er enghraifft Dafydd Huws, Twm Miall, Caradog Prichard, R. Gerallt Jones, Twm Morys, Wil Sam Jones, Miriam Llywelyn, Gwyn Thomas ac eraill) – a barodd i Mihangel Morgan roi yn is-deitl ei ysgrif barodïol, 'Meri a Mwy [ar Sado-Masocistiaeth] nag Ambell Chwip Din', yr eglurhad coeglyd canlynol: 'Sut i shgwennu storis i bobol Cymru os yw'ch Cymraeg yn *crap* drwy smalio shgwennu fatha plentyn bach mewn tafodiaith a chael getawê. Neu: Recsarseis bwc.'[32] Yn yr un modd, mewn fforwm drafod ar fater 'Cymraeg safonol' yn rhifyn Haf 1998 y cylchgrawn *Taliesin*, cwynodd Mihangel Morgan am ormodedd tafodiaith Gogledd Cymru mewn llenyddiaeth Gymraeg gyfoes.[33]

Yn wahanol i *Y Pla*, nid oes cynllun Marcsaidd amlwg i nofel Robin Llywelyn, nac ymgais amlwg ychwaith i ddefnyddio llafaredd yn offeryn gwrthfwrgeisiol neu ddelwddrylliol. Ond, fel y dadleuir isod, mae yn *Seren Wen ar Gefndir Gwyn* drafodaeth is-destunol amlwg ar oblygiadau cymdeithasol a hanesyddol perthynas y llafar a phrint.

Mae'r priod-ddull llafar, tafodieithol yn hollbresennol yn *Seren Wen ar Gefndir Gwyn*. Mae'n briod-ddull sydd – o bosib – yn bellach oddi wrth yr iaith lafar go-iawn na llafaredd mwy naturiolaidd *Dyddiadur Dyn Dŵad*, dyweder, neu *Cyw Haul*. Arddulliad (*stylization*) o'r iaith lafar sydd yma: rhyw fath o 'welliant' idiomatig arni, neu ryw chwarae â'i chynhysgaeth. Mewn termau ieithegol, nid mewn perthynas *gyfannol* â phrint y mae, ond mewn perthynas *gyferbyniol*.

Diddorol yw nodi i Robin Llywelyn wneud defnydd helaeth o ffurfiau llafar yn ei nofel gyntaf (anghyhoeddedig), *Naw Mis*. Ysgrifennwyd y nofel hon ar gyfer cwrs ysgrifennu creadigol pan oedd yn fyfyriwr yn adran y Gymraeg ym Mhrifysgol Cymru, Aberystwyth. Ac wedi iddo anfon y sgript i gystadleuaeth Medal Ryddiaith yr Eisteddfod Genedlaethol yn 1983, mae'n arwyddocaol fod un o'r beirniaid, Islwyn Ffowc Elis, wedi cwyno yn ei feirniadaeth am y 'ffurfiau llafar trychedig' a frithai'r nofel (dyfynnir hyn gan Llywelyn yn ei ddarlith i Gymdeithas Owain Cyfeiliog). Ymhellach, mae'r gwaith estynedig nesaf iddo ei gyfansoddi, gwaith yr addaswyd y rhan gyntaf ohono fel 'Anturiaethau Ruztan E. Revr', ar Wefan Robin Llwyd ab Owain yn 1997,[34] wedi ei greu bron yn gyfan gwbl o ddeialog, gan ei wneud yn rhagflaenydd cwbl deilwng i *Seren Wen ar Gefndir Gwyn*.

Radicaleiddio llafaredd ei ragflaenwyr a wna *Seren Wen ar Gefndir Gwyn*. Yn wir, nid yn y mynegiant yn unig y mae pwyslais llafar y nofel hon i'w weld, a hyn sy'n gwneud ei chynhysgaeth lafar yn un mor radical yn hanes llenyddiaeth Gymraeg. Yn ei thema ganolog ac yn ei strwythur cyffredinol dengys ymwneud bywiol â'r llafar. Mae taith Gwern tuag at arwriaeth yn symud law yn llaw â goruchafiaeth y llafar dros brint, a goruchafiaeth y clywedol dros y gweledol.

Yng ngolygfa gyntaf y nofel gwelir sut y mae Gwern yn mynnu cadw at ffurfiau gweledol ar gyfathrebu, hynny yw, ffurfiau a gysylltir â phrint. Gellid dweud mai dyma ei fai ar ddechrau'r nofel. Mae'n darllen arwyddion gweledol mewn modd swrth a diog, ac mae'n anwybyddu'r cyfrwng llafar yn gyfan gwbl. Er enghraifft, pan yw'n chwilio am ei gyn-gariad, Anwes, mae Gwern yn methu â darllen arwyddocâd arwyddion rhybuddiol pobl tuag ato, 'hwn a'r llall a'i fys ar f'ôl a hon a hon yn cilwenu'n gynnil' (t. 5).

Mae Dei Dwyn Wya yn gwneud arwydd gweledol arno yn awgrymu bod rhywbeth o'i le, ac mae'n pwysleisio hynny wedyn yn llafar. Ond diddeall a diddiddordeb yw Gwern, sy'n dweud dim ond 'Be ti'n mwydro dŵad?' (t. 6). Mae cyfathrebu llafar yn digwydd o'i gwmpas ym mhobman: megaffonau swyddogol y wladwriaeth yn datgan, fe awgrymir, ryddid Llawr Gwlad wedi'r chwyldro. Yn wir, mae pwyslais y nofel ar y printiedig, neu'r gweledol, ar ddechrau'r nofel fel hyn yn amlwg yn y ffaith mai 'chwyldro papur' a gafwyd. Nid yw Gwern yn gwrando ar leisiau'r megaffonau ond 'am sbelan bach' (t. 6), cyn ymwrthod â'r cyfrwng llafar eto: mae'n codi ei goler dros ei glustiau ac yn cerdded ymaith. Cynigia eglurhad dros ei ddiffyg hyder yn y llafar. Dyna achos a chyfrwng ei ffrae gydag Anwes: 'Sut allwn i egluro un dim i chdi, Anwes bach, a geiriau wedi mynd yn arfau rhyngom?' (t. 6).

Gwelir mwy a mwy o rybuddion llafar nas deellir – rhai gweledol aneffeithiol – wrth i Gwern grwydro'r strydoedd. Eto, ymddengys ei fod yn ochelgar pan ddaw'n fater o gyfathrebu'n llafar. Wrth siarad gyda Siffrwd Helyg, mae Gwern yn datgan: 'sgin i fawr i'w ddeud wrthi', ac mae'n gwrthod cyfathrebu ychwaneg gyda hi: 'Ta' i ddim i ddal pen rheswm hefo hogan mor sbeitlyd' (t. 6). O gyfarfod Wil Chwil, mae Gwern eto yn methu â deall yr hyn a ddywedir wrtho, y rhybudd ei fod wedi digio'r awdurododau: 'Ddalltis i run gair ddeudodd o nac yn iawn y bys blaen dynnodd o o dan ei ên a fynta'n gwenu'n hyll arna'i' (t. 6).

Gan gyrraedd Gorad Drw Nos, derbyn Gwern rybudd uniongyrchol gan Betsan Bawb y gallai fod mewn trwbwl gyda 'nhw', yr awdurdodau. Ond mae hyd yn oed y cyfathrebu llafar agored hwn yn cael ei anwybyddu gan Gwern. Ffals yw geiriau Betsan yn ei farn ef, wrth iddo ddatgan: 'Mae Betsan Bawb yn hen law ar bryfocio pobl ac am ddeud clwyddau a choelis i fawr yni hi' (t. 7). Mae ei ymateb didaro yn cael ei bwysleisio wedyn wrth iddo gyfeirio at eiriau Wil Chwil mewn termau gweledol fel 'mwydro a glafoeri a thynnu stumiau' (t. 7).

Mae dwy ffurf ar gyfathrebu yn aros Gwern yn ei gartref. Llafar yw'r cyntaf ('y peiriant atab'), a phrint yw'r ail (nodyn ar damaid o bapur). Yn nodweddiadol, anwybyddu'r cyfathrebu llafar a wna Gwern, neu anghofio amdano, gan ddewis canolbwyntio ar y neges brintiedig. Sylwa bron yn ddiarwybod ar ei ddiffyg dealltwriaeth yn hyn o beth, gan ddatgan: 'doeddwn i ddim radag honno'n dallt pethau gystal ag o'n i fod' (t. 8). Anghofia Gwern am y neges lafar, ond ufuddha i'r neges brintiedig, gan gysylltu â'r swyddog, Fischermädchen. Gwna hynny drwy gyfrwng llafar y 'ffôn tôn' (t. 8). Ond camddefnyddio'r cyfrwng llafar hwn a wna, gan ei ddefnyddio i ddweud celwydd wrth Fischermädchen, a hithau i ddweud celwydd wrtho yntau.

O'r diwedd, daw Gwern yn ymwybodol o'i sefyllfa beryglus a phenderfyna redeg i ffwrdd. Wrth adael mae'n ystyried cyfathrebu ddwywaith eto, gydag un neges lafar (ffonio Anwes) ac un brintiedig (at Fischermädchen). Mae'n nodweddiadol ei fod yn ymwrthod â'r gyntaf, gan wneud esgus o bresenoldeb 'y Rhai Sy'n Gwrando'. Unwaith eto, yn nodweddiadol, gwelwn Gwern yn dewis cyfathrebu drwy gyfrwng print, gan anfon neges gas at Fischermädchen 'ar amsar ymlaen' (t. 9).

Wrth adael Llawr Gwlad, cyrhaedda Gwern ei arhosfan cyntaf, Gwastadaros, a sylwa yn syth ar anferthedd yr arwyddion printiedig yno: 'Arwyddion mawr crand sgynnyn nhw'n deud enw'r lle' (t. 9). Mae'n arwyddocaol yn nhermau datblygiad ei gymeriad fod Gwern, am y tro cyntaf yn y nofel, yn 'gweld trwy' y gwirionedd yr haerant eu bod yn ei ddatgan. Mae crandrwydd yr arwyddion printiedig yn mynd yn groes i dlodi y 'cytiau sment heb blastar ar y waliau fel acw sgynnyn nhw a'r llifoleuadau'n diffodd bob gafal fel yn Dre'cw' (t. 10).

Wrth i Gwern deithio yn ei flaen, gan symud yn nes ac yn nes at ei lwybr arwrol go-iawn, dechreua sylwi ar ddiffyg arwyddion printiedig yn ei hysbysu o'i leoliad. O'r diwedd cyrhaedda Haf heb Haul lle y bydd yn cyfarfod am y tro cyntaf â'i gymdeithion arwrol, Tincar Saffrwm a Phererin Byd, a lle y caiff ei anfon gan Asgwrn Ffriddoedd ar ei ffordd gywir. Mae'n arwyddocaol eto nad oes unrhyw arwydd printiedig yn ei groesawu i Haf heb Haul. Yn llafar y datgenir y lleoliad, a hynny gan Bererin Byd wedi i Gwern gyrraedd: 'Croeso i Haf heb Haul!' (t. 11).

Ar y funud dyngedfennol hon yn natblygiad Gwern o fod yn brif gymeriad y nofel i fod yn arwr, gwelir mai yma y rhoddir iddo gan Asgwrn Ffriddoedd '[d]eithlyfr trydan i gofnodi dy siwrna' (t. 13). Dyma fodd i Gwern gofnodi ei anturiaethau. Yn hollbwysig, er bod hwn yn llyfr, llafar yw'r cyfrwng: math o gofnod trydanol sydd yma, a dyma ddechrau ei naratif llafar. Mae'n ddechrau sy'n cyd-fynd â rôl ganolog Gwern yn hynt rhyddid Tir Bach, iwtopia llafaredd y nofel.

Ac yntau bellach ar ei lwybr cywir tuag at arwriaeth ac yn cael ei arwain gan eiriau llafar Asgwrn Ffriddoedd, cychwyn Gwern ar ei daith sydd, mewn nifer o ffyrdd, yn daith symbolaidd, o brint – y cyfrwng technolegol – i'r llafar. Ar y diwrnod cyntaf, mae'r symudiad o'r printiedig i'r llafar yn dod yn amlwg. Mae poblogaeth Haf heb Haul yn cymryd lle arwyddion printiedig, fel yr eglura Gwern: '"Croeso i Haf heb Haul!" fydda'r waedd bob gafal' (t. 13). Gan gofio am ddatganiad Walter J. Ong fod gwedd 'gyfrifedig' cymdeithas lythrennol yn sylfaenol estron i ddiwylliannau llafar,[35] dychenir Gwern gan Asgwrn Ffriddoedd pan ofynna a yw Tir Bach yn bell. Fe'i hatebir gan Pererin Byd mewn termau sy'n cymysgu gofod ac amser: 'Mae o'n nes na ddoe ond yn bellach na fory' (t. 13). Yn raddol, mae Gwern yn sylwi ar ddiriogaeth Haf heb Haul sydd ag iddi nodweddion anysgrifenedig, fel petai; mae'n ein hatgoffa o ddalen lân o bapur:

> [W]elis i rioed ffasiwn lefydd diffaith anghysball â be welis i'n ystod y daith drwyddi. Bryniau a moelydd am a welat ti i'r gorwal a dim cymaint â llwyn eithin yn tyfu arnyn nhw. Dim waliau. Dim llwybrau. Gwlad fel tonnau'r môr heb ewyn yn torri. (t. 13)

Mae Gwern a'i gymdeithion yna yn cyrraedd y Tiroedd Gwyllt lle mae Dei Dwyn Wya yn ymddangos, ac mae eto yn gwneud arwyddion corfforol ensyniadol gan ffraeo bedair gwaith gyda Gwern am ei gamweddau geiriol, gan ddweud: 'cadw dy holi', 'calla dawo', 'cadw dy glwyddau', a 'gweithia di ar dy stori' (t. 15). Dyma diriogaeth 'Gwylliaid y Gwifrau', ac fe ddeillia'u grym anferth o'u gallu i ddi-ddymu cyfrwng cyfathrebu gwledydd cyfan yn ôl eu chwiw.

Ceir portread o orlwytho technolegol a gynrychiolir gan y stormydd trydanol a grëir gan y llydnod hynod, cyn i'r daith wedyn fynd â'r tri arwr drwy'r Gaea Mawr (enw symbolaidd arall sy'n cymysgu amser a gofod). Dyma dir anial ôl-dechnolegol sydd heb unrhyw arlliw o fywyd naturiol na lliw: 'Does 'na ddim lliw yn Gaea Mawr, dim coed, dim adar' (t. 20). Diystyr yw'r gweledol yno, fel y sylweddola Gwern, am mai tywyllwch sy'n rheoli yno: 'Stwmp o ddydd a chlogyn o nos o ganol pnawn tan ganol y bora' (t. 20 yml.).

O gyrraedd Tir Bach o'r diwedd sylwa Gwern ar adar yn yr awyr am y tro cyntaf ers cychwyn o Haf heb Haul. Mae'r rhain yn ein hatgoffa o adar-geiriau, y bronfreithod a welir gan Gregor Marini yn codi oddi ar y dalennau printiedig yn y nofel *O'r Harbwr Gwag i'r Cefnfor Gwyn*, heb adael dim ar eu hôl ond papur gwyn glân. Mae geiriau hedegog yn ymddangos eto yn yr un nofel pan yw Gregor yn breuddwydio am

Dail Coed yn dweud hanes, yn darllen yn uchel, chwedloniaeth 'y Gwynfyd':

> yn clywed y geiriau'n llifo fel ffrwd o'i enau ac yn eu gweld yn codi fel glöynnod byw oddi ar y tudalennau ac yn dringo hyd fariau'r haul yn machlud drwy'r ffenest a'r llestri ar y dresal yn cochi a'r cysgodion yn dyfnhau a'r geiriau'n dal i godi ac yn hedfan i'r haul yn ddu fel brain yn erbyn yr haul coch.[36]

Yn Nhir Bach iwtopaidd *Seren Wen ar Gefndir Gwyn* mae adar-eiriau yn llenwi'r lle hefyd:

> Roedd 'na bob math o adar yn fflio'n rhydd hyd y lle, a'r rheini'n rhai na welis i rioed mo'u tebyg nhw ar run rhaglan natur yn Llawr Gwlad acw. (t. 25)

Yn ddiweddarach mae Gwern yn dangos diléit yn y llafaredd newydd hwn wrth iddo ddynwared sŵn yr adar (t. 28).

Wedi ei ysgrifennu ar wynebau duon Gwern a Phererin Byd mae eu taith drwy brint. Arwyddocaol yw'r modd y maent, o gyrraedd tir llafar Tir Bach, yn ymolchi'r düwch hwn oddi ar eu hwynebau. Yn Nhir Bach mae 'Gwylliaid y Gwifrau' wedi dwyn cyflenwad trydan y bobl gan atal y bobl rhag cyfathrebu mewn print electronig â gwledydd eraill. Rhydd hyn fwy o bwyslais ar gyfathrebu llafar, yn anorfod felly: 'Am bod yna ddim trydan toedd Sgrins y Gwifrau'n da i ddim chwaith a negeswyr henffasiwn yn cario'r newyddion, fel y postmyn stalwm' (t. 28).

Ffigwr duwiol yw Ceidwad yr Atab, arolygwr Tir Bach y mae'n rhaid ei ryddhau, a'i ddwyn i'r goleuni gan ffigwr y mab darogan. Yn sicr, llafar yw ei gyfrwng cyfathrebu ef. Yn wir, mae ei enw yn dangos ei fod yn geidwad llafaredd go-iawn. Ac mae'r tywyllwch sy'n llenwi'r 'Isfyd' yn gwneud cyfathrebu gweledol yn amhosib:

> [A]ros mae Ceidwad yr Atab am y sawl a ddêl a'i hagor a hitha'n agor i'w dderbyn neu i'w derbyn modd y gallo'r golau gwyn lifo drwyddi i'r Isfyd llwm. A'r sawl a gaiff ganddi agor fel yna fydd gwir etifedd Ceidwad yr Atab ac a'n harwain i fuddugoliaeth ac a eisteddo ar ei law dde. (t. 94)

Nid yw ei gynorthwywr, Triw fel Nos, yn gweld ffenomenau y byd. Eu clywed a wna:

Does yma ddim gola ac anamal bydda'i felly yn gweld yn dda i neud dim byd. Clwad yr hyn sydd ar glonnau pobol fydda'i a dwi'n cael hynny'n llawn cystal â gola i nabod pobol. (t. 62)

Oddi wrtho ef y dysg Gwern am y tro cyntaf mai ef fydd y 'mab darogan' sydd i ryddhau Ceidwad yr Atab, duwioldeb llafaredd, er mwyn ei alluogi i deyrnasu eto.

Ac yntau'n dychwelyd i Garrag Elin, cartref Anwes a Chalonnog yn Llawr Gwlad a losgwyd gan awdurdodau Gwlad Alltud, daw Gwern o hyd i weddillion dyddiadur Anwes, sydd bellach yn ddim mwy na '[rh]yw dameitiach papur', heb fod yna 'bejan gyfa yno' ond un (t. 118). Ceidw Gwern y ddalen hon a llawysgrifen Anwes arni, ond ar ei waethaf, gwelir yn y modd y mae'r inc arni yn diflannu – 'wedi gwynnu ar y papur' – gynrychioliad o ansadrwydd print. Mae marwolaeth Gwern dan law dynion Gwlad Alltud ar ddiwedd y nofel yn golygu mai Calonnog, mab Gwern ac Anwes, fydd piau'r rhan honno. Calonnog, felly, sy'n dod â goleuni i'r Isfyd, ac ef fydd yn gwneud llais unigryw Ceidwad yr Atab yn hyglyw o'r diwedd.

Drwy ei gofnod llafar o'i anturiaethau, mae Gwern yn gallu cyfathrebu gyda'i fab a chydag Anwes wedi ei farwolaeth. Yr un llafaredd fydd yn golygu bod ei enw yn para ymlaen yn rhan o'r 'chwedlau newydd'. A daw y 'seren wen ar gefndir gwyn' ar faner genedlaethol Tir Bach i gynrychioli'r awydd iwtopaidd hwn i *ddad*ysgrifennu hunaniaeth, i'w rhyddhau oddi wrth fferdod hanesyddol print, a'i hagor allan i faes mwy disgyrsaidd, mwy democrataidd – a mwy traddodiadol – y llafar.

Rheswm honedig Robin Llywelyn dros ddefnyddio'r iaith lafar yn y nofel yw mai cofnod Gwern Esgus yn y person cyntaf o'i anturiaethau ei hun a geir ynddi:

> Am fod hon yn stori lafar yn yr ystyr mai Gwern sy'n ei hadrodd roedd hi'n hanfodol fod popeth roedd o'n ei ddweud yn ddilys o ran yr iaith lafar. Mae o'n sôn am ei deithlyfr ond mi fasa 'di bod yn well ei ddisgrifio fel rhyw beiriant llais neu hyd yn oed beiriant llais a llun. Dyna pam mae corff y llyfr mewn Cymraeg llafar yn hytrach na Chymraeg llenyddol safonol.[37]

Fodd bynnag, mae pwyslais y nofel ar y llafar yn treiddio'n llawer dyfnach na hyn. Yn wir, daw argyhoeddiad Robin Llywelyn o oruchafiaeth llafaredd dros brint i'r fei pan ddywed yn ei ddarlith ar gyfer

Cymdeithas Owain Cyfeiliog, Llangollen: 'Onid yr iaith lafar ydi'r maen prawf o ran cystrawen a chywirdeb?'[38] Daw'n amlwg ei fod yn ystyried yr iaith lafar yn gyfrwng mwy cynhenid, neu naturiol, na chyfrwng mwy 'artiffisial' iaith brintiedig: 'Ffurfiau dysgedig, ffurfiau gwneud, ffurfiau estron a glywir fwyfwy gan y cyfryngau ac mewn print.'[39] Ymhellach, yn y fforwm drafod ar fater 'Cymraeg safonol' yn *Taliesin*, pwysleisir hyn ganddo eto wrth iddo ddatgan yn heriol: 'Nid wyf o blaid Cymraeg safonol. Ni chredaf fod y fath beth yn bod.'[40]

Yn y ddarlith, 'Ffantasi, llên a mi', a draddododd yng Ngŵyl Lenyddiaeth Flynyddol Caerdydd, sonia ymhellach am y modd y defnyddiodd ieithegwyr fel John Morris-Jones a rhyddieithwyr fel Kate Roberts yr iaith lafar fel 'maen prawf' y Gymraeg, am fod honno yn 'aros heb ei llygru'.[41] Â rhagddo i amddiffyn y defnydd o'r iaith lafar a thafodiaith mewn llenyddiaeth, gan haeru (yn dra choeglyd) ei bod yn fwy naturiol gynhenid na pheth o'r ieithwedd a ddeilliodd o ddiwylliant swyddogol a 'safonol' print:

> Mae rhai pobol yn meddwl bod defnyddio tafodiaith yn ansafonol rywsut, ac yn 'fratiaith flêr'. Y cwbl ddywedaf innau ydi bod ein 'bratiaith flêr' ni'n well o beth uffarn na'r iaith erchyll newydd yma sydd wedi ei dyfeisio gan robot i werthuso mewnbwn argaeledd adborth echblyg.[42]

Cyfeiria ymhellach at y modd y goresgynnwyd 'sgrifennu Anghymreig llawn haniaethau a chystrawennau ffuantus' a heintiai lenyddiaeth y bedwaredd ganrif ar bymtheg, drwy 'fynd yn ôl at yr hen chwedlau ac at waith rhyddieithwyr da'.[43]

Ymddengys, felly, fod a wnelo pwyslais Robin Llywelyn ar y llafar â'i argyhoeddiad o bwysigrwydd llafaredd yn hanes llenyddiaeth Gymraeg. Myn mai 'o chwedlau llafar y tarddodd ein llenyddiaeth, a llenyddiaeth pob gwlad arall yn y pendraw',[44] ac mae hyn yn sicr yn un o themâu canolog ei ail nofel, *O'r Harbwr Gwag i'r Cefnfor Gwyn*. Ymgorfforir y thema hon yn ffigwr y Du Traheus. Mae'r duwdod hwnnw fel petai wedi'i lyffetheirio ers ei garcharu yn llyfrgell y ddinas, ac ni chaiff ei ailfreinio yn dduwdod chwedlonol nes dydd ei ryddhau oddi wrth y dogfennau printiedig a'i ddychwelyd i fyd llifol y llafar. Mae sylw John Rowlands yn dra pherthnasol yn y cyd-destun hwn:

> [B]ron nad oes yna dinc adferaidd yn yr holl sôn am draddodiad llafar, sy'n ein hatgoffa am gyfarwyddiaid yr Oesoedd Canol . . . 'Gorau cofnod, cofnod cof,' meddai'r Du Traheus.[45]

Awgrymir bod pwyslais Robin Llywelyn ar y llafar yn gysylltiedig ag awydd 'adferaidd' i ddychwelyd at gyfrwng cyfarwyddyd Cymraeg yr Oesoedd Canol, cyn dyfodiad print. (Fel y soniwyd ym mhennod 3, defnyddiwyd y term 'cyfarwydd' i ddisgrifio Robin Llywelyn gan sawl beirniad.)

Yn hyn o beth, mae'r defnydd o'r llafar gan Robin Llywelyn fel petai ar groes-gongl i lafaredd delwddrylliol *Y Pla*. Mae llafaredd *Y Pla* yn ymgais i ddiorseddu syniadau penodol am ddiwylliant Cymru'r Oesoedd Canol, a llafaredd *O'r Harbwr Gwag i'r Cefnfor Gwyn*, dyweder, yn ymgais i'w gorseddu. A siarad yn begynol, *brithiol* yw rôl wleid-yddol y llafar yng ngwaith Wiliam Owen Roberts, ond yng ngwaith Robin Llywelyn, rôl wleidyddol gyfoethogol sydd iddo. Mae'n arwyddocaol fod *Y Pla* wedi'i gosod yn y gorffennol a ffurfiwyd eisoes, ond bod *Seren Wen ar Gefndir Gwyn* wedi'i gosod yn y dyfodol sydd eto i'w ffurfio.

Ynghlwm wrth hyn mae'r pwyslais ar y llafar yn nhraddodiad llenyddol y gwledydd Celtaidd eraill, Iwerddon yn enwedig. Fel y soniwyd eisoes ym mhennod 3, mewn erthygl yn dwyn y teitl, 'Celtigrwydd' yn y cylchgrawn, *Llais Llyfrau*, pwysleisia Robin Llywelyn ei edmygedd o briod-ddulliau cynhenid yr Wyddeleg, o'i 'hymadroddion grymus' a'i 'delweddau llachar – rhuddin yr iaith'.[46] Difrïa'r Gymraeg yn ei chyflwr presennol am fod 'mor glytiog a thila ochr yn ochr â['r Wyddeleg]', ond myn yr un pryd mai 'yr un yn y bôn yw teithi'r ddwy iaith'.[47] Yn y ddarlith ar ffantasi a drafodwyd uchod, dywed yn yr un modd fod 'dylanwad y traddodiad llafar i'w weld yn llai yng Nghymru nag yn Iwerddon, neu Lydaw, neu Wlad y Basg' ac na 'chadwyd mo'r traddodiad llafar yn fyw yng Nghymru cyhyd ag yn y gwledydd eraill yna'.[48]

Cyfetyb yr ymwybyddiaeth hon i ddaliadau canolog yng ngwaith y bardd Twm Morys. Mewn cyflwyniad siwdo-ddamcaniaethol i'w gasgliad o farddoniaeth, *Ofn fy Het*, ceir Twm Morys (dan ffugenw'r Athro o 'seico-semantydd' Neil Sagam), yn awgrymu bod y llafar yn fwy pwysig na'r ysgrifenedig yng nghyd-destun barddoniaeth Gymraeg. Defnyddia'r term traddodiadol ar gyfer barddoniaeth Gymraeg sydd yn ei gysylltu yn uniongyrchol gyda'r llafar, sef 'Cerdd Dafod'.[49] Sonia am y 'pwyslais o hyd nid ar y llythyren, ond ar sŵn y llythyren'; ac at ei hoffter o 'sŵn heb synnwyr' dros 'synnwyr heb sŵn'. Yn ffug-ymddiheurol, pwysleisia graidd llafar, 'gwrth-brintiedig' ei fardd-oniaeth fel a ganlyn:

Yn wir, rhyw Gymraeg llafar, yn frith o eiriau sathredig a chwbl an-farddonol y byddai hyd yn oed clown o Gaernarfon yn eu deall, yw iaith ei gerddi, mwy na heb. Mae'n debyg ei fod yn gwybod y rhan fwyaf ohonynt, a'i awdl i'r Môr yn eu plith, i gyd ar ei gof. (t. 8)

Ac mae'n arwyddocaol y diwedda'r rhagarweiniad hwn i'r gyfrol drwy osod y gred hon mewn cyd-destun 'Celtaidd'. Gwna hynny drwy ddyfynnu geiriau James Joyce: 'God knows what my prose means, but it sounds good to the ear . . . '.

Yn achos Twm Morys a Robin Llywelyn fel ei gilydd gellid dweud bod y pwyslais ar y llafar – ac ar y llafar tafodieithol, yn enwedig – yn eu galluogi i leoli eu gwaith yn un o ardaloedd mwyaf Cymraeg y Gymru gyfoes (sef Eifionydd/Meirionnydd); un o'r ardaloedd lle mae'r iaith Gymraeg – eu deunydd crai – ar ei mwyaf coeth, o bosib. Yn wir, gellid mynd ymhellach a dweud yn apocalyptaidd fel a ganlyn: drwy wneud defnydd helaeth o briod-ddull llafar y fro hon yn eu llen-yddiaeth brintiedig, fe'u galluogir i osod tystiolaeth ar glawr fod y Gymraeg lafar naturiol hon – ar adeg cyfansoddi eu gweithiau hwy, o leiaf – yn dal i fodoli. Daw'r llafar *mewn print* yn gyfrwng tystiolaeth a chadwraeth. Ac os haerir, fel y gwnaethpwyd uchod, mai arddulliad o'r iaith lafar a geir ganddynt, rhyw fath o 'welliant' celfyddydol arni, daw'r llafar mewn print hefyd yn gyfrwng i greu a gwarantu'r myth grymus hwnnw.

Yn hydreiddio'r drafodaeth hon mae'r gred ddiysgog mai ffenomen darddiadol, ail-law yw print, ac mai'r llafar sydd fel petai yn 'dweud y gwir' yn Gymraeg. Ond tybed, yn wir, na ellid haeru mai anniddig fu'r berthynas rhwng llenyddiaeth Gymraeg a phrint ers y dechrau? Argraffwyd y llyfr Cymraeg cyntaf, *Yny lhyvyr hwnn*, dros bedair canrif a hanner yn ôl, yn 1546, ond yn Llundain anghyfiaith yr argraffwyd y mwyafrif o lyfrau Cymraeg am flynyddoedd lawer. Buasai'r gwahaniaeth daearyddol ac ieithyddol hwn wedi ategu'r ymdeimlad – a oedd yn rhwym o fod wedi bodoli ar ôl canrifoedd o ddiwylliant llawysgrifol – o'r pellter rhwng llawysgrif wreiddiol, a'r gwaith mewn print; rhwng y weithred unigol o greu'r testun a'r cynnyrch màs gorffenedig. Mae llythyrau Morrisiaid Môn yn y ddeunawfed ganrif, er enghraifft, yn frith o gyfeiriadau at y trawmâu a oedd ynghlwm wrth y broses o argraffu gwaith Cymraeg gyda chyhoeddwyr Saesneg.[50]

I ddamcaniaethydd llenyddol ôl-drefedigaethol, byddai'r fath ddrwgdybiaeth o brint yn codi o statws answyddogol, anfreiniol y Gymraeg dros y canrifoedd. Tan yn gymharol ddiweddar, Saesneg, ar y cyfan, oedd iaith brintiedig yr awdurdodau, iaith dogfennau a chof-nodau statudol, iaith cyfraith a threfn. Ond Cymraeg llafar oedd iaith bywyd 'go-iawn' cyfran helaeth y bobl, iaith hen ddraddodiadau a ffurfiau diwylliannol. Ac er bod y Beibl wedi rhoi i'r Cymry destun Cymraeg printiedig hollbwysig, roedd ei natur arbennig – yn destun a darddai yn uniongyrchol o air Duw – yn rhoi statws eithriadol iddo.

Yn ôl awduron y gyfrol, *The Empire Writes Back*, mae adfeddiannu strwythurau ysgrifen neu brint – strwythurau ieithyddol gorthrymus y 'concwerwyr' – yn un o dechnegau mwyaf grymus a phellgyrhaeddol llenyddiaeth ôl-drefedigaethol, a'r frwydr i feddiannu ac ailgynysg-aeddu cyfrwng y print yn frwydr dros einioes diwylliannol y gyn-drefedigaeth:

> [T]he appropriation which has had the most profound significance in post-colonial discourse is that of writing itself. It is through an appropriation of the power invested in writing that this discourse can take hold of the marginality imposed on it.[51]

Sonnir yn y cyd-destun hwn am gyfrol Tzvetan Todorov, *The Conquest of America* (1974), sy'n haeru i'r trefedigaethwr Sbaenaidd, Cortez, goncro diwylliant yr Azteciaid yn America Ganol drwy feddiannu eu diwylliant llafar hwy â chyfrwng grymusach print. Tanseiliodd yn llwyr berthynas lafar dyn a'r byd drwy osod yn ei lle berthynas brintiedig dyn a dyn; yn lle cymuned llafaredd, caed unigol-yddiaeth print; yn lle ymgorffori y clywed, caed ynysigrwydd y gweld: dyma berthynas gwbl anghyfarwydd i'r Azteciaid brodorol, a'r unig noddfa iddynt hwy yn wyneb hyn oedd tawelwch.

Wrth sôn am goncro diwylliannol yn gyffredinol, hyn yw casgliad awduron *The Empire Writes Back*: '[C]ontrol is always manifested by the imposed authority of a system of *writing*, whether writing already exists in the colonized culture or not.'[52] Ac meddant ymhellach: 'The presence or absence of writing is possibly the most important element in the colonial situation.'[53]

Mae hyn yn ein hatgoffa o rai o'r pryderon creiddiol a geir gan Manon Rhys yn *Cysgodion* ac Angharad Tomos yn *Titrwm* ynghylch potensial treisgar-feddiannol ysgrifennu neu brint. Wedi'r cyfan, diffiniwyd print gan Walter J. Ong fel 'the commitment of the word to space',[54] ac mae'r pwyslais hwn ar ddimensiwn y *gofod* yn dra chydnaws â'r wedd drefedigaethol ar brint.

Yn groes i'r Azteciaid, fodd bynnag, yr hyn a wneir gan awduron ôl-drefedigaethol yw dwyn cyrch ar brint a'i feddiannu: defnyddio cyfrwng cyfathrebu'r gorthrymwr ar gyfer eu llais gorthrymedig eu hunain. Gellid haeru mai'r tanseilio a'r meddiannu hwn a welir – mewn cyd-destun ffeminyddol – yn *Cysgodion* Manon Rhys. Ar lefel genedlaethol, dylid cofio mai print, yn anad dim arall, a alluogodd ieithoedd cenedlaethol i ymryddhau oddi wrth Ladinedd hollbresennol y diwylliant llawysgrifol a chreu'r 'nationalist, vernacular space' y sonia Marshall McLuhan amdano.[55] Hawlio'r gofod hwn dros eu cenedl eu hunain yw byrdwn awduron ôl-drefedigaethol, yn ôl damcaniaethwyr megis Tzvetan Todorov uchod, neu Abdul JanMohammed,[56] gan lenwi dalen lân eu hymryddhad – neu balimpsest eu lled-ymryddhad – â'u hacenion a'u priod-ddulliau cynhenid.

Fel yr awgrymwyd eisoes ym mhennod 2, gellid darllen ieithwedd ddieithriedig James Joyce mewn testunau fel *Ulysses* a *Finnegans Wake* fel ymdrech i feddiannu'r iaith Saesneg (goncwerol) a'i hailgynysgaeddu â llais y Gwyddelod trefedigaethol. Yn wir, mae Declan Kiberd wedi dadansoddi'r broses feddiannu ôl-drefedigaethol hon (yr *'appropriation'* y sonnir amdano uchod), yn nhermau'r tensiwn rhwng print a llafaredd. Drwy ddychanu natur or-lengar Stephen Dedalus, medd Kiberd, drwy ddychanu sgyrsiau 'ysgrifennol' llyfrgellwyr y nofel, a natur ysgarthol cylchgronau print, a thrwy'r pwyslais ar lais llafar Molly Bloom, cais *Ulysses* James Joyce danseilio cyfrwng 'trefedigaethol' print:

> *Ulysses*, judged in retrospect, is a prolonged farewell to written literature and a rejection of its attempts to colonize speech and thought . . . *Ulysses* paid a proper homage to its own bookishness, but, caught on the cusp between the world that spoke and the world that read, Joyce tilted finally toward the older [oral] tradition.[57]

Cofiwn i Twm Morys gyfeirio at James Joyce yn ei ragarweiniad ef i'w gyfrol o farddoniaeth, *Ofn fy Het*, ac i Robin Llywelyn gyfeirio drwodd a thro at y cyd-destun Gwyddelig wrth drafod ei ddefnydd ef o'r iaith lafar. Dwyn cyrch ar yr iaith Saesneg a wna James Joyce, yn ôl Kiberd, sef iaith y 'concwerwr' ei hun. Yn hyn o beth gellid dweud bod sefyllfa awduron Cymraeg yn wahanol. Eto, diau nad oes yma ym-wybyddiaeth sylfaenol gyffredin yn y ddau gyd-destun o rym hanesyddol print, yn gyfrwng a all fod yn rhan o ormes cenedlaethol, diwylliannol neu gymdeithasol. Diau nad cyd-ddigwyddiad mohono i weithiau'r awduron a drafodwyd uchod – Dafydd Huws, Twm Miall, Siôn Eirian, Wiliam Owen Roberts, Manon Rhys, Angharad Tomos, ac eraill – ddangos ymgais gyffredin i ddefnyddio'r llafar i ddadsefydlogi cyfrwng print yn ystod y degawdau pan welwyd cenedlaetholdeb Cymreig ar ei anterth.

Nofel 'lafar' mewn print yw *Seren Wen ar Gefndir Gwyn*. Yn hyn o beth, gellid dweud ei bod yn ymgorfforiad o'r 'llafaredd eilradd' y sonia Walter Ong amdano, sef llafaredd sy'n gysylltiedig â thechnoleg, ac â thechnoleg electronig, yn enwedig: y ffôn, y radio, y teledu, a'r sain ar dâp, CD neu record.[58] Ac mae datblygiad diweddar dyfais y post electronig, neu'r 'e-bost', yn chwyldroadol am ei bod yn niwlogi'n wirioneddol y ffin rhwng y llafar a phrint. Wrth iddi ddod yn fwyfwy cyfarwydd, fe'i defnyddir fwyfwy i 'sgwrsio' drwy brint, drwy idiom sy'n nes at yr iaith 'lafar' nag y bu print erioed o'r blaen. Mae'n ddatblygiad a fydd yn rhwym o effeithio ar y modd y syniwn am brint yn y Gymraeg, er enghraifft, a'i berthynas draddodiadol â'r iaith safonol. Ac mae'n cynnig potensial cyffrous i awduron a beirdd wrth i'r iaith Gymraeg yn ei holl gyweiriau gael ei rhyddfreinio.

Mae technoleg yn elfen hollbwysig yn *Seren Wen ar Gefndir Gwyn*. Dyfais dechnolegol y 'teithlyfr trydan', wedi'r cyfan, sy'n galluogi Gwern i gofnodi ei anturiaethau, ac i Anwes a Chalonnog glywed ei lais a'i hanes wedi ei farwolaeth. Yr un dechnoleg sy'n galluogi'r clerc Zählappell – a ninnau'r darllenwyr – i 'wrando' hanes llafar Gwern yn y dyfodol. 'Rhyfel technoleg newydd ydi hwn,' medd Tincar Saffrwm wrth Gwern am ryfel gwledydd y gynghrair yn erbyn Gwlad Alltud (t. 110).

Ar sawl ystyr, ymdebyga llafaredd eilradd y dechnoleg newydd, yn ôl Ong, i'r hen lafaredd.[59] Mae'n creu ymdeimlad o gymundeb, ac o gyfranogi cynulleidfaol (yn hytrach na throi darllenwyr arnynt eu hunain fel y gwna darllen), ac mae hefyd wedi'i hoelio yn y presennol. Mae'r rhain, fel y trafodwyd uchod, yn agweddau cymdeithasol-wleidyddol hollbwysig ar lafaredd *Seren Wen ar Gefndir Gwyn* a'i chyfoedion llenyddol Cymraeg yn y 1980au a'r 1990au.

Fodd bynnag, pwysleisia Ong hefyd fod y llafaredd eilradd hwn yn llawer mwy bwriadus. Mae wedi'i seilio ar brint neu ysgrifennu. Cymundeb sydd yn ymwybodol ohoni'i hun a ddaw yn ei sgil, cymundeb sydd yn dewis bod yn gymundeb (dewis nad oedd ar gael i gyfranogwyr yr hen ddiwylliannau llafar). Yn anad dim, mae'r gynulleidfa 'unedig' a grëir gan lafaredd eilradd yn un ehangach o lawer na'r gynulleidfa a grëid gan lafaredd cynradd a oedd wedi'i glymu wrth un lle ac wrth un amser arbennig. Fel y dywed Ong, hyn yw 'global village' Marshall McLuhan:[60] gall cynulleidfaoedd ar draws y byd gyfranogi o lafaredd eilradd y teledu, y ffôn, y radio, y cryno-ddisg, ac yn yr un modd o 'brint llafar' cyfryngau cyfathrebu'r We Fyd-eang.

Hwyrach mai dyma agwedd fwyaf cyffrous y pwyslais llafar a geir yn *Seren Wen ar Gefndir Gwyn* ac mewn gweithiau Cymraeg eraill ar ddiwedd yr ugeinfed ganrif. Fel y dyfynnwyd uchod, soniodd Walter J. Ong am brint fel gweithred o ddodi'r gair mewn gofod. Gofod *cyber* y dechnoleg newydd yw gofod *Seren Wen ar Gefndir Gwyn*, a hwnnw – fel y gwelwyd – yn ofod rhyddfreiniol.

Mae hyn yn rhan ganolog o iwtopiaeth ddiymwad y nofel, ac mae'n gysyniad cwbl berthnasol yng nghyd-destun llenyddiaeth Gymraeg y cyfnod diweddar. Dyma gyfnod a welodd ddarnio digyffelyb ar ofod y gymdeithas Gymraeg ei hiaith. Ysywaeth, iaith rhwydweithiau yw'r iaith Gymraeg fwyfwy; iaith y mae undod lle yn dod yn llai a llai canolog yn ei hunaniaeth. (Mewn termau amser, fe gofiwn, y disgrifir Tir Bach yn *Seren Wen ar Gefndir Gwyn*, yn lle sy'n 'nes na ddoe ac yn bellach na fory' (t. 12)).

Yn ddelfrydol, nid felly y byddai pethau. Ond hwyrach nad rhyfedd, yn wyneb y datgymalu a fu ar gadarnleoedd y Gymraeg, fod didoredd di-syfl y ddalen brintiedig wedi dod yn gyfrwng annigonol i fynegi ymwybyddiaeth Gymraeg gyfoes. Nid rhyfedd, felly, i un o nofelau Cymraeg mwyaf radical a gweledigaethol diwedd yr ugeinfed ganrif ymgorffori awydd i gofleidio llafaredd eilradd y dechnoleg newydd fel cyfrwng amgen.

Wedi'r cyfan, dyma gyfrwng dad-diriogaethol, sydd â'r grym i gymell pobl yn rhyngwladol i gyfranogi o gymuned Gymraeg, a'u gwneud yn Gymry o ddewis. Dyma gyfrwng rhwydweithiol, a all wneud y Gymraeg yn iaith fyd-eang. Dyma gyfrwng lle gellir 'cyhoeddi' mewn iaith leiafrifol fel y Gymraeg yn rhwydd ac yn rhad, heb lyffethair economaidd cyhoeddi llyfrau mewn print, na llyffethair daearyddol eu masnachu dros y byd. A dyma gyfrwng – yn *Seren Wen ar Gefndir Gwyn*, o leiaf – sy'n galluogi'r gwledydd llai i gyd-gyfathrebu ar 'sgrins y gwifrau', i sefydlu rhwydweithiau, ac i ymgynghreirio yn erbyn grym trefedigaethol enbyd Gwlad Alltud.

Nodiadau

[1] Dyfynnir gan Walter J. Ong yn *Orality and Literacy: The Technologizing of the Word* (Llundain, Efrog Newydd, 1993), 167.

2   W. J. Jones (gol.), *Cyfansoddiadau a Beirniadaethau Eisteddfod Genedlaethol Aberystwyth, Ceredigion, 1992* (Llandybïe, 1992), 135.

3   T. H. Parry-Williams, 'Gollyngdod', *Lloffion: Pros a Mydr 1937–1942* (Llandysul, 1943), 47–9.

4   *Cyfansoddiadau a Beirniadaethau Eisteddfod Genedlaethol Aberystwyth, Ceredigion, 1992*, 135.

5   Dafydd Huws, *Dyddiadur Dyn Dŵad* (Penygroes, 1978); Dafydd Huws, *Un Peth 'Di Priodi Peth Arall 'Di Byw: Nofel Goronwy Jones* (Talybont, 1990).

6   Siôn Eirian, *Bob yn y Ddinas* (Llandysul, 1979).

7   Twm Miall, *Cyw Haul* (Talybont, 1988); Twm Miall, *Cyw Dôl* (Talybont, 1990).

8   Gwenllïan Dafydd, 'Un peth 'di adrodd stori, peth arall 'di adrodd stori wir: nofelau Dafydd Huws'; yn John Rowlands (gol.), *Y Sêr yn eu Graddau: Golwg ar Ffurfafen y Nofel Gymraeg Ddiweddar* (Caerdydd, 2000), 87.

9   Dyfynnir yn ibid.

10   Ibid.

11   John Rowlands, *Ysgrifau ar y Nofel* (Caerdydd, 1992).

12   Siôn Eirian, *Bob yn y Ddinas*, 16.

13   Ibid., 102.

14   Derec Tomos, *Magniffikont* (Talybont, 1982).

15   Manon Rhys, *Cysgodion* (Llandysul, 1993).

16   Ibid., 21, 159.

17   Ibid., 157.

18   Ibid., 49.

19   Ibid., 54, 192.

20   Ibid., 92.

21   Ffion Jones, 'Yn y cysgodion: llais a lle'r fenyw yng ngwaith Manon Rhys', yn *Y Sêr yn eu Graddau*, 237.

22   M. Wynn Thomas, *Internal Difference: Literature in 20th-century Wales* (Caerdydd, 1992), 163.

23   Walter J. Ong, *Orality and Literacy*, e.e. pennod 4.

24   Angharad Tomos, *Titrwm* (Talybont, 1994), 7.

25   Ibid., 20.

26   Ibid., 11.

27   Ibid., 29.

28   Ibid., 145.

29   Wiliam Owen Roberts, *Bingo!* (Caernarfon, 1985); Wiliam Owen Roberts, *Y Pla* (Caernarfon, 1987).

30   Enid Jones, 'Olion Wiliam Owen Roberts', yn *Y Sêr yn eu Graddau*, 34.

31   Simon Brooks a Wiliam Owen Roberts, 'Trafodaeth a gaed yn sgil sylwadau a wnaethpwyd am waith Denis Diderot', *Tu Chwith*, 2 (Haf 1994), 69.

32   Mihangel Morgan, 'Meri a Mwy (ar Sado-Masocistiaeth) nag Ambell Chwip Din', *Tu Chwith*, 3 (1995), 36.

33   Mihangel Morgan, 'Cymraeg safonol', *Taliesin*, 102 (Haf 1998), 33.

34   Robin Llywelyn, 'Anturiaethau'r Athro Ruztan E. Revr a Ffish Fawr', (*http://www.cymruwales.com*), 1997.

35   Walter J. Ong, *Orality and Literacy*, 79.

36   Robin Llywelyn, *O'r Harbwr Gwag i'r Cefnfor Gwyn* (Llandysul, 1994), 67.

[37] Robin Llywelyn, darlith anghyhoeddedig i Gymdeithas Owain Cyfeiliog, Llangollen.

[38] Ibid.

[39] Ibid.

[40] Robin Llywelyn yn 'Cymraeg safonol', 33.

[41] Robin Llywelyn, 'Ffantasi, llên a mi', *Golwg* (19 Hydref 1995), 16.

[42] Ibid.

[43] Ibid.

[44] Ibid.

[45] John Rowlands, 'Chwarae â chwedlau: Cip ar y nofel Gymraeg ôl-fodernaidd', *Y Traethodydd*, 151 (Ionawr 1996), 19.

[46] Robin Llywelyn, 'Celtigrwydd?' *Llais Llyfrau* (Gwanwyn 1998), 5.

[47] Ibid.

[48] Robin Llywelyn, 'Ffantasi, llên a mi', 16.

[49] Twm Morys, *Ofn fy Het* (Llandybïe, 1995), 8.

[50] Gweler, er enghraifft, lythyr Evan Evans at Richard Morris (1764) yn Hugh Owen (gol.), *Additional Letters of the Morrises of Anglesey (1735–1786)* (Llundain, 1949), 627.

[51] Bill Ashcroft, Gareth Griffiths, Helen Tiffin, *The Empire Writes Back: Theory and Practice in Post-Colonial Literatures* (Llundain, Efrog Newydd, 1989), 78.

[52] Ibid., 79.

[53] Ibid., 81.

[54] Walter J. Ong, *Orality and Literacy*, 7.

[55] Edmund Carpenter and Marshall McLuhan (goln.), *Explorations in Communication* (Boston, 1960), 208.

[56] Abdul JanMohammed, *Manichean Aesthetics: The Politics of Literature in Colonial Africa* (Amherst, 1983).

[57] Declan Kiberd, *Inventing Ireland* (Llundain, 1995), 355.

[58] Walter J. Ong, *Orality and Literacy*, 136.

[59] Ibid.

[60] Dyfynnir yn ibid.

Diweddglo

Yn 1989, mewn erthygl yn *Golwg*, cyfeiriodd Menna Baines at anniddigrwydd cyffredinol ynghylch cyflwr llenyddiaeth Gymraeg gyfoes: 'Mae yna bryder am 'sgrifennu Cymraeg, yn arbennig rhydd-iaith,' meddai.[1] Awgrymwyd mai amodau materol oedd ar fai am ddiffyg bywiogrwydd rhyddiaith Gymraeg. Dyna oedd barn Gareth Miles a fynnai mai 'yr arian nid y doniau sy'n brin'.[2] Yn sicr, mae'n anodd ymgysegru i ysgrifennu'n greadigol yn Gymraeg heb fod ag incwm o ffynhonnell arall. Cic erthygl Menna Baines yn y rhifyn hwn o *Golwg*, oedd bod angen gwell cydnabyddiaeth o gelfyddyd ysgrifennu rhyddiaith, a gwell gwobr ariannol, os oedd rhyddiaith Gymraeg i ffynnu unwaith yn rhagor.

Ddechrau'r 1990au cafwyd cyfraniad bychan tuag at wella'r sefyllfa hon gan yr Eisteddfod Genedlaethol. Gan gywiro ei rhagfarn hir-hoedlog o blaid barddoniaeth, newidwyd yn 1992 y dyddiau traddod-iadol ar gyfer seremonïau'r coroni a'r cadeirio (sef dydd Mawrth a dydd Iau), er mwyn caniatáu'r un pwysigrwydd i seremoni'r fedal ryddiaith. (Bellach digwyddai'r seremonïau ar ddydd Llun, dydd Mercher a dydd Gwener). Y flwyddyn ganlynol, penderfynodd yr Eisteddfod gynyddu'r wobr ariannol ar gyfer y fedal ryddiaith drwy ganiatáu i'r enillwyr am y tro cyntaf dderbyn cyfran o'r arian am bob copi o'r gyfrol fuddugol a werthid. A hithau'n traddodi ei beirniadaeth ar gystadleuaeth y fedal ryddiaith oddi ar lwyfan yr Eisteddfod yn 1993, croesawodd Meinir Pierce Jones y penderfyniad hwn yn fodd i ailsefydlu anrhydedd rhyddieithwyr Cymraeg: 'Mae'r newid statudol y tu ôl i'r arian yn newid o bwys, mi gredaf, yn gam tuag at adfer statws ein llenorion rhyddiaith yn yr Eisteddfod a'r tu draw i'w cheyrydd.'[3]

Prin fod cysylltiad uniongyrchol rhwng y newid ym mhwyslais yr Eisteddfod ar ryddiaith, a'r cynnydd ym mywiogrwydd rhyddiaith

Gymraeg yn ystod y 1990au.[4] Serch hynny, mae'n gyd-ddigwyddiad diddorol y gwelwyd yn ystod y 1990au ac i'r degawd dilynol gyfres o gyfrolau ffuglen o natur 'arloesol' yn ennill y fedal ryddiaith: Robin Llywelyn yn 1992 ac yn 1994; Mihangel Morgan gyda *Dirgel Ddyn*, yn 1993; Angharad Tomos gyda *Si Hei Lwli* yn 1991 ac *Wele'n Gwawrio* yn 1997, ac ymlaen at nofel Eirug Wyn, *Tri Mochyn Bach*, a enillodd y fedal yn 2000. Gan gofio bod nofel Angharad Tomos, *Titrwm*, hefyd wedi ei chyfansoddi yn wreiddiol ar gyfer cystadleuaeth y fedal ryddiaith yn Eisteddfod Genedlaethol 1993 (fel y gwelir yn amlwg o'r feirniadaeth yn y *Cyfansoddiadau*), dyna saith nofel fer a dorrai dir newydd yn y Gymraeg o fewn cwta ddegawd.

Camarweiniol fuasai cyfeirio at yr awduron uchod fel aelodau cymharus un 'mudiad' llenyddol. Yn wir, ymddengys mai lled anfodlon cael eu grwpio gyda'i gilydd yw'r awduron eu hunain . Fel y gwelwyd yn y sylwadau a ddyfynnwyd ar ddechrau'r gyfrol hon, bu Eirug Wyn yn dra beirniadol o ffuglen arbrofol Robin Llywelyn a Mihangel Morgan ar ddechrau'r 1990au. Mae Robin Llywelyn yntau wedi mynegi ei anhoffter ef o rai o briod-ddulliau Anghymreig Mihangel Morgan.[5] Cyfeiriodd Angharad Tomos, er ei bod yn amlwg yn edmygu gwaith Robin Llywelyn, at y ffaith nad apeliai pob un o'i storïau absẃrd ati gyda'r ymadrodd, 'pawb at y peth y bo'.[6] Ac mae Mihangel Morgan wedi awgrymu ar dro ei ddiffyg cydymdeimlad ef ag ysgrifennu Robin Llywelyn, er enghraifft yn rhifyn Haf 1998 y cylchgrawn *Taliesin*, lle y cwynodd yn awgrymog am ormodedd tafodiaith Gwynedd mewn llenyddiaeth Gymraeg gyfoes.[7]

Yn sicr, ymddengys amcanion ffuglen Robin Llywelyn a Mihangel Morgan yn gwbl groes i'w gilydd ar sawl cyfrif. Un o hanfodion menter naratifol Robin Llywelyn yw'r ffaith ei bod yn ymwneud yn ddwys â'r traddodiad llenyddol Cymraeg (a Cheltaidd). Mae'r drafodaeth a gafwyd ar ffantasi a'r naratif breuddwyd ym mhennod 4 yn dangos yn glir ei ymwneud â'i draddodiad. Ac fel y gwelwyd ym mhennod 2, ceir yng ngwaith Robin Llywelyn ymgais i greu o elfennau'r traddodiad Cymraeg hwnnw rym llenyddol modern a bywiol.

Mae sylw John Rowlands fod gwaith Robin Llywelyn yn amcanu at '[g]adw i'r oesoedd a ddêl y glendid a fu' yn un cymwys.[8] Ond un agwedd ar fenter greadigol driphlyg Robin Llywelyn yw hon. Cais gadw agweddau ar y traddodiad Cymraeg, ond cais hefyd ymestyn y traddodiad hwnnw i'r dyfodol (gan ei *anghyfarwyddo*). A chais ymroi i draddodiad, a'i ail-greu yr un pryd, drwy drin a thrafod ei gynhysgaeth ar y ddalen brintiedig.

Yng ngwaith Mihangel Morgan, ceir ymgais fwy amlwg ôl-fodernaidd i danseilio'r syniad o draddodiad, ac i symud ei waith ei hun yn systematig o 'rych' traddodiad. Cynrychiolir hyn ar ei ffurf fwyaf cofiadwy gan ffigwr Ann Griffiths yn y nofel *Dirgel Ddyn*. Dyma bortread mwyaf creadigol (a chas) Mihangel Morgan o'r traddodiad llenyddol Cymraeg hyd yn hyn. Ymhellach, pan gyfeiria at awduron eraill yn ei waith, ei ragflaenwyr yn y traddodiad rhyddiaith, gwneir hynny yn aml yn eironig, megis yn ei barodi ar gyfrol Kate Roberts, *Stryd y Glep*, yn 'Stryd Amos',[9] heb sôn am ei barodi ar rychwant eang o awduron (fel y soniwyd ym mhennod 5), yn 'Meri a Mwy [ar Sado-Masocistiaeth] nag Ambell Chwip Din'. Delw-ddrylliaeth yw un o egwyddorion sylfaenol ffuglen Mihangel Morgan, a'r traddodiad llenyddol Cymraeg yw ei darged amlaf. Yn hynny o beth y mae'n ym-wneud yn ddwys â'r traddodiad llenyddol Cymraeg. Yng ngeiriau John Rowlands:

> [Mae'n] tynnu stumiau ar y traddodiadol a'r cydymffurfiol . . . Drylliwr delwau yw Mihangel Morgan, fandal o lenor sy'n gwneud popeth y mae'r metanaratif cenedlaethol a llenyddol yn ei wahardd. Ef yw'r un sy'n tynnu llun mwstásh ar y Mona Lisa (a'r Mona Lisa yn yr achos yma yw Ann Griffiths), ac yn sgriblo sloganau rheglyd ar y cerrig beddau yn y fynwent.[10]

Gwahanol eto yw ymdriniaeth Angharad Tomos â thraddodiad. Mewn gweithiau mor gyferbyniol ag *Yma o Hyd* a *Titrwm* – y naill yn dychanu Cymry gwleidyddol ofnus y dosbarth canol a rhethreg mudiad amddiffyn yr iaith, a'r llall yn fwy barddonol, gyfeiriadol – mae arddull ei rhyddiaith yn dangos ei dyled ddiamheuol i'w rhagflaenwyr yn y traddodiad rhyddiaith, yn enwedig i ryddiaith ddiwastraff a synhwyrus Kate Roberts. Ac er bod Angharad Tomos wedi defnyddio technegau naratif ôl-fodernaidd, mae ei gwaith ar groes-gongl i'r hyn a alwodd M. Wynn Thomas yn chwareustra camp rhyddiaith Robin Llywelyn a Mihangel Morgan,[11] gan ei fod yn ymroi yn amlwg ac yn uniongyrchol i'r Gymru Gymraeg gyfoes.

Fodd bynnag, o ystyried eu gwaith yn gynnyrch un genhedlaeth arbennig o awduron, mae'n amlwg fod gwaith Robin Llywelyn, Angharad Tomos a Mihangel Morgan yn cynnwys nifer o bethau tebyg. Mae'r tri fel ei gilydd, er enghraifft, yn gwneud defnydd symbolaidd neu gyfeiriadol o enwau personol. Mae'r tri fel ei gilydd yn trafod yn ddwys y weithred o ysgrifennu, mewn ffordd sy'n mynd y tu hwnt i hunangyfeiriadaeth ôl-fodernaidd. Ond fwyaf oll, yn uno menter greadigol y tri mae eu defnydd o dechnegau naratif gwrthrealaidd. Hyn sy'n dilysu unrhyw ymgais i'w grwpio yn 'fudiad' neu yn 'genhedlaeth' sy'n gysyniadau mor boblogaidd mewn dadansoddiadau academaidd (megis y gyfrol hon). A hyn, yn olaf, sy'n gwneud Wiliam Owen Roberts a'i arbrofion naratif yn *Bingo!* ac yn *Y Pla* yn rhagflaenydd a grëir ganddynt, yn arloeswr mewn mudiad a dorrodd gŵys arall yn rhyddiaith Gymraeg y 1990au.

Yn sicr, nid haeriad sydd yma fod realaeth yn ei hanfod yn ddull annigonol o ysgrifennu. Mae realaeth wedi bod yn un o rymoedd grymusaf llenyddiaeth y gorllewin ers tair canrif. Ac yng Nghymru, fel y dywed John Rowlands, bu realaeth yn fodd heb ei ail i wrthbwyso delfrydiaeth y traddodiad mawl a marwnadu, gan rwyddhau dat-blygiad y nofel Gymraeg fodern.[12] A gwir y pwysleisia Islwyn Ffowc Elis mai realaeth a ddefnyddir gan fwyafrif awduron Cymru o hyd: 'Mae amryw lenorion sy'n perthyn, mi dybiwn i, i gyfnod "realaeth ddarfodedig", ond yn dal i sgrifennu.'[13] A da iawn hynny.

Pwysleisiwyd y defnydd o ffantasi gan awduron penodol yn y gyfrol hon am mai ymdrin y mae hi â'r berthynas rhwng awdur, darllenydd a thestun, a chanolbwyntiwyd ar y newid sy'n digwydd yn y berthynas honno pan geir newid mewn patrymau mynegiant, arddull a chynnwys.

Cred sylfaenol y gyfrol hon (cred y cais hefyd ei chadarnhau), yw bod rhyddiaith Robin Llywelyn wedi gwneud cyfraniad gwreiddiol a chreiddiol i ddatblygiad rhyddiaith Gymraeg yn y 1990au. Ategwyd hyn gan Wiliam Owen Roberts pan ganmolodd yr hyn a gyflawnwyd gan Robin Llywelyn: 'Mae o wedi mynd gam ymhellach na neb arall ac mae o i'w longyfarch am wthio'r ffiniau. Ac mae isio eu gwthio nhw eto.'[14] Pwysleisiodd Martin Davis yntau *amseroldeb* arbrofion gwrth-realaidd Robin Llywelyn:

> Cyd-ddigwyddiad diddorol . . . ar adeg pan fo cwestiynau sylfaenol yn cael eu holi ynglŷn â'r cam nesaf i ryddiaith Gymraeg, ac yn wir, ar adeg pan welir pwyslais cyffrous newydd ar swyddogaeth rhyddiaith Gymraeg, yw ymddangosiad *Seren Wen ar Gefndir Gwyn*.[15]

Cynsail *Rhwng Gwyn a Du* yw'r argyhoeddiad fod nofel ffantasi Robin Llywelyn, *Seren Wen ar Gefndir Gwyn*, ynghyd â'i gyhoeddiadau diweddarach, yn ogystal â chyhoeddiadau Angharad Tomos, Mihangel Morgan ac – yn rhagflaenydd iddynt – Wiliam Owen Roberts, wedi cynnig cyfeiriad amgen i ryddiaith Gymraeg ar ddiwedd yr ugeinfed ganrif. Fel yr awgrymodd Robert Rhys yn ei feirniadaeth yng nghystadleuaeth y fedal ryddiaith yn 1992,[16] ac eto naw mis yn ddiweddarach yn *Golwg*, yr hyn a gafwyd gan *Seren Wen ar Gefndir Gwyn* oedd 'un ffordd o greu iaith lenyddol newydd'.[17]

Digon posib nad ar hyd y ffordd hon y bydd awduron y dyfodol yn dewis mynd. Yn ei ymdriniaeth gynnar ef â *Seren Wen ar Gefndir Gwyn*, rhagwelodd Johan Schimanski hyn gan ddweud: 'Mae'n bosibl y caiff ei wrthod neu, fel arall, fe fydd ynghlwm wrth ailddiffiniad o lenyddiaeth Gymraeg, y math o ailddiffiniad a all fod yn rheidrwydd gwleidyddol.'[18]

Mewn sesiwn drafod ar ffuglen gyfoes y Gymraeg a gynhaliwyd dan law *Academi* ym mis Rhagfyr 2001, gwelwyd Wiliam Owen Roberts yn proffwydo mai lluosogrwydd arddull a fyddai'n nodweddu datblygiad rhyddiaith Gymraeg ddechrau'r unfed ganrif ar hugain, ac Owen Martell – yn yr un cyd-destun – yn rhag-weld ac yn croesawu'r ffrwydrad 'dirywiol' yng nghyweiriau a thafodieithoedd yr iaith Gymraeg o fewn ei llenyddiaeth.[19] Yn sicr, mae ffyrdd aneirif y gall rhyddiaith Gymraeg y dyfodol deithio hyd-ddynt, ac mae'r lluosogrwydd hwn – o ran arddull a gweledigaeth – i'w groesawu, yn arwydd o ffyniant. Gyda gwobrwyo nofel gyntaf Owen Martell, *Cadw Dy Ffydd, Brawd* yng nghystadleuaeth 'Dwy-Fil' Gwasg Gomer, ac â gwobr 'Llyfr y Flwyddyn' Cyngor Celfyddydau Cymru ar gyfer y flwyddyn 2000, a chyda chyhoeddi nofel Farcsaidd swmpus Wiliam Owen Roberts, *Paradwys*, a nofel Farcsaidd Gareth Miles, *Llafur Cariad*, flwyddyn yn ddiweddarach,[20] gwelir bod yr arloesi a'r esblygu a welwyd yn ystod y 1990au yn parhau, gan fynd i gyfeiriadau tra gwahanol.

Yr hyn a haerir yn y gyfrol hon yw i Robin Llywelyn wneud cyfraniad hollbwysig a pharhaol i ehangiad rhyddiaith Gymraeg yn y 1990au, a hynny o safbwynt iaith, epistemeg a gweledigaeth. Dyma argyhoeddiad sydd i'w weld yn strwythur, datblygiad a chasgliadau'r gyfrol. Ac fe'i hategir gan debygrwydd gwaith Robin Llywelyn i waith Angharad Tomos, Mihangel Morgan a Wiliam Owen Roberts, yn ogystal â chan y gwahaniaethau rhyngddynt.

Drwy ganolbwyntio mor agos ar waith un awdur arloesol sydd, er hynny, yn gwbl ymwybodol o'i berthynas â thraddodiad rhyddiaith y Gymraeg, cafwyd yma olwg ddeiacronig ar seiliau'r traddodiad hwnnw, ac ar un ffordd i'w ddatblygu, yn ogystal â dadansoddiad syncronig o elfennau manwl rhyddiaith Gymraeg y 1990au. Archwiliwyd nid yn unig themâu ac agweddau cyffredinol rhyddiaith Gymraeg fodern, ond dadansoddwyd hefyd ei chynhysgaeth ieithyddol, ei phrosesau naratif, ei strategau disgyrsaidd o safbwynt y gynulleidfa, ei defnydd o epistemeg, a'i pherthynas â'i llenyddoldeb ei hun wrth i'r iaith lafar wrthdaro â'r dudalen brintiedig.

Gobeithir y bydd yr astudiaeth hon ar arddull Robin Llywelyn – ei gyfraniad mwyaf i ryddiaith Gymraeg, o bosib – nid yn unig yn archwilio cynhysgaeth yr arddull honno'n benodol, ond hefyd yn gosod sylfaen ar gyfer ymchwilio i arddulliau awduron eraill.

Bydd perthynas yr iaith Gymraeg â hunanfynegiant y Cymry yn siŵr o fod yn flaenllaw ym meddyliau beirdd ac awduron wrth i'r iaith – eu defnydd crai – wynebu canrif newydd a allasai fod yn ganrif olaf iddi.

Llenyddiaeth hyd yn hyn a fu'r fforwm draddodiadol ar gyfer trafod hunaniaeth Cymru, ond tybed na welwn dros y blynyddoedd nesaf weithgaredd 'gwleidyddol' y darllenydd yn cael ei ddisodli gan weithgaredd y pleidleisydd, wrth i hen freuddwyd am annibyniaeth Gymraeg adael byd 'ffantasïau' llenyddol unwaith ac am byth. Hawlia materion fel hyn drafodaeth gyson a manwl ar berthynas awdur, darllenydd, testun a chymdeithas yn y Gymru gyfoes, ynghyd ag archwilio sut y mae'r cyfoes yn adlewyrchu traddodiad ac yn ymddihatru oddi wrtho. Fel y gwelwyd, mae gwaith Robin Llywelyn yn faen prawf dadlennol ar gyfer trafodaeth o'r fath yng nghyd-destun Cymru dechrau'r unfed ganrif ar hugain.

Dyna paham y rhoddwyd cryn sylw i weithgaredd y darllenydd yma. Nid diddymu'r awdur yn ôl rhyfelgri Roland Barthes mo'r bwriad,[21] eithr pwysleisio rôl ganolog y darllenydd wrth greu ystyr testun. Gyda chyhoeddi astudiaethau ar ddarllen – megis gweithiau Wolfgang Iser,[22] Hans Robert Jauss,[23] Wayne C. Booth,[24] Umberto Eco,[25] Stanley Fish,[26] a llu o feirniaid eraill – daethpwyd i sylweddoli pwysigrwydd y darllenydd yng nghynhysgaeth unrhyw waith llenyddol. Yn wir, fel y dywedodd Terry Eagleton, heb y darllenydd ni fyddai testunau llenyddol yn bodoli o gwbl: nid ydynt yn bodoli ar silffoedd llyfrau; dônt i fodolaeth drwy gael eu darllen.[27] Yn eu cyflwyniad hwythau i ddatblygiad damcaniaeth lenyddol fodern, sonia Raman Selden a Peter Widdowson am y pwyslais beirniadol cynyddol ar y darllenydd ers y 1970au. Yn eu barn hwy, dyma anterth ymosodiad yr ugeinfed ganrif ar bendantrwydd gwrthrychol gwyddoniaeth y bedwaredd ganrif ar bymtheg, ac anterth pwyslais yr ugeinfed ganrif ar y goddrych. Cyfeiriant at ddamcaniaethau T. S. Kuhn ynghylch 'goddrychedd' anochel pob sylwebaeth wyddonol, a thanlinellant y ffaith mai *gweithredol* ac nid *goddefol* yw pob sylwi a sylwebu.[28] Yng nghyd-destun gweithiau llenyddol, myn Selden a Widdowson mai'r darllenydd sy'n *diriaethu* ystyr y testun, ac na fyddai i'r testun fel arall ddim byd ond potensial ystyrlon.[29] Mae cyfrifoldeb y darllenydd *gweithredol* tuag at awdur a thestun, felly, o'r pwys mwyaf. Cyfrifoldeb gwleidyddol ydyw.

Canolbwyntiwyd yma ar y modd y bu i waith Robin Llywelyn greu egnïon a pharadocsau newydd yn rhyddiaith Gymraeg y 1990au. Derbynnydd yr holl egnïon a'r paradocsau hynny yw'r darllenydd, tafleisydd arwyddocâd y testun yn y gymdeithas.

Cymwys, yn hyn o beth, fyddai diweddu â'r hyn a ddywed George Steiner am berthynas awdur, darllenydd a thestun ym mhob oes: 'To be responsible in respect of the primary notion of semantic trust is, in the full sense, to accept the obligation of response.'[30] Os darllen: dirnad – a diriaethu. Hyn yw dyletswydd y darllenydd. Gobeithir i'r gyfrol hon, wrth iddi ganolbwyntio ar agweddau amryfal yr ymateb i ryddiaith Robin Llywelyn, fod yn gam tuag at wireddu'r ddyletswydd honno.

Nodiadau

[1] Menna Baines, 'Dyfodol sgwennu yng Nghymru', *Golwg* (18 Ebrill 1989), 28.
[2] Ibid., 29.
[3] W. J. Jones (gol.), *Cyfansoddiadau a Beirniadaethau Eisteddfod Genedlaethol Llanelwedd, 1993* (Llandybïe, 1993), 124.
[4] Gweler, er enghraifft, M. Wynn Thomas, 'Dadeni gwefreiddiol a chwarae bach', *Golwg* (26 Awst 1993), 19.
[5] Robin Llywelyn, 'Pechodau'r Dirgel Ddyn', *Golwg* (9 Rhagfyr 1993), 19.
[6] Angharad Tomos, 'Llwyd yn lle gwyn', *Taliesin*, 87 (Hydref 1994), 133.
[7] Mihangel Morgan yn 'Cymraeg safonol', *Taliesin*, 102 (Haf 1998), 6.
[8] John Rowlands, 'Chwarae â chwedlau: cip ar y nofel Gymraeg ôl-fodernaidd', *Y Traethodydd*, 151 (Ionawr 1996), 17.
[9] Mihangel Morgan, 'Stryd Amos', *Tu Chwith*, 2 (Haf 1994), 29–35.
[10] John Rowlands, 'Chwarae â chwedlau: cip ar y nofel Gymraeg ôl-fodernaidd', 20.
[11] M. Wynn Thomas, 'Chwarae â chwedlau', *Barn*, 357 (Hydref 1992), 41.
[12] John Rowlands, 'Chwarae â chwedlau: cip ar y nofel Gymraeg ôl-fodernaidd', 5.
[13] Islwyn Ffowc Elis, 'Llenyddiaeth Gymraeg gyfoes: Argraffiadau personol', *Taliesin*, 89 (Gwanwyn 1995), 81.
[14] Wiliam Owen Roberts yn 'Ple'r *Pla* a throednodiadau eraill', *Tu Chwith*, 2, (Haf 1994), 69.
[15] Martin Davis, 'Bwrw golwg gam ar realiti', *Taliesin*, 80 (Ionawr/Chwefror 1993), 100.
[16] W. J. Jones (gol.), *Cyfansoddiadau a Beirniadaethau Eisteddfod Genedlaethol Aberystwyth, 1992* (Llandybïe, 1992), 134 yml.
[17] Robert Rhys yn 'Llyfr (mwya' dadleuol) y flwyddyn', *Golwg* (6 Mai 1993), 19.

18 Johan Schimanski, *'Genre* a chenedl', *Tu Chwith*, 1 (Ebrill/Mai 1993), 39.
19 'Llên y bore bach: Angharad Price yn holi Wiliam Owen Roberts, Owen Martell a Robin Llywelyn', *Difesur: Diwrnod o Ffuglen*, Neuadd y Ddinas, Parc Cathays, Caerdydd (8 Rhagfyr, 2001).
20 Wiliam Owen Roberts, *Paradwys* (Abertawe, 2001), a Gareth Miles, *Llafur Cariad* (Caerdydd, 2001).
21 Roland Barthes, 'The Death of the Author'; dyfynnir yn David Lodge (gol.), *Modern Criticism and Theory: A Reader* (Llundain, 1988), 171.
22 Wolfgang Iser, *The Act of Reading: A Theory of Aesthetic Response* (Baltimore, Llundain, 1978); Wolfgang Iser, *The Implied Reader: Patterns in Communication in Prose Fiction from Bunyan to Beckett* (Baltimore, Llundain, 1974).
23 Hans Robert Jauss, *Towards an Aesthetic of Reception* (Brighton, 1982).
24 Wayne C. Booth, *Critical Understanding: The Powers and Limits of Pluralism* (Chicago, 1979).
25 Umberto Eco, *The Role of the Reader* (Bloomington, 1979).
26 Stanley Fish, *Is There a Text in This Class? The Authority of Interpretive Communities* (Cambridge, Massachusetts, Llundain, 1980).
27 Terry Eagleton, *Literary Theory: An Introduction* (Rhydychen, Cambridge, Massachusetts, 1983), 74.
28 Raman Selden a Peter Widdowson, *A Reader's Guide to Contemporary Literary Theory* (trydydd argraffiad, Efrog Newydd, 1993), 46.
29 Ibid.
30 George Steiner, *Real Presences* (Llundain, Boston, 1989), 90.

Mynegai

Rhys, Prosser 83
Rhys, Robert 1, 2, 10, 13, 14, 19, 29, 33,
   85, 132, 137, 139, 167

Saussure, Ferdinand de 43, 52
Schimanski, Johan 26, 28, 129, 167
Schoenberg, Arnold 44
Scruton, Roger 29
'Seiffr, Y' 107
Seiliau Beirniadaeth 51, 52
Sêr yn eu Graddau, Y 6
Shklovsky, Viktor 48–50
Si Hei Lwli 164
sothach 18
'speech act theory' 83
Stein, Gertrude 45
Steiner, George 42, 46, 47, 169
strwythuraeth 24
'Stryd Amos' 165
Stryd y Glep 165
sylwadau cromfachol 60–1, 90
S/Z 47, 84, 88

tafodiaith 10, 72, 74, 137–9, 144, 147,
   154, 156, 164
Taliesin 8, 10, 14, 16, 24, 30, 148, 154,
   164
technegau anghyfarwyddo 47–9, 53,
   77
technegau cyfarwyddo 82–3, 86–104
technoleg 35, 151, 159, 160
terminoleg 22–8
Thomas, Dafydd Elis 103
Thomas, Ed 28
Thomas, Gwyn 20, 147
Thomas, M. Wynn 6, 8, 9, 11, 16, 30, 34,
   103, 132, 145, 165
Thomas, Owen 9
Thomas, William 19
Thomas, Wyn 12
Titrwm 32, 145, 157, 164, 165
Todorov, Tzvetan 87, 157
Tolstoy, Leo 49

Tomos, Angharad 11, 15, 16, 23, 27, 28,
   29, 31, 32, 103, 126, 129, 145, 157,
   164–7
Tomos, Derec (Eirug Wyn) 143
'Tradition and the individual talent' 44
traddodiad 3, 6, 24, 26, 30, 77, 88,
   120–1, 124, 126, 127–9, 132, 138–9,
   164–8
Traethodydd, Y 25, 30
Traumdeutung ('Dehongli
   Breuddwydion') 112
Trefaelog 27
trefn resymegol-amserol 53–66, 110
Tri Mochyn Bach 164
Tu Chwith 17, 24–8, 30

Thatcheriaeth 29

Ulysses 45, 76, 158
Un Nos Ola Leuad 27, 125, 138, 141
Un Peth 'Di Priodi, Peth Arall 'Di Byw
   141, 145

Venuti, Lawrence 130

We Fyd-eang, y 160
Wele'n Gwawrio 15, 27, 32, 126, 164
White Noise 30
Wilhelm Meister 85
Wiliams, Gerwyn 6, 22, 23, 27, 31
Williams, D. J. 138
Williams, Ioan 8–16, 21
Williams, J. G. 91
Williams, Marcel 12
Williams, Raymond 21
Williams, Waldo 19, 20, 83, 86
Wyn, Eirug 12, 13, 18, 164
Wynne, Ellis 86, 114, 116, 120, 123, 141

Yma o Hyd 32, 145, 165
Yny lhyvyr hwnn 156
Ysgrifau ar y Nofel 6
Ysgrifau Beirniadol 92